中学历史

凤光宇 主编

『过程与方法』目标达成实践研究

上海教育出版社

图书在版编目(CIP)数据

中学历史"过程与方法"目标达成实践研究 / 凤光宇主编. —上海:上海教育出版社,2016.4
ISBN 978-7-5444-6848-0

Ⅰ.①中… Ⅱ.①凤… Ⅲ.①中学历史课—教学研究—高中 Ⅳ.①G633.512

中国版本图书馆CIP数据核字(2016)第073874号

责任编辑 严　岷
封面设计 王　捷

中学历史"过程与方法"目标达成实践研究
Zhongxue Lishi"Guocheng yu Fangfa" Mubiao Dacheng Shijian Yanjiu
凤光宇　主编

出　　版	上海世纪出版股份有限公司
	上 海 教 育 出 版 社
	易文网 www.ewen.co
地　　址	上海市永福路 123 号
邮　　编	200031
发　　行	上海世纪出版股份有限公司发行中心
印　　刷	启东市人民印刷有限公司
开　　本	700×1000　1/16　印张 18.5　插页 3
版　　次	2016 年 4 月第 1 版
印　　次	2016 年 4 月第 1 次印刷
书　　号	ISBN 978-7-5444-6848-0/G·5646
定　　价	36.00 元

目　　录

第五篇　急剧变化中的当代世界

第六篇　走向伟大复兴的中华民族

前　言

过程与方法是新课改中的课程和教学目标,与知识与技能、情感态度与价值观目标并列,对教师的教学起着积极的引导作用。有效达成过程与方法目标,有助于提高学生的综合素养,促进教师的专业发展。

过程,一般是指事物发展所经过的程序、阶段。在中学历史教学中,过程主要是指学生的历史学习过程,是学生学习历史,掌握历史学习方法,深化认识历史的过程。方法,是学生为了达成学习目标而采取的途径和行为方式,是融合在学生学习历史过程中,潜移默化地促进学生发展。过程与方法目标体现了学生在学习中对历史的体验与感悟、探究与实践、合作与交流要求,可以用感受、认识、运用等表述途径,用参观、调查、考察、搜集、提取、甄别、判断等说明行为方式。

上海市教育委员会教学研究室编纂的《知真 求通 立德——中学历史学科育人价值研究》一书中指出,中学历史教育不仅要求能引导学生"追寻文明足迹、知晓前人得失、体验历史发展、感受史学进步",还需要帮助和促进学生"习得了解、解释与评价历史的基本方法,汲取历史经验,增强民族精神,开拓国际视野,陶冶道德情操,成为有历史意识和社会责任的公民"。所以,强调达成学习历史的过程与方法目标,是要让学生不仅学习历史知识,更要注重习得学习历史的基本方法,积极体验过程,积累学习经验,提高学生的历史素养,让学习历史对学生终身发展起到积极的影响。

过程与方法目标是贯穿于知识与技能、情感态度与价值观目标中而形成的。知识与技能目标内容具有显性的特点,由历史课程标准、教学基本要求和教材直接呈现。情感态度与价值观目标具有隐性的特点,需要教师依据历史教学内容有效发掘后呈现。过程与方法目标内容具有显性和隐性结合的特点,容易使隐性目标融合在显性目标中,得到具体达成。上海市中学历史课程总目标指出,知道和认识人类文明演变的重要史实、基本线索、发展趋势和史学的基本规范;具有对史料、史实、史论的识读能力,习得解决历史问题的思想方法;形成尊重历史、求真求实,以及同人类文明进步相适应的情感态度与价值观。其中,识读能力和解决历史问题的思想方法作为过程与方法目标主要内容,把知识与技能、情感态度与价值观目标紧密地结合在一起,在很大程度上凸显了过程与方法目标内容的重要性。

必须看到,达成过程与方法目标是一个循序渐进的过程,除了需要历史教师对达成过程与方法目标有着清醒的认识外,还要依据历史教材内容和学生实际,脚踏实地地进行,不可能一步完成。

在中学历史教学中,关注过程与方法目标的达成,对教师来说,也是一种教学能力的提升。要让学生掌握学习历史的方法,教师首先要有方法。这里的方法是指两个方面,一方面是教师实践探索过程与方法目标的主要内容,总结经验,形成适用于学生学习历史的方法;另一方面是教师结合历史教材,制定教学目标,指导学生在学习过程中掌握学习历史的方法。两个方面是表象,其中包含的则是思想方法论,即用怎样的思想理念来重视过程与方法目标的达成,用哪些有效方法来指导学生掌握学习历史的方法。因此,教师关注过程与方法目标的达成,实质是研究过程与方法"是什么"和"怎么样"的过程,也是教师用什么样的方式、方法来观察历史教学和解决教学问题的过程。教师具有思想方法论,不仅有助于历史教学能力的提升,还能促进教师的专业发展。

本书以上海市教委教研室关于中学历史高中阶段基础型课程过程与方法目标内容为基本依据,上海市普教系统历史名师培养基地的导师、学员结合教师教学实际,在实践研究的基础上,分理论理解和实践案例两部分进行了写作,先用理论理解指导教学实践,再用实践案例验证理论理解,期望体现学以致用,给历史教师一定启示。书中同一概念可能有着多种理解,或有交织,或有矛盾,编者没有进行统一,目的是要呈现百花齐放,激发教师的教学思考和争论。

本书由凤光宇策划、统稿并修改,写作过程得到了上海市教委教研室历史教研员、特级教师於以传的指导,上海市普教系统历史名师培养基地学员徐洁、林唯、唐向东对全书进行了校对,在此对他们的辛勤工作表示诚挚的感谢。

由于水平有限,书中可能会有错误,敬请读者指正。

凤光宇

2016 年 3 月

第一篇　世界古代文明

古代两河流域：美索不达米亚人在适宜的自然环境中创造了辉煌的古代农业文明；《汉穆拉比法典》的发现与解读，使古巴比伦王国的历史变得更为清晰。

古代埃及：尼罗河成就了古埃及的灌溉农业；金字塔折射出法老的专制统治和人们的来世信仰，向世人昭示着曾经的繁盛。

古代印度：被雅利安人征服后，古印度强化婆罗门教信仰，推行等级森严的种姓制度；佛教倡导"众生平等"、轮回说，反映了现实中的苦难和憧憬；《摩诃婆罗多》与《罗摩衍那》是了解古印度的重要史料。

古代美洲：古代印第安人创造了绚烂的玛雅、阿兹特克和印加文化；玉米、马铃薯等农作物的栽培，使古代美洲成为世界农业的摇篮之一，深刻影响了人类历史的发展。

古代希腊罗马：古代希腊和罗马文明是西方文明的源头。城邦是古希腊的国家形式，民主政治体现了雅典人的政治理念；希腊文化闪耀着理性、智慧和浪漫之光；古代罗马在政体变化、法律完善、文化继承与融合等方面，对当时乃至后世产生深远影响。

古代伊斯兰世界：伊斯兰教的诞生、传播与阿拉伯帝国相伴相随；阿拉伯文化内涵丰富，政教合一是伊斯兰世界的重要特征；奥斯曼帝国进一步传播了伊斯兰文化，对东西方交往带来深刻影响。

中世纪西欧：西欧封建化糅合了罗马和日耳曼因素，完成了以庄园经济为基础、以等级制与基督教会为支柱的社会架构；城市的复兴和自治使中世纪西欧开始发生裂变；以等级代表会议为标志的等级君主制改变了中世纪西欧政治格局；王权与教权的角逐伴随中世纪西欧社会的发展，此起彼伏。

区分史实的表述和评价

——以《古代两河流域》为例

普陀区教育学院　刘琼敏

目标内容：能区分史实的表述和评价。

一、史实、史学、史料

1. 史实与史学

史实，就字面意思而言，指的是历史事实。史实是人类社会过往的客观存在，以及发展的过程，并不以人们意志为转移。既然是曾经发生过的事，那就是事实。不会有发生过却又不真实的事存在。

葛剑雄指出："历史不仅是指过去的事实本身，更是指人们对过去事实的有意识、有选择的记录。而对于历史的专门性研究，就是历史学，简称史学，也可以称之为历史科学，它不仅包括历史本身，还应该包括在历史事实的基础上研究和总结历史发展的规律，以及总结研究历史的方法和理论。"（葛剑雄、周筱赟，《历史学是什么》，北京大学出版社 2005 年版，第 72 页）

由此我们知道，历史是指以往人类社会发展的客观过程，史学是关于人类社会历史的一门学问，历史不同于史学。应该区分两种不同的历史：一种是客观存在的历史；一种是被人们头脑加工过的主观化历史。前者是指历史本身，后者是历史学的范畴。

2. 史实的双重性

历史概念本身的双重性，决定了史实的双重性。史实，一种是指客观发生过，存在于某个时间、空间中的历史事件，不为人的意志而转移；一种是后人根据所掌握的客观历史材料进行的叙述和解释，这种叙述和解释是对所拥有的历史材料的主观理解。因此，我们所学习的历史是客观历史的主观反映，前者是后者的基础和依据，而后者是对前者的有限反映，两者有联系，更有区别。

如两河流域的地理位置,曾经在这里生活过的古代民族,楔形文字、《吉尔伽美什》和《汉穆拉比法典》这些文明成果,都是客观存在的;古代文明、国家、奴隶制这些概念,是后世史家根据客观历史材料,进行逻辑思维判断后赋予的;两河流域农耕文明发展、各民族交往融合冲突战争的具体历史细节,是我们不清楚或者暂时不了解的事情,但根据现在掌握的客观历史事实,史家还是可以大致梳理出这个地区的历史发展演变状况。

3. 史料

史料即历史资料,是历史学的基础。史实通过史料呈现,但史料不等于史实,更不等于史学。史料的获取和筛选中存在真实性和客观性问题。真实是"写什么",要求历史内容必须正确和准确;客观是"怎么写",要求历史内容必须全面和完整。真实针对虚假,客观针对偏见。对历史研究而言,真实客观的历史是历史学家永恒的追求,因为离开了真实与客观,史学就没有任何价值。随着包括文字记载、实物、遗址遗物等客观历史材料的不断发现和充实,后人对客观历史的认识也会随之发展和完善。

如现藏于大英博物馆的"乌尔徽板"(或称"乌尔之旗"),给我们提供了大量考证客观历史存在的旁证。这件实物史料发现于伊拉克南部乌尔王朝皇家墓地,距今4600年左右,主要的两个画板上活灵活现地描绘了"战争"与"和平"的场景。它能够佐证乌尔王朝曾经的存在;帮助我们了解乌尔居民的社会生活状况,如出现了不同社会阶层,有商人、工匠、穿着长斗篷的军人、皇室成员、祭祀者等;骡拉的战车印证了苏美尔人发明了轮子,等等。但是这件文物本身是什么,人们为什么要制作它,我们反而不能确定。最初它的发现者里奥那多·伍利(Leonard Woolley)认为它被悬挂在柱子上充当军旗,但现在根据《大英博物馆纪念册》简体中文版的介绍,人们更多地认为它是某种乐器的共鸣箱。由此我们可以明确史料不等于史实。史实通过史料得以呈现,在对史料的考证研究中,历史的真相才能逐渐被人们了解。但受限于掌握史料的多少和人的认识水平,历史史实可能会被误读或曲解,所以历史研究需要求真客观的态度。

历史认识是人们对历史事物的描述、看法和评价。史实的表述和评价都属于历史认识范畴,是认识的不同层次。史实表述求真,史实评价求客观。历史在"历史本身"与"历史认识"相互联系的存在中表现出来,因此有必要区分史实的表述和评价。

二、史实的表述

表述,《现代汉语词典》中的解释是"说明,述说"。

史实的表述,是指基于历史史实,对历史事件、历史人物、历史现象和历史过程的较完整、系统、全面的概括、叙述,尽可能还原客观历史事实本身的真实状态。

史实的表述追求事实的客观性与陈述的主观性相统一。表述的原则是如实记录,虽然表述必然反映作者的认识,但追求对历史史实的正确把握;表述具有间接性、后时性特征,因为表述的对象是过去的,存在时间和空间上的距离;表述的形式主要是记录、陈述史实(如"谁""在什么时候""在怎样的情况下""做了什么事"),主要解决历史史实"是什么"。

如:"公元前 2371 年左右,阿卡德王国征服了苏美尔人建立的各王国,第一次实现了两河流域南部地区的统一。阿卡德王国在内外交困中覆亡之后,在共同反抗外来游牧民族统治的过程中,苏美尔人的势力逐渐复兴。大约公元前 2113 年,苏美尔人的乌尔第三王朝兴起,不久重新统一了两河流域南部地区。当乌尔第三王朝趋于衰落之时,阿摩利人由西往东、乘势迁入两河流域。公元前 1894 年,阿摩利人以巴比伦城为首都建立了古巴比伦王国,并于公元前 18 世纪中叶统一了两河流域。"(《高中历史》第一分册,华东师范大学出版社 2008 年版,第 3 页)

以上叙述以"谁""在什么时候""在怎样的情况下""做了什么事"的语言组织方式,概述了两河流域王国更替的历史史实,厘清了这一地区历史发展的大致脉络。

又如:"从苏美尔人开始,古代两河流域的居民不仅积极发展农业生产,而且还掌握了制陶、金属冶炼等手工业技术,广泛地开展商业活动。在生产实践的推动下,他们以月亮的盈亏周期为依据制定了规范化的太阴历,掌握了十进位与六十进位相结合的双重计数法,发现了勾股定理的基本内容,并且创造了成熟的文字。"

以上叙述用间接、简练的语言陈述了古代两河流域居民在手工业、天文历法、数学和文化等方面取得的文明成就,并对"太阴历"做了简单的概念说明,涉及的文明成就都有相关的历史文献、遗物遗迹可以佐证,体现了史实表述恪守求真的精神。

三、史实的评价

评价,《现代汉语词典》解释为"评定价值高低"。《上海市历史课程标准解读》的解读是"能运用基本的史学理论和方法对给定历史材料做出价值判断"。(上海市中小学(幼儿园)课程改革委员会,《上海市历史课程标准解读》,中华地图学社 2006 年版,第 229 页)

可见史实评价作为对历史的价值性认识,逻辑形式是判断,重在给出对历史人物、历史事件的性质、地位、作用、意义、局限等的认识,带有明显的主观色彩。史实的评价对学生学习而言是一个"长时段",需要持之以恒的努力。

史实评价作为对历史事实发表的看法、观点,是历史认识或史学研究不可缺少的一环,也是历史学最有价值、代表着史学最本质的东西。一方面评价者的历史观、思想个性及认识水平,都将通过史实评价充分展现出来;另一方面只有通过评价,历史人物、历史事件的相对的意义内容才能被理解。史实评价的原则是置于事物发生时的历史大背景中,在充分占有史料的基础上,从人类历史发展演变的角度,最大限度地克服偏见,做出客观的价值判断。

总体上说评价分为三类:道德评价、学术评价和价值评价。道德评价指用一般善恶标准来衡量所评的历史人物或历史事件;学术评价指把所评历史人物或历史事件放在较长期的历史发展过程中,看其是否符合历史发展的客观规律和大趋势,重在考察其较深远的影响和意义;价值评价一般发生在不同的价值体系间,更多涉及一种价值立场或哲学态度,一般史实评价中不可能完全没有价值评价。

如"法典保留了诸如神明裁决、同态复仇等原始习惯法的部分内容,但同时也否定了血亲复仇、私人报复、抢婚等原始风俗的合法性,具有一定的历史进步意义",分析了《汉穆拉比法典》的具体内容,用"保留""否定"表明法典与之前和同时期的古代民族、国家、地区相比在法律制度上的特点,并以人性善恶常理来衡量,做出了法典是"具有一定的历史进步意义"的价值判断,属于道德评价。再如"两河流域是世界古代文明的发祥地之一""古代两河流域各民族创造了灿烂的文化",可以看作是基于现有史实研究后,对这个古代文明的历史价值的总体认识,属于学术评价。同时"古代文明的发祥地之一"也可以看作是意识形态评价,是从文明史观的角度,肯定世界各地区、各民族在人类历史发展进程中都具有重要地位,并根据现在掌握的历史证据,对两河流域地区做出的客观评价,打破了"欧洲中心论"的狭隘历史观。

四、为什么要区分史实的表述和评价

1. 帮助学生理解史实

历史课程的特性是让学生在浓缩、简化或概括的情境和条件下,经历和体验史学界确认史实、解释与评价历史的程序。学习区分史实的表述和评价有助于学生对历史史实的正确把握,在研读史料和教材的表述与评价中,加深对主观的历史、客观的历史的体会,了解史学界对这一段历史的现有的看法,更好地提升历史认识水平。

2. 培养学生的史学意识和思维方法

"思想是开启智慧之门的钥匙。中学历史课程要以提高学生的思维品质与解决问题的能力为核心目标,着重于思考而非繁复的记忆,包括体验简单的收集、辨别史料并汲取信息的过程,学会基础的诠释、评价历史和自我反思的方法,感悟史学思想方法在奠定公民素养、形成公民人格中的重要价值。"(《中学历史课程标准(修改稿)》)

可见,学生学习历史绝不是记诵事实,更重要的是要具有"思维品质与解决问题的能力",如何基于史实去思考、分析并做出相应的"诠释、评价历史和自我反思"。这些思考、分析的学习体验有助于培养学生"按历史的本来面目去认识和研究历史"的史学意识和"史论结合"的思维方法,最后在新的学习情境中运用所学构建自己对历史的认识。

3. 提升学生的历史素养

学习区分史实的表述和评价,能使学生进一步认识到,反映同一件事的原始材料与第二材料的相关与不同,察觉到对事实的增删、对史实表述和评价的"自创"可能反映出的偏见与失真。这样的学习体验,能够更好地教育学生尊重客观史实,确立唯物史观,树立科学求真、客观包容的态度,掌握"史由证来,论从史出"的学习方法,提升学生的历史素养,帮助学生真正学好历史。

五、如何区分史实的表述和评价

1. 区分历史的构成要素

组成历史的基本要素包括:背景(原因、历史条件、目的、动机)、内容(时间、地点、人物、过程、经过、结果)、意义(性质、作用、影响、评价、经验、教训、启示)三部分。历史表述是尽可能完整地还原出历史人物、历史事件和历史过程的真实面貌,主要解决历史史实"是什么",所以一般情况下,"内容"部分就是对史实的表述。历史评价,通常指人们对历史人物、事件等一切历史现象从价值角度所做的认识,所以一般来说"意义"部分则是对史实的评价。

如,用楔形文字撰写的"《吉尔伽美什》以乌鲁克国王吉尔伽美什为主人公,描写了他敢于对抗神灵、与命运抗争、最终却又不得不服从命运安排的曲折经历,同时汇集了古代两河流域的各种神话传说",这是对《吉尔伽美什》内容的介绍,尽可能还原史实的真实面貌,属于对史实的表述。

又如,"《吉尔伽美什》是古代两河流域的著名史诗,用楔形文字写成,并通过泥版文书比较完整地保存下来,是至今保存的为数不多的古代优秀文学作品之一",这是关于《吉尔伽美什》这部史诗的地位和影响的陈述,带有明确的价值判断,因此属于对史实的评价。

2. 辨析语句的内容主旨

史实的表述为了尽可能还原历史本来的面貌,强调史实的个体特殊性和细节。

如"楔形文字,又被称为'钉头文字',因其书写笔画的形状酷似木楔或钉子而得名"一句,交代了楔形文字的由来,这就是对楔形文字区别于其他古老文字的特殊性和细节的表述。

史实的评价为把握历史发展的规律性,立足于时间长河中许多历史史实的交叉点上,查看它们所起到的独特历史作用。

如"(楔形文字)是迄今为止被发现的最古老的文字之一,也是古代两河流域最主要的文化成就"一句,就凸显了楔形文字作为世界四大古文字之一在世界文字发展史上的重要地位。同时也提到了楔形文字本身以及作为两河流域文化的载体在历史发展长河中的重要作用。

六、实施案例

目标1:区分历史的构成要素。

师:说到楔形文字作为两河流域文化载体的作用,必须要提到著名的《汉穆拉比法典》,这到底是一部怎样的法典,让我们来一起探究。

材料:

师:这根黑色的玄武岩石柱是1901年法国考古队在伊朗西南部古城苏萨发现的,现存于法国巴黎罗浮宫。石柱的顶端有一幅浮雕,画面的内容是古巴比伦王国第六代国王汉穆拉比正从太阳神沙马什手中接受权标的情景,浮雕以下的部分是用楔形文字篆刻的《汉穆拉比法典》全文。请从图片上提取有效的历史信息。

生:汉穆拉比统一了两河流域之后,为了巩固对国家的统治而颁布了这样一部法典。

生:《汉穆拉比法典》是用楔形文字篆刻的,这就体现了楔形文字在传承两河流域灿烂文明过程中的重要作用。

生:《汉穆拉比法典》上的浮雕刻的是古巴比伦王国第六代国王汉穆拉比正从

太阳神沙马什手中接受权标的情景,这是在向民众传递一个信息——君权神授,而汉穆拉比制定的这部法典也是不可违抗的。

师:非常好,再让我们来放大一下《汉穆拉比法典》的正文,看看法典的具体内容,提取有效的历史信息。

材料:《汉穆拉比法典》(片段)

19. 倘藏匿此奴隶于其家中而后来奴隶被破获,则此自由民应处死。

21. 自由民侵犯他人之居者,应在此侵犯处处死并掩埋之。

196. 如果一自由民毁坏一贵族的眼睛,他应将自己的眼睛弄瞎。

198. 若他(自由民)毁坏另一平民的眼睛或打断他的骨头,该凶犯应赔偿一米纳白银。

199. 若他(自由民)毁坏另一自由民的奴隶的眼睛,或打断另一自由民的奴隶的骨头,应折半赔偿。

生:当时形成自由民和奴隶的两大对立阶级。

生:明确私有制,法典维护社会成员的私有财产。

生:自由民中又形成了平民和贵族的等级区分,法典运用国家权力保护奴隶主贵族的利益。

生:法典还存在着同态复仇这样的原始习惯法。

师:非常好。《汉穆拉比法典》全面维护统治集团的根本利益,保护社会成员的私有财产,严格规定了各个阶层的义务,严厉地惩罚各种社会犯罪,比较清楚地展示了古巴比伦王国的社会状况。通过解读史料,我们对《汉穆拉比法典》有了初步的了解。同学们是否知道历史事件有哪些组成要素?

生:原因、背景、目的、时间、地点、人物、内容、过程、结果、性质、影响、意义,以及对史实的评价、启示等。

师:请根据以上要素概括一下《汉穆拉比法典》。

生:法典制定的背景是汉穆拉比统一两河流域,建立巴比伦王国;法典的内容是以楔形文字作为载体,以君权神授作为理论依据,全面维护统治集团的根本利益,保护社会成员的私有财产,严格规定了各个阶层的义务,严厉地惩罚各种社会犯罪,比较清楚地展示了古巴比伦王国的社会状况;作为研究古代两河流域的珍贵史料,体现了法典的历史价值。

师:在这些要素中,哪些最接近史实的本身? 哪些又是从价值角度所做的认识呢?

生:内容比较接近史实本身,而历史价值属于对史实的评价。

师:这就告诉我们,对史实的介绍分为两个方面,历史表述是尽可能完整地还原出历史人物、历史事件和历史过程的真实面貌,主要解决历史史实"是什么",所以一般情况下,"内容"部分就是对史实的表述;历史评价,通常指人们对历史人物、事件等一切历史现象从价值角度所做的认识,所以一般来说"意义"部分则是对史实的评价。

目标2:辨析语句的内容主旨。

师:当然,仅仅从辨析历史事件的组成要素来区分对史实的表述和评价是不够的。指出下面文字中属于史实评价的部分。

> 材料:《汉穆拉比法典》由序言、正文和结语三部分组成。法典关于契约、债权、损害赔偿等方面的规定是许多早期奴隶制国家的立法文献所不能比拟的。

生:"《汉穆拉比法典》由序言、正文和结语三部分组成"属于对史实的表述,而"法典关于契约、债权、损害赔偿等方面的规定是许多早期奴隶制国家的立法文献所不能比拟的"属于对史实的评价。

师:非常好。史实的表述为了尽可能还原历史本来的面貌,强调史实的个体特殊性和细节;而史实的评价本着寻找历史发展规律性的目的,立足于时间长河中许多历史史实的交叉点上,查看它们所起到的独特历史作用。所以辨析语句的内容主旨也是区分对史实的表述和评价的方法之一。两者有机结合,可以更好地帮助我们还原历史真相,寻找历史发展的规律性。

考古发现、史料及其价值

——以《古代埃及》为例

金山区张堰中学　陆兵峰

目标内容:懂得考古发现是获得史料的基本途径,认识出土文物的史料价值。

一、考古发现、出土文物、史料价值

1. 考古发现

考古发现是专业人员从古代遗存中发现古代前代人类活动有关的遗迹遗物。目标内容中与"考古发现"对应的是"基本途径",说明这里的"考古发现"主要指的是手段和方法。获取史料的方法和途径多种多样,常见的如访问调查、文献调查等,考古发现也是其中之一。

一次完整的考古发现一般有三个阶段。一是在实际考古工作进行之前,考古者必须有清楚的目标,对遗址进行考古田野调查,尽可能发现关于这个遗址及其周围区域的资讯。二是开展科学发掘工作,发现并搜集埋藏在地下的历史遗迹遗物等。三是研究发掘搜集的遗迹遗物,评估是否达成考古者预设的目标。然后把这些遗迹遗物作为文献公布或出版,以供其他考古学家与历史学家使用。

2. 出土文物

出土文物是从地下发掘出来的古代文物。一般指古代人类有意识加工过的人工制品,如工具、武器、用品等,或是人类修造的房屋、坟墓、城堡和建筑等。若是未经人类加工的自然物,则必须确定其与人类活动有关,或是能够反映人类的活动。

遗址是古代某一社群居民日常生活、居住范围内遗留的连续分布的遗迹、遗物集合体。古代遗址大部分是由各种性质、功能不同的房屋及防卫、经济设施等组成的村社聚落或城址的废墟。与遗址相关的还有文化。

文化是代表同一时代的、集中于一定地域的、有一定地方性特征的古代人类遗

存共同体。一种考古学文化，一般由若干性质、特征、年代相同的遗址组成，它们应属于古代某一特定的社会集团部落、部落联盟、民族等。

遗迹是古代人类活动而遗留下来的具有不可移动性的迹象。遗迹一般依据其功能或用途分类并命名，如储物的窖穴、埋葬死者的墓穴、房屋废弃后的基址、防御性的城墙或壕沟、汲水的井等。一般遗迹中，均包含有数量不等的遗物。这些遗物有些是当时人们无意识地丢弃的，如在废弃的窖穴或壕沟中倾倒的生活垃圾和破损的陶器、工具等；有些则是人们有意识地放入的，如墓葬中的随葬品等。

遗物是古代人类活动遗留下来的各种具有可移动性的器物。遗物一般以器物的原料或用途功能进行分类。如以器物的原料可分为木器、石器、玉器、陶器、骨器等；以用途或功能可分为工具、武器、生活用具、装饰品、艺术品等。

3. 史料价值

史料是研究历史和编纂史书所用的资料。人类对历史的认识和研究离不开史料。史料有三个特点：一是史料是由人记载和认识的，由于人的历史观和认识能力的局限，由人记载和纳入史料中的历史信息又往往少于或多于客体信息的固有量，因而史料只能近似地透视客观历史，而不能完整地将历史的全部信息都保留下来，史料只是客观历史的一部分。二是史料作为人类改造自然、改造社会的历史遗存或记载，它是一种客观存在，同时又包含许多主观因素，这种主客观因素交叉并存的现象，使历史认识完全不可能是"纯客观"的。三是史料是人们对以往史实的认识和记载，对于现实的认识来说，再新的史料也是过去已经形成的。

史料是人类社会历史在发展过程中所遗留下来的，帮助我们认识、解释和重构历史过程的痕迹。任何史学认识都是通过史料而实现的间接认识，同样任何史学认识都离不开史料这个认识的中介。史料对历史学习和研究所产生的积极影响具有特殊的价值。通过考古发现出土的文物，其史料价值非常高，其表现主要有四个方面：

一是补史，用考古材料来补充文献历史的缺失。

二是证史，用考古材料来验证历史文献。王国维提出"二重证据法"，文献材料与考古材料相结合，互相验证，这样才有说服力。"二重证据法"成为近现代史学研究的重要方法论。

三是纠史或辨史，用考古材料纠正历史文献记载的错误。文献材料可能会有主观性缺点，容易产生一些错误，如历史流传过程中的无意讹误或有意篡改。考古材料具有第一手材料的优点，没有产生人为的变化，因此比文献材料具有更强的可信性。当文献材料与考古材料发生矛盾时，应以考古材料为准。

四是与文献材料相比，考古材料具有直观性、生动性的特点，可以为人们学习和研究历史提供更好的材料。

二、"懂得"和"认识"是目标内容的两个认知阶段

第一阶段是让学生知道应如何获得史料,懂得获得史料的基本途径是考古发现。在此基础上,第二阶段是认识考古发现的出土文物的史料价值。上述两个阶段实现从"懂得获得史料的途径"深入到"认识史料的价值"的认知过程,由浅入深,符合学生的认知规律。

考古学是一门严谨深奥的科学,属于大学阶段的专业学科,显然其专业的知识、技能、思维等都不归属高中学生应该掌握的目标范畴。所以,目标内容里的要求是"懂得",就是"知道"的意思,对学生学习水平要求比较低,即知道考古发现是什么,史料又是什么,以及两者之间的简单关系。这一要求符合对高中生普及考古学常识的基本要求。

"认识"带有"理解"的含义,比"懂得"的要求更高。如何认识文物的史料价值,是教师通过各种方法和途径引导、启发学生对其价值认识的重点。文物是帮助人们认识和恢复历史本来面貌的重要依据。不同类别的文物,从不同的侧面反映了当时社会的生产力、生产关系、经济基础、上层建筑以及社会生活和自然环境的状况。各种类别文物的产生、发展和变化的过程,反映了社会的变革、科学技术的进步、人们物质生活和精神生活的发展变化。因此,认识出土文物的史料价值相对而言要复杂得多。一件文物史料价值的高低很大程度上取决于它在被发现后能够证明历史事件、文化、工艺、民俗等方面的时代特点和相关内容的贡献的大小。

三、如何达成目标内容中"懂得"和"认识"要求

在教学中,教师可以采取各种方法,使学生懂得考古发现是获得史料的基本途径,并认识出土文物的史料价值。如可以展示考古现场和出土文物的图片、播放考古发掘的纪录片、参观考古遗址或博物馆,或者由教师讲述历史上的重大考古发现,以考古动态或出土文物为例进行课堂提问或作业设计。

在《古代埃及》一课中,学生可以通过金字塔的形制、规模、神像等的观察,透析古代埃及的历史特征;通过对木乃伊图片的观察、分析,了解木乃伊的制作和埃及人的思想观念;通过观察相关图片,了解埃及象形文字的形状和书写材料,认识考古发现的重大价值。

以下是一位教师以"金字塔"为例,达成"懂得"和"认识"要求的案例。

同学们,说到古埃及,你脑海里反出的第一个印象是什么? 大多数学生可能会说是金字塔。金字塔是不是用金子做的? 当然不是,而是因为它的

形状像汉字中的"金"字。(展示金字塔的图片)

金字塔的修建大约持续了1000年之久,从公元前27世纪至公元前18世纪。古埃及的法老们在埃及的金字塔一共有70多座,因为自然和人为的破坏,现存比较完整的有30多座,大都位于尼罗河西岸。

法老为什么要修建金字塔? 金字塔是古代埃及法老为自己修筑的陵墓。

金字塔里存放什么? 木乃伊。

法老为什么要将自己的尸体制成木乃伊? (播放埃及考古纪录片)

在这种来世信仰的支配下,将尸体制成木乃伊之风在古埃及盛行。

木乃伊是怎么制作的呢? (由学生查阅资料并介绍)

"人一死,要立即把最容易腐烂的部分从体内取出。在左下腹切开一个口子掏出内脏。脑髓通过筛骨从鼻孔抽出。古埃及人认为,心脏是思维和理解的器官,必须留在体内。尸体脱水借助干泡碱完成。内脏也进行单独处理。最后,用亚麻布填充胸腔,再缝合腹部切口,贴上一块画有荷拉斯眼睛的皮。古埃及人相信这种皮有强大的愈合力和保护力。眼窝里有时也用一团布堵上或者安上人造眼睛。尸体涂上油、香料和树脂后,用多股绷带捆扎,以弥补尸体在脱水过程中收缩干瘪而出现的走形。尸体和绷带之间,夹有许多护身符。……女尸的头发里有另外添加的头发,或制成辫子,或松散地披下来,以显得完整。死者的鼻子因制作木乃伊时抽取脑髓而遭损坏,得安上木制鼻子弥补。"史前时期,尸体直接埋在干燥的沙子里,灼热的沙子使水分很快蒸发,因而尸体保存极其完整。只是出现了墓室之后,"尸体不与沙子直接接触,无法实现自然蒸发",才被迫寻找新的方式解决。

同学们在书上第8页看到的木乃伊就是十八朝女法老哈特谢普苏特之尸。她是古埃及最著名的女法老。哈特谢普苏特虽是女性,可平时戴假胡须、身着男装执政。但是她是如何失去政权的,又是如何死亡的,一直是个神秘事件,有兴趣的同学可以去查找相关资料。

……

在阿拉伯谚语中有这样一句名言:"万物终消逝,金字塔永存。"金字塔经历了近5000年的历史变迁,至今仍屹立在尼罗河畔。看到宏伟的金字塔,同学们最直接的感受是什么? 感慨是什么? 金字塔是古代埃及人卓越创造力的结晶,是社会经济和建筑技术发展的一项具体成就。

我们在提到发掘金字塔时往往会联想到法老的诅咒,这到底是怎么回事呢? 实际上,关于咒语或者说是诅咒,是在1922年著名考古学家卡特在发掘第十八朝法老图坦卡蒙(公元前1361—公元前1352年在位)陵墓的过程中发生的。关于图坦卡蒙陵墓的考古发掘的情况就作为今天的回家作业,下一节课请各小组派一个代表作讲解。

四、实施案例

目标 1:懂得考古发现是获得史料的基本途径。

师:(板书:金字塔建造者之谜)同学们,相传埃及金字塔是古埃及法老的陵墓。埃及金字塔始建于公元前 2600 年以前,共有一百多座,大部分位于开罗西南吉萨高原的沙漠中,是世界公认的"古代世界七大奇迹"之一。其中最大、最有名的是祖孙三代金字塔——胡夫金字塔、哈夫拉金字塔和门卡乌拉金字塔。埃及金字塔已成为古埃及文明最有影响力和持久的象征。那么,是谁修建了金字塔?

生:奴隶。

师:传统观点认为金字塔为古埃及的奴隶所建。

古希腊伟大的历史学家希罗多德在其著作《历史》中这样描述奴隶们修建金字塔的场景:每 10 万奴隶分成一组,每组轮流工作 3 个月。

由于希罗多德在史学上的伟大贡献和地位,长期以来人们从没怀疑过他的观点。然而最新的考古发现使得人们有了新的认识。

现在,请同学们看金字塔附近的考古发现的图片和文字材料,然后回答有哪些考古发现。

生:很多尸体骨骼上有接受医学治疗的痕迹。

生:科学家们还发现了孕妇和胎儿的人骨。

生:金字塔旁还出土了众多反映家庭生活的雕像。

生:负责建造胡夫金字塔的祭司凯伊的墓室入口处的墓志铭上,刻着保障农民粮食的契约。墓志上记载,凯伊付给农民面包和啤酒,让他们高高兴兴地离开,这些开心的人们以神之名表示非常满意。

师:以上考古发现为我们研究金字塔的建造者提供了宝贵的史料。从这些史料中我们获知,金字塔的修建者可能是谁?

生:自由民。

目标 2:认识出土文物的史料价值。

师:(板书:罗塞塔碑的解读)古代埃及象形文字复杂难解,只有神庙祭司等少数人看得懂。古代埃及灭亡后,象形文字慢慢被人遗忘,湮没在历史的长河中,直到近代才被成功破译和解读。古埃及文字的破译和一块石碑有关,它叫罗塞塔碑。罗塞塔碑是一块制作于公元前 196 年的大理石石碑,原本是一块刻有埃及国王托勒密五世(Ptolemy V)诏书的石碑。由于这块石碑同时刻有同一段文字的三种不同语言版本,使得近代的考古学家得以有机会对照各语言版本的内容后,解读出已经失传千余年的埃及象形文字的意义与结构,而成为今日研究古埃及历史的重要考古材料。

我们请一位同学介绍一下罗塞塔碑。

生:1799 年 8 月,拿破仑的士兵在罗塞塔附近修筑军事要塞时发现了一块黑色磨光玄武岩的石碑。它长约 115 厘米,宽约 73 厘米,厚约 28 厘米,上面还有密密麻麻的三段铭文。这就是后来破译古埃及象形文字的钥匙——罗塞塔石碑。碑文用三种文字写成,分别是希腊文、古埃及象形文字和后期的埃及文字。罗塞塔石碑用三种文字记载了同样的内容,因此成为释读古埃及象形文字的关键所在。

师:为什么罗塞塔碑成为释读古埃及象形文字的关键?

生:因为罗塞塔碑上有三种文字,且内容相同,可以通过已知的希腊文来推断、破解埃及象形文字的意义。

师:法国学者商博良通过对罗塞塔碑长达 20 年的研究,成功地释读了石碑上的整篇铭文,整理出了全部埃及字母,为复原古埃及世界打开了大门。请一位同学来展示一段古埃及文字并将其翻译。

生:打开 PPT 文件,呈现带有象形文字的图片,对一些象形文字进行简单的介绍和翻译。

师:古埃及文字的成功释读,使得大批古代埃及文献典籍,如赦令、公文、战报、祭文以及文学作品得以解读。通过这些珍贵的历史资料,人们更加丰富了对古老埃及文明的认识。所以,罗塞塔碑被称为"通向古埃及文明的钥匙"。

师:欧洲航天局在实施追星计划的过程中,将其研制的一种重要仪器命名为"罗塞塔太空探测器"。你认为欧洲航天局的用意是什么?

生:罗塞塔碑的发现是古埃及象形文字成功释读的关键,欧洲航天局希望这个仪器也能在太空探测中起到关键性的作用。

区分对史实的客观描述和带有主观认识的表述

——以《古代印度》为例

闸北区教育学院　徐　洁

目标内容:能区分对史实的客观描述和带有主观认识的表述。

一、史实是客观存在的历史事实

史实是不以人们意志为转移的客观存在的历史事实。

如古印度曾经遭遇过外族的入侵与征服、从"瓦尔那"制度发展而来的种姓制度、诞生于公元前 6 世纪北部印度的佛教等,这些曾经发生过的事一直留存在历史长河之中,并不会因为时间的流逝而发生任何改变。

但是如同"人不能两次踏进同一条河流"一样,发生过的事也具有无法再现或重复的特点,所有的史实都是单一且唯一的存在。那么我们如何才能了解这些发生在过去的事实? 一般而言,可以经由当事人、目击者等人实事求是地记录,或由专家学者在详细考证多方史料的基础上予以实事求是地重建。这也就意味着,虽然史实的本身是客观存在,但由于它发生在过去,且如此浩瀚繁杂,因此只能在有选择的前提下,借助文字记载的方法呈现。这也决定了一切历史事实都是人写出来的,我们今天所获知的、发生在非当下的一切史实都是间接而得的,是人为的产物。既然在选择史实、记载史实的过程中无法离开人的行为,那么在呈现史实的过程中便不可避免地会出现对史实进行客观描述或对史实进行带有主观认识的表述两个不同的方面。

二、对史实的客观描述

描述,即描写叙述之意。《现代汉语词典》中"描写"的原意是"用语言文字等把事物的形象表现出来"。"叙述"则意为"把事情的前后经过记载下来或说出来"。

基于对这两个词语基本意思的了解,我们不难发现"描述"就是用语言文字来记载事件、表现事物形象的一种手法,有依样画葫芦之意。这说明对史实的描述要基于事实的基础,客观公正地还原历史事实的本真面貌。因此,客观描述史实时必须秉承实事求是的求真原则。这不仅需要描述者全面正确地了解史实的具体内容,更需要描述者能够从实际出发,不夸大、不缩小,在描述时不使用任何形容词、副词或任何修辞手法来表达个人认知与看法,以平铺直叙的方式交代清楚与该史实有关的时间、地点、人物、主要过程、主要内容、直接结果等要素,呈现史实的基本原貌。

如教材在描述有关古代雅利安人在印度扩张势力范围的过程时,其表达为:"约公元前14世纪,一批自称'雅利安人'的部落出现在印度河中上游地区,后征服土著部落。"(《高中历史》第一分册,华东师范大学出版社2008年版,第10页)

约公元前14世纪左右,古印度曾遭遇外族的入侵与征服已成为史学界的共识,教材在描述这段史实的时候,非常直接地介绍了事件发生的大致时间、外来征服者是谁、征服者名称的由来、他们到达的地点,以及到达之后产生的直接结果等内容,是基本史实的再现。

这种仅以时间、地点、人物、过程、内容、结果等最基本的事件组成要素,来直接呈现史实"是什么"的方式,属于对史实的客观描述。

三、对史实带有主观认识的表述

表述,即表达叙述之意。《现代汉语词典》对"表达"解释为"表示(思想、感情)"。这就是说无论是历史学家,还是历史事件的亲历者或听闻者,在选择与重建历史的过程中都不可避免地带有记录者本人对历史事件的看法、态度和情感价值观。究其原因,是因为任何个人都是"在一定历史条件和关系中的个人,而不是思想家们所理解的'纯粹'的个人"。(《马克思恩格斯全集》(第三卷),人民出版社1960年版,第86页)任何史学家都是具有情感和思维能力的人,也都生活在一定的政治环境之下。当需要在浩如烟海的史料中做出选择、重建历史事件的时候,个人的情感、态度、价值观以及政治环境等因素势必左右行为结果。

如在印度独立前,国大党元老莫提拉尔·尼赫鲁曾经说过:"只要制度仍然存在,印度就不能在世界文明国家中占据应有的地位。"(郑艳萍,《论印度社会的贫富分化及政府对策》,《郑州大学历史学院学报》2007年第5期,第14页,转引自S.I.萨加尔著,《印度的印度教文化和种姓制度》,德里1975年版,第202页)这句话以种姓制度为研究对象。种姓制度是有据可循、在史学界达成共识的史实。但是"只要"一词清楚地说明尼赫鲁将种姓制度视作阻碍印度文明发展的必然障碍,将种姓制度与印度的世界文明地位直接联系。然而事实上,种姓制度本身正是古代印度文明的有机组成部分,印度社会的发展与种姓制度有着密不可分的联系,不应对其持全盘否定的态度。究其原因,是与莫提拉尔·尼赫鲁希望通过改革改变印度社会现状、发展民族资本主义经济、争取民族独立的政治主张有关。尼赫鲁将对在印度社会中持续时间最长、影响最大的种姓制度的批判,作为实现其政治主张、获得民众支持的工具。因此尼赫鲁对种姓制度的评价是带有主观认识的表述。

《高中历史》教材认为:"种姓制度造成印度社会阶层的隔离,阻碍了社会成员的流动,对印度社会的发展产生了重大影响。"(《高中历史》第一分册,华东师范大学出版社 2008 年版,第 11 页)虽然无论是从印度古代典籍,还是当今印度社会发生的一些现实事例,都能够发现种姓制度所具有的这些特征,以及在当今印度社会中仍顽强存在的社会现实。但这也是从后人研究者的角度,站在教材编撰者的立场上对种姓制度做出的评价,并使用了"重大"这样的词语来表达影响之大及深远,因此也属于对史实带有主观认识的表述。

当代英国历史哲学家沃尔什在《历史哲学导论》中把历史认识的主观因素概括为四个方面:个人偏见、集团成见、历史观、世界观的原因。这充分说明对史实带有主观认识的表述是受到个人政治立场、情感态度价值观等因素的影响,在"是什么"的基础上,进一步探究"为什么"与"怎么看"的方式。

四、历史课堂教学必须求真

对高中学生而言,学习历史并不是仅仅为了知道曾经发生过哪些历史事件,也不是为了死记硬背知识点来获取考试的高分。当学生面对当今时代流传于网络中的各种所谓的"信息""野史"之时,如何分辨真假、获知历史的真相,就显得尤为重要。

历史不是一个任人打扮的小姑娘,而是有它亘古不变的求真原则。因此有必要引导学生在历史学习的过程中获取科学的思维观念和方法,培养求真精神,获取历史启示,从宏观上观察现实、展望未来,形成对自身、国家、社会、文化、民族的历史及其发展的认同感和责任感。

为了实现这个育人目的,历史课堂教学就必须以求真为出发点,引导学生使用史学思想方法不断接近历史真相。既然在学习与研究历史的过程中,不可避免地要与各种文字史料打交道,因此需要掌握从文字记载中准确地辨析史实本身与作者对史实看法的方法,以便既了解历史真相,又获知他人的态度与想法。然后在此基础上形成自己对历史的看法,做出自己的解释。只有这样才能有效避免偏听与盲从,才能培养出有真知灼见、求真务实的人才,而不是人云亦云的庸才。

五、如何区分对史实的客观描述与带有主观认识的表述

1. 辨析历史事件的组成要素

组成历史的基本要素包括:背景(原因、历史条件、目的、动机)、内容(时间、地点、人物、过程、经过、结果)、意义(性质、作用、影响、评价、经验、教训、启示)三部分。一般情况下,"内容"部分就是对史实的客观描述,而"背景"与"意义"部分则是对史实带有主观认识的表述。

如在已知印度社会的种姓制度、佛教经典和《摩诃婆罗多》是基本史实的前提下,"种姓制度下的印度社会分为婆罗门、刹帝利、吠舍和首陀罗四大种姓集团""佛教经典总称为'大藏经'""《摩诃婆罗多》是成书于公元前4世纪至公元4世纪,用梵文写成的古代印度史诗"等,分别是对种姓制度的基本内容,佛教经典的名称,以及《摩诃婆罗多》成书时间、文字及类别的介绍,没有使用任何修辞手法,讲清史实的基本内容,因此属于对史实的客观描述。

但是,《摩诃婆罗多》和《罗摩衍那》是古代印度历代诗人、歌手在漫长的口耳相传过程中不断积累加工而成,结合神话传说与真实事件,反映了古印度列国纷争的社会背景,其内容深深地植根于历代印度人民的心中,因此"是古代印度最著名的文学作品"。(《高中历史》第一分册,华东师范大学出版社2008年版,第12页)这是有关史诗的性质、地位、影响的介绍,其内容是否"深深"地植根于历代印度人民心中,能否被视为"最著名",都是作者主观认识的表现,因此属于带有主观认识的表述。

又如教材评价《摩诃婆罗多》和《罗摩衍那》:"史诗的内容虽然多为神话传说,但也反映了当时印度社会的多个侧面以及雅利安人扩张的情景。这两部史诗被视为世界文学的瑰宝。"(同上书)虽然这使用了文学作品证史的史学思想方法,也是站在客观的立场上对这两部史诗的世界文学地位以及内涵做出评价,但由于是经过对史实研究后得出的看法,因此也属于对史实带有主观认识的表述。

2. 辨析语句的表达方式

对史实进行客观描述一般使用平铺直叙的表达方式,多使用中性词汇,不加修饰,没有侧重点。只交代史实最基本的时间、地点、人物等要素,反映的是在史学界已达成共识、无其他出入的基本内容。

如"《摩诃婆罗多》是成书于公元前4世纪至公元4世纪,用梵文写成的古代印度史诗",这句话交代了《摩诃婆罗多》成书的时间、语言、所属国家、文体

等基本内容,是对《摩诃婆罗多》的客观描述。

而对史实带有主观认识的表述,因为表达的是对史实经过个人研究后得出的结论与认识,通常会使用修饰词语来予以强调,或使用修辞手法来表达所感所想,突出个人认为的重点,往往容易给人留下深刻的印象。

如"公元前6世纪,北印度列国纷争,政局动荡,社会关系急剧变化"(同上书),这句话是对公元前6世纪古印度社会基本状况的介绍,但使用了"急剧"等描述程度深浅的词语,表达了作者对古印度社会状况的看法。

又如"随着刹帝利和吠舍大商人的社会经济地位明显上升,他们对婆罗门的宗教和种姓特权日益不满,各种新教派、新学说广为流传,佛教是其中影响最大者之一"(同上书),这段文字意在说明佛教的诞生与北印度社会商品经济的发展紧密相连,是社会经济地位在意识形态领域的反映。教材编写者以"明显""日益"等词表达刹帝利与吠舍社会经济地位上升的程度,以及他们对婆罗门特权地位发起挑战的过程;"广为""最大"等词则表达了新教派、新学说流传的普遍性,以及佛教在其中的影响力。虽然这是基于对史实的了解与研究基础上得出的结论,但这只是教材编写者对佛教诞生时印度社会的认识。不同的人站在不同的角度与立场,占有的史料不同,便可能得出不同的结论与看法。因此这段文字是对佛教的诞生带有主观认识的表述。

总之,区分史实的客观描述与带有主观认识的表述的方法,是史学思想方法的有机组成部分,它的评判并不是以重建历史的人是否处于不偏不倚的中立立场,是否公正地判断了历史问题,是否没有与社会及政治压力妥协,是否没有成为党派立场的鼓动者和宣传者,是否没有将个人的利益放入历史的判断中等为基准,而是要将其放在特定的政治、经济、文化、社会、习俗、观念传统等语境中去审视,在辨析历史组成因素的同时,还应辨析语句的表现手法,两者相辅相成,才能更好地掌握区分的方法,更好地了解历史,不断接近历史的本身,探知历史的真相。

六、实施案例

目标1:辨析历史事件的组成要素。

师:在古代印度历史中,种姓制度占据了非常重要的地位。对这个历史事实进行研究与解读的材料也很多。请同学们阅读以下两段有关印度种姓制度的材料:

材料:当雅利安人在"七河流域"活动时期,在与被征服的非雅利安人土著居民接触时,根据居民的肤色及文化上的差异,将社会上的居民分为两类:即雅利安瓦尔那与达萨瓦尔那。

如果说种姓制度在古代还有存在的理由的话,到了近代,它已显现出最顽固、最腐朽的本质,它的等级性、封闭性和守旧性限制了人们的社会交往,束缚了人们的思想和个性,对社会生机起着僵化、窒息作用。

——张发青,《浅谈印度种姓制度》

师:这两段材料分别从什么方面介绍了种姓制度?

生:第一段材料介绍了种姓制度诞生的时间、地点、人物、大致过程。第二段材料是作者评价种姓制度对今天印度社会的影响。

师:作者根据现有的史学研究成果,通过时间、地点、人物、大致过程等要素,描述了种姓制度诞生的基本概况,这就是客观描述史实的手法。然而作者对种姓制度的评价则是个人的研究成果,代表作者的立场、看问题的角度、政治背景等,这就是主观表述史实的手法。这就告诉我们可以通过辨析历史事件的组成要素来区分是对史实的客观描述,还是带有主观认识的表述。

目标 2:辨析语句的表达方式。

师:当然,仅仅从辨析历史事件的组成要素来区分是不够的。请同学们看以下两句话:

材料:"公元前 1000 年左右,古代印度的社会成员中产生了等级分化"与"公元前 1000 年左右,古代印度的社会成员中产生了严格的等级分化"。

师:请同学们辨析一下,同样是对古印度社会等级分化这个史实的介绍,这两句话在表达方式上有什么不同?

生:后一句多了"严格"一词。

师:仅仅是多了一个词语,就使得这两句话表达的内容有什么不同?

生:加上"严格"一词,表明的是社会等级泾渭分明,彼此不能逾越也不能打破或违背的特征。没有"严格"一词,只说明出现等级分化,但并没有说明等级分化的程度等特点。

师:是的,仅一词之差的两句话,前一句交代了公元前 1000 年左右,古代印度社会出现等级分化的史实,后一句则特别说明了等级分化的特征。结合之前的学习,你们认为哪一句是客观描述,哪一句又是带有主观认识的表述?

生:第一句是对史实的客观描述,第二句是带有主观认识的表述。

师:这就说明在客观描述史实时,一般不使用修饰词语,也不使用修辞手法,无须突出重点,更无须表达思想感情,只要平铺直叙把历史事件的时间、地点、人物等基本要素交代清楚。但是若要对历史事件表达个人的所想所思所感时,免不了会有补充修饰和强调。因此辨析语句的表达方式也是区分对史实的客观描述与带有主观认识的表述的方法之一。

理解优秀文明成果的主要特点、作用与影响

——以《美洲印第安文明》为例

嘉定区中光高级中学　姜芳芳

目标内容：理解优秀文明成果的主要特点、作用与影响。

一、文明的概念

学界对文明的定义有两种：一种是狭义的，包括宗教、精神、生活方式，以及文学、艺术、意识形态等，这是与政治、经济、社会等并列的文明概念。另一种是广义的，布罗代尔说"文明同时又是社会、政治以及经济的扩张"，如此，文明又是包罗万象的，它由各种各样的文化要素组成。人类文明从纵向的历时性角度看，具有累积性和承传性，从而表现出文明发展的连续性；从横向的共时性角度看，则具有相互影响、相互交流、相互融合、相互建构的功能。

从人类历史发展的进程来看，文明具有如下两大突出特点：

第一，文明因地域的不同而呈现多样性。著名历史学家汤因比曾经列举了21种文明类型，从现存的西欧文明、远东文明、基督教文明上溯到古代，林林总总，不一而足。由于地理环境、气候条件、经济发展水平、政治制度、社会结构、生活方式、价值观念、文化背景等方面的千差万别，各个文明的发展呈现出不同的特点，这是世界多样性的体现。多样性是一种客观存在，而这种多样性又是文明发展的内在动力。基于这些多样性要素，一种文明不仅能使自己区别于其他文明，而且能为属于该文明的人民提供必要的文化身份，使其无论何时何地都能通过认同于该文明而实现相互认同。因此，只有充分认识到文明的多样性，才能在不同文明类型的交往中确定一种"公平交往""互相尊重""互相包容"的原则，实现彼此间的积极对话与合作，推动文明的和谐发展。

第二，文明之间存在交流与融合。历史上的诸文明并不是封闭的体系，它本身在不断地变动，同时各文明之间也在不断地交流。各种文明的交流、借鉴和融合推

动着人类文明的不断进步。它们在形成文明纵向发展的同时,横向上也在相互运动,这是使文明变化的一个重要原因。文明的交流,使各文明创造的成果为人类所共享。比如,东方民族的许多重要发明,如阿拉伯数字、指南针、火药和纸等,曾给西方文明以决定性的影响。伊斯兰文明与西方长达数世纪的交流,给中世纪欧洲在数学、科学、医药和农业方面的发展打下了基础。不同类型的文明,既有其独到的特征和表现形式,又有许多人类共同的东西。放眼全球化的今天,一些重要的价值观,比如人权、民主、自由、平等、法治、和谐等,经过东西方文明之间的交流而成为现代世界文明的重要基石。当然,文明的交流并不是一帆风顺的,它时常会遇到各种阻碍、挫折、冲突,这也是文明发展进程有时会出现延缓的重要原因。

《高中历史》教材第一分册(华东师范大学出版社出版)就呈现了很多不同地域下的古代文明:长江、黄河流域的中华文明;印度河沿岸的古印度文明;两河流域的苏美尔、巴比伦文明;尼罗河沿岸的古埃及文明;古代西方世界的海洋文明,如爱琴海文明、地中海文明等。

这些文明体系的出现和形成,与产生这些文明的地域环境有着千丝万缕的联系,正是这些有利条件导致了文明的兴起。同时,文明之间的互相交流和影响促成了它们的延续和发展。

二、优秀文明成果的教学意义

1. 促进文化认同

文化认同是对本国,尤其是本民族历史发展进程中形成的文化特质的坚守和传承。文化认同是凝聚国家、民族的精神纽带,是民族认同、国家认同的基石。作为人文学科的基础,历史教育肩负着弘扬优秀文明成果的任务。苏珊·波普认为,历史教育普遍寻求的目标是:促进青年一代理解本国历史和民族文化,同时推动他们自身融入世界史和人类史的总体中。

我们可以这样理解,即学习从历史的角度去了解和思考人与人、人与自然的关系,进而关注中华民族以及全人类的历史命运。理解优秀文明成果的主要特点、作用与影响将有助于学生认识历史是人类文明传承和创新不可或缺的组成部分,传承人类文明、保护文化遗产是每个公民的权利和义务。

2. 形成世界意识

世界意识是指以开阔、理性的全球视野、人类视野去认识中国和世界的历史与现实的思维方式。作为一种思维方式,"世界意识"的核心在于要求学生以博大的胸怀、自尊理性的科学态度认识人类文明的优秀成果,认识世界历史的多样化,认识中国和世界的互动关系,包容、理解世界各国、各地区在经济、文化、政治上的差异,尊重其他族群及其历史文化。

从人类历史的进程来看,文明是世界各民族交融冲突、共同创造的过程,因此,多样性、阶段性和普遍联系是文明的最基本特征。通过历史学习,使学生认识人类社会发展的统一性和多样性,理解和尊重世界各地区、各国、各民族的文化传统,汲取人类创造的优秀文明成果,进一步形成开放的世界意识。这就需要学生了解和认识世界各地的优秀文明成果,才能形成对世界文明的多元理解和尊重,进而形成开放的世界意识。

3. 落实文明史观

文明史观,也被人们称为文明史研究范式,它是研究人类历史的一种理论模式。虽然文明史观的内容和形式因时代不同而有所变化和差异,但是它的本质特征却是一致的,始终是一种研究人类社会整体与时代变迁关系问题的史学研究范式。

可见,历史课程并不主张采用单一的历史观去学习、构建历史,现代化史观、文明史观也是课程实施需要借鉴的观点认识。从历史教学现状来看,现在的上海历史教材是在文明史观、现代化史观的指导下,按通史体例编写,更注重呈现人类文明史。

但限于学时,教师在授课时经常对众多文明成果简单略过,学生无法深刻感知这些优秀的文化积淀和它们对中国与世界文化的影响。如果教师能从文明史观的高度看待优秀文明成果在历史教学中的落实,那么历史学科的育人价值将能得到更大体现。在认识优秀文明成果的过程中,学生能从文化积淀中养育求真、求实的科学态度,关心文明的继承与创新、现状与趋势,以感悟之心增强保护历史资源、文化精神的责任感。

三、如何教学优秀文明成果

1. 理解地理环境与人类文明进程之间的关系

"地理环境决定论"不是科学的历史观,但也决不应忽视地理环境对人类历史所产生的影响和作用。人类的任何一个文明发展阶段都离不开地理环境,特别是古代文明的产生更是深受地理环境的制约。

地理环境的客观存在为人类文明的产生和发展提供多种可能性,既提供有利条件,又产生诸多困难,关键取决于人类的选择。地理环境绝非影响地区文明的决定因素,人类对客观环境的适应性、应变性和创造力才是文明得以产生的关键。同时,地理环境的特性决定着生产力的发展,而生产力的发展又决定着经济关系以及经济关系之后的所有其他社会关系的发展。所以地理环境本身固有的差异性,造成生产力发展的不同道路,最终形成不同类型的文明。

以"美洲印第安文明"为例,在美洲印第安人创造的几个具有代表性的文明中,我们不难发现,它们所处的地理环境均为山地和高原,平原面积很小,且地形复杂,气候多样,物产很丰富。阿兹特克文明位于墨西哥中央高原;玛雅文明所在地既有许多山地,也有小块平原,更有大片石灰岩地貌;印加文明处于安第斯山脉和秘鲁高原,这些文明均属于山地高原型文明。古代印第安诸文明与亚非欧诸文明在所处的地理环境上有明显差异,这使我们更清楚地看到,山地高原型文明的地理环境远比其他类型文明更为恶劣,故其文明的发展进化程度更为缓慢和艰难。但是在地理条件相对艰难的情况下,古代美洲居民们通过自身的努力和积累,也创造出了发展水平较高的文明成就。

2. 注重优秀文明成果的历史特征

优秀文明成果的教学必须将文化的内容有意识地置于历史的学科特质之下,强调历史学科的特征和元素。比如讲某处文明的艺术成就,如果教师只是停留在简单地对该文明成就美的欣赏,而没有突出历史感,没有通过文明传承的历程丰富和深化学生的历史认识,那么这样的教学是不符合要求的。

众所周知,文明都诞生于特定的时代,比如传世的岩画、铭刻、雕像、器具、建筑、服饰、字画、文书等一切实物,它们都是以视觉方式再现历史,是透视历史的重要证据。文明成果是时代和社会的产物,也必然或直接或间接、或明朗或隐晦地反映了那个时代的社会风貌。

法国艺术家丹纳说过:"要了解一件艺术品、一个艺术家、一群艺术家,必须正确地设想他们所属时代的精神和风俗概况。"这些留有时代痕迹的作品,就这样构成了以艺术方式见证时代变迁的历史记录和后人重温往昔的一种史料。如何讲出优秀文明成果的历史特征?简言之,就是要深入探究文明所处的历史背景、形成缘由及沿革变迁与影响等内容,仔细挖掘文明成果所承载的历史信息。学生在富于历史味道的学习过程中,润物无声般地感悟文明成果背后蕴含着的难以言传的"文化"内涵。

如美洲的玛雅人极富艺术创造才能,擅长建筑、雕塑、绘画,尤其是他们的建筑技术已经达到了古代世界的很高水平。金字塔式台庙最能体现玛雅人的建筑成就,不仅设计结构精巧、布局合理、建造技术高超,而且内外都饰有精美的浮雕和壁画。但是历史教学不能只停留在分析这些艺术作品的艺术价值,而应该把它们视作回到历史现场,分析玛雅人生活状态、精神信仰和审美情趣等的一手史料,理解其独特的历史文化价值。

教师也可以把教学重点放在分析美洲文明发展或消亡的历史原因,引领学生多角度分析问题,从而跳出狭隘的、片面的思维框架,对历史现象进行全方位、多角度的思考。

四、案例实施

目标1:理解地理环境对人类文明进程的影响。

师:请同学们观察教材中的《美洲印第安文明分布图》,找出三大文明中心的分布区域。

生:玛雅文化位于今墨西哥尤卡坦半岛、危地马拉、洪都拉斯一带;阿兹特克文化位于今墨西哥一带;印加文化位于南美安第斯高原。

师:请同学们观察教师提供的《世界地形图》,分析美洲的地理位置特征。

生:美洲位于太平洋与大西洋之间,远离欧亚大陆。印第安文明的发展长期处于独立形成、独立发展的状态,与外界尤其是与文明发展较早的欧亚大陆缺乏交流。

生:美洲三大文明中心多处于热带雨林、热带高原气候的高原、峡谷、盆地地带,使得文明之间的交流易受天然地形阻隔。

师:这样的地理环境对美洲印第安文明的发展还可能带来什么影响呢,请阅读以下材料:

材料1:印第安人的农业技术一直停留在刀耕火种的阶段,这样就限制了他们的人口数量而难以达到东半球诸文明的人口密度。印第安人在农业上落后状态的最典型事例,是他们没有畜牧业,没有驯养出任何大型动物,除了印加人饲养的体形较小的骆马和羊驼外,其他印第安人只饲养了狗、火鸡、鸭和鹅等动物,这使得他们缺乏足够的肉食和奶,给农业生产造成巨大压力,同时也使印第安人在身体进化方面受到限制。

作为文明构成中的重要因素的科学技术,在印第安各文明中表现出一个共同的特点,即科学技术的畸形发展。在印第安各文明中,凡与宗教信仰、精神彼岸世界有关系的科学技术过度发达,而与生产生活密切相关的科学技术却十分落后。

——程洪,《论拉丁美洲古代印第安文明的特点》,《武汉教育学院学报》1998年第2期

生:由于自然环境的限制,印第安人的文明建立在极为薄弱、原始的农业基础之上,影响了民族人口的繁衍。印第安人科学技术畸形发展,宗教占统治地位而忽视实用技术。

目标2:注重优秀文明成果的历史特征。

师:美洲印第安文明衰亡的结果是多种原因导致的,阅读材料1至4,分析概括

相关内容。

材料1:哥伦布命令海地的印第安人凡年龄在14岁以上者,不论男女,每人每3个月就得交纳装满一个鹰脚铃那么多的金砂作为贡品,否则一概处死。

海地印第安人不堪忍受西班牙人的虐待,纷纷自尽,并杀死子女,以免长大后受虐待。在哥伦布到达美洲的第4年,海地印第安人饿死、累死、病死、自杀和遭到屠杀的占全岛人口的1/3。

——上海市中小学教材编写组,《世界古代史辅助读本》,上海教育出版社1989年版

材料2:16世纪西班牙人征服时,许多珍贵的玛雅文字写本被当作"魔鬼的作品"焚毁,祭司遭受掳杀,仅有部分作品传之后世。

——王斯德,《世界通史》,华东师范大学出版社2009年版

材料3:关于秘鲁和中美洲之间的相互关系,完全可以说,人们已经承认,在从形成时期(约公元前1000年)到西班牙人入侵这段漫长的时期内,所有证明这些地区之间存在着相互影响或接触的实物或记录,都是不可靠的。

——[美]斯塔夫里阿诺斯,《全球通史》,吴象婴等译,北京大学出版社2005年版

材料4:流感不像钢刀那样寒光闪闪,但印第安人都躲不开它……天花比所有的枪炮消灭更多的印第安人。四下流行的鼠疫正在使这些地区荒芜。受鼠疫感染的人都倒地身亡:鼠疫吞食人的身躯,啮噬人的眼睛,封住人的喉管。一切都散发出腐臭的气味。

——[美]斯塔夫里阿诺斯,《全球通史》,吴象婴等译,北京大学出版社2005年版

生:美洲印第安文明的消亡是多种原因造成的,西方殖民者的侵略、疾病瘟疫等灾害的破坏、缺少与外界的沟通和交往、内部之间的交流也几乎为零。

师:内战、疾病、自然灾害,特别是殖民主义的入侵导致印第安文明的衰亡,殖民主义毁灭文化的罪行应受到强烈谴责。孤立发展、缺乏交流导致印第安文明的发展速度落后于欧亚大陆,招致文明衰亡的灾祸,历史的教训值得记取。

读懂艺术作品中的历史

——以《古代希腊罗马》为例

徐汇中学　姚　虹

目标内容:懂得神话、绘画、雕塑等的历史价值,能汲取其中蕴含的历史信息。

一、三层含义拾级而上

"懂得神话、绘画、雕塑等的历史价值,能汲取其中蕴含的历史信息",可以理解为三层含义:

第一层含义:"神话、绘画、雕塑"是什么?

第二层含义:"神话、绘画、雕塑"为什么具有史料价值? 即从史学视角认识神话、绘画、雕塑的证据价值。

第三层含义:怎样从"神话、绘画、雕塑"中汲取历史信息? 即借助史学的方法和路径挖掘神话、绘画、雕塑内含的历史信息。

三层含义是从"是什么""为什么""怎么样"三个梯度拾级而上,旨在发掘神话和艺术作品中的证据价值,懂得不同类型的艺术作品(史料)在探寻历史真相中的价值,构架史料与证据、史料与史实、史料与史论间的内在联系,并由此获得鉴别和汲取的思想方法。

二、"神话、绘画、雕塑"是什么

1. 神话是一种民间文学

神话是民间文学的一种,是远古时代人们的集体口头创作。远古时代,由于生产力低下,人们的知识水平有限,对一些自然现象乃至社会现象感到困惑和无助,将之归于神的意志和权力,在生产劳动中依照人的形象创造了许多神,产生了许多与之相关的故事,口耳相传,这便是神话。

比如中国古代传说中的盘古开天辟地、女娲抟土造人、共工怒撞不周山、夸父追日、精卫填海、大禹治水、后羿射日、牛郎织女、董永和七仙女等。又比如古代希腊的神话,在希腊早期先民长期口耳相传的基础上形成,后来在《荷马史诗》和赫西俄德的《神谱》及古希腊的众多诗歌、戏剧、历史、哲学著作中被记录下来。在希腊神话中有掌管奥林匹斯山的威严主神宙斯、爱嫉妒的天后赫拉、为人间盗来火种的普罗米修斯、象征智慧和勇气的雅典娜,还有遗憾的阿喀琉斯之踵、神秘的潘多拉魔盒、众女神美慕的金苹果、奇诡的特洛伊木马,这些引人入胜的神的故事和英雄传说一直流传在希腊半岛,千百年来带给人们无数的追思和遐想。

2. 绘画是人类阶段历史生活的写照

绘画是一种在平面上以手工方式临摹自然或非自然场景的艺术,是人类阶段历史生活的写照,也是对美的追求。

已知人类最古老的绘画是在法国肖维岩洞发现的,大约可以追溯至32000年前,由红赭石和黑色颜料画在石洞壁上,描绘了马、犀牛、狮子、水牛、猛犸象或是打猎归来的人类形象。中国古代有画像砖,盛行于两汉,在墓室中构成壁画,画面内容丰富繁杂,不仅是美术作品,也记录了当时社会生产、生活的状况。宋代画家张择端的风俗画《清明上河图》,以长卷形式,采用散点透视构图法,描绘当时清明时节汴梁的繁荣景象。文艺复兴时期众多艺术家们发明了透视法并改革了油画材料和技法,《维纳斯的诞生》《最后的晚餐》《蒙娜丽莎》《雅典学院》《西斯廷圣母》等一大批画作名垂青史。

绘画种类繁多,绘画者既可以表现现实的空间世界,也可以表现超时空的想象世界,还可以表现对生活和理想的独特的情感和理解,因此绘画是人们最容易接受且喜爱的艺术之一。

3. 雕塑是立体的图画

雕塑是立体的图画,历史雕塑往往给人以巨大的历史震撼力,进而去深入地解读历史。

位于西安市临潼秦始皇陵东侧的兵马俑坑就是中国古代的大型墓葬雕塑。制成战车、战马、士兵形状的兵马俑神态各异,威严、从容,无一雷同,是世界最大的地下古代军事"博物馆",被誉为世界第八大奇迹,代表了中国古代的辉煌文明。中国四大石窟之一的龙门石窟开凿在山水相依的峭壁间,从北魏孝文帝年间开始开凿,先后历经400多年,保存有雕塑造像10万余尊。联合国教科文组织世界遗产委员会评价其展现了中国北魏晚期至唐代期间,最具规模和最为优秀的造型艺术。这些翔实描述佛教宗教题材的艺术作品,代表了中国石刻艺术的最高峰。西方最为著名的雕像"米洛斯的维纳斯",虽然双臂已经残断,但那雕刻得栩栩如生的身躯,仍然给人以完美之感,是古希腊雕塑艺术鼎盛时期的代表作。米开朗琪罗的作品"大卫""摩西""昼""夜""晨""昏"等充满了生命力,代表了文艺复兴时期雕塑艺术的最高成就。

三、"神话、绘画、雕塑"为什么具有史料价值

1. 神话、绘画、雕塑都是史料

从广义的史料学的角度来说,神话、绘画、雕塑都是史料,都是在人类文明进程中留存下来的,既展现了文学和艺术的发展,也能够生动地展现各个时期的人类生活风貌和时代特征及精神,具有一般史籍无法替代的作用,尤其是对文字尚未出现之前的历史而言。任何民族的古老历史都离不开神话,绘画是记载历史的一种重要辅助手段,作为立体的图画,写实类的雕塑也有这样的功能。当然,作为历史研究对象的神话、绘画、雕塑并不能直接印证历史,神话传说充满想象和夸张,绘画只能表现具体的形象,而要表达感觉和心理活动等就很难,雕塑亦如此,因此需要通过科学严谨的史学方法来汲取和鉴别其中的历史信息。

2. 神话、绘画、雕塑能够反映民族特性、社会风貌和时代气息

比如中国古代那些瑰丽的神话传说,是远古民族发展的记忆,这些神话也在一定程度上反映了民族的特性,如从女娲、夸父、精卫、愚公这些神与人的事迹中,可以感受到中华民族博大坚忍、自强不息、富于希望的民族特性。远古洞窟中的壁画极有可能是先民实施巫术的道具。《清明上河图》绘有人物500多个,全景式地展现了汴京的环境、建筑、经济活动和日常生活,是当年繁荣的见证,也是北宋城市经济情况的写照。米开朗琪罗的雕塑作品表现了对人的尊严的无上崇敬,展现了文艺复兴时代的人文主义精神。

3. 神话、绘画、雕塑能够间接印证历史,探寻历史真相

神话虽不是历史,但它在某种程度上反映了历史,美国宗教学家邓尼丝·卡莫迪认为"神话是以讲故事的方式来解释所发生的事"。(D.J.卡莫迪,《妇女与世界宗教》,徐钧尧、宋立道译,四川人民出版社1995年版,第16页)

在荷马的两部史诗《伊利亚特》和《奥德赛》中留存着许多神话与传说,极为生动地为我们提供了解读古希腊人的风俗习惯、政治制度以及思想观念的丰富资料。经考证,史诗描绘的时代是青铜器向铁器过渡的时代,这也在《伊利亚特》中得到印证,《伊利亚特》中提到铜制武器共278次,铁制武器仅7次,《奥德赛》中提到铜制武器72次,铁制武器14次。(吴晓群,《希腊思想与文化》,上海社会科学院出版社2009年版,第22页)

文字出现以后,绘画逐渐成为一门艺术,但仍是记载历史的一种辅助手段。西班牙画家戈雅的名画《1808年5月3日夜枪杀起义者》留下了反对拿破仑雇佣军入侵的马德里近郊农民起义者被屠杀的记录,让人感觉到人类面对暴力时的疯狂与恐怖。

彼得·伯克在《图像证史》中说:"如果不使用阿尔塔米和拉斯克斯的洞穴绘画为证据,确实很难写出欧洲的史前史,而没有陵寝绘画作证据,古埃及的历史将显得极为贫乏。"(彼得·伯克,《图像证史》,杨豫译,北京大学出版社2008年版,第4页)

写实类的雕塑和绘画一向都是历史记载的辅助手段,秦兵马俑出土的大量武士俑,就为我们研究当时的军人、军制、军服、武器等提供了可靠的实物依据。古希腊著名雕塑《掷铁饼者》展现了艺术家非凡的才华和对人体的精深研究,被认为是"空间凝固的永恒",是体育运动的最佳标志。

四、怎样从"神话、绘画、雕塑"中汲取历史信息

1. 知道历史表层信息和深层信息

神话、绘画和雕塑中的历史信息包含历史表层信息和深层信息。表层信息是指从神话、绘画和雕塑中可以直观地看出的历史信息。这些信息是显性的,不需要借助其他线索即能直接得到。深层信息是指通过表层信息提供的线索,结合其他知识,如考古、地理、文学、社会、心理等方法而获得的历史信息。汲取历史信息就是汲取神话、绘画和雕塑中的历史表层信息和深层信息。

2. 明确视角和理清线索

在汲取神话、绘画及雕塑的历史表层信息的过程中,要善于从大视角、全方位去捕获历史信息。即从政治、经济、文化、社会、军事甚至自然地理、个人心理和风俗习惯等不同角度去发现神话、绘画及雕塑透露的历史信息。

以绘画为例,唐代画家阎立本的《步辇图》除了能看到"唐朝在民族关系中对少数民族有着强大的吸引力"这一主题外,仔细研究、认真揣摩还能捕捉到唐朝时期的服饰、唐朝时期的礼仪风俗、唐朝时期的绘画风格等一些历史细节,这些都是可以获取的历史表层信息。

在汲取神话、绘画及雕塑的历史深层信息的过程中,或通过表层信息提供的线索去挖掘深层信息的过程中,要注意神话不是历史,只是在某种程度上反映了历史;绘画和雕塑只能表现具体实在的形象,一些抽象的含义,如感觉、心理活动等就很难表达,但它们仍是记载历史的重要辅助手段,绘画和雕塑的真实与否取决于作者的技法,也受到客观条件的制约。所以要通过多种方法查证和检验神话、绘画及

雕塑中汲取的历史信息的真实性。

3. 懂得神话、绘画、雕塑的历史价值

《荷马史诗》中有这样的诗句："有一处国土克里特，在酒色的大海中央，美丽而肥沃，波浪环抱，居民众多，多得难以胜计……有座伟大的城市克诺索斯，米诺斯就在那里。"希腊神话中的米诺斯王曾经修建了一个非常庞大复杂的迷宫，没有人能够走出来，长久以来，人们对迷宫的真实性充满了质疑。1900年，英国考古学家伊文思发掘出了这座宫殿，证明了迷宫——克诺索斯王宫的真实存在，至今几乎一半以上的克里特文明考古资料都来自于这座王宫。考古学家们按照荷马的叙述，几经周折，发现了一座又一座古代城市，也印证了《荷马史诗》的一些内容是以古代历史为依据的，希腊的远古文明终于走出神话，变成了史实。

文艺复兴时期的《雅典学院》是拉斐尔的名作。拉斐尔把不同时代、不同地域、不同学派的著名学者全部汇聚到了一起。位于画面中心的两个人是整场辩论的裁定者——一手指天的柏拉图和一手指地的亚里士多德。《雅典学院》希望表现的是人类如何通过自身的理性获得真理。不过如果在剖析这幅画作的同时能把它放到原本的环境中去，也许会有更好的了解。《雅典学院》是拉斐尔为教皇的一间宫殿所作的壁画，他选择了神学、理性、诗歌、法学四个主题在四面墙上作画，在《雅典学院》的对面是歌颂神学为主题的《圣礼之争》，一面是神的启示，一面是用人的理性去探求真理，二者在此时达到了平衡。很多文艺复兴的杰作都是宗教题材，甚至是在教皇和教会的支持和资助下诞生的，文艺复兴并不是单纯地反对天主教和天主教会，这为我们全面了解文艺复兴提供了新的视角。

总之，教师在教学过程中要让学生懂得神话、绘画、雕塑等作品的历史价值，认清神话、绘画、雕塑等通常是以间接的、夸张的、局部的、多变的方式来表达历史的。因此，一定要用唯物史观去认识神话传说和艺术作品的史料价值，从史学视角认识神话传说和艺术作品所蕴含的史实，辩证汲取其中蕴含的历史信息。

五、实施案例

目标1：汲取神话、绘画、雕塑的历史表层信息。

教师讲述完希腊文明诞生的背景后，引入古希腊建筑雕塑的话题。

师：我们先来一起欣赏古希腊建筑中最典型、最辉煌的三种柱式，即多利亚式、爱奥尼亚式以及科林斯式，请同学们观察并描述这三种柱式的特点，尤其是其柱头的雕塑。

生:粗壮雄伟、纤细柔美、精致典雅。

师:你认为多利亚柱式如果用人来对应的话,可以如何对应? 男性? 女性? 小孩?

生:多利亚柱式有着男性的粗犷大气,爱奥尼亚式有着女性的优雅柔和之美。

师:请判断图片中的建筑石柱属于何种样式。(展示帕提农神庙和胜利女神庙图片)

生:多利亚式和科林斯式。

师:在各种建筑中,壮丽的神庙建筑是最能集中体现古希腊建筑和雕塑的特点的。神庙建筑大多为开阔的柱廊式结构,给人一种开放自由的感觉。希腊神庙建筑之所以被"拟人化",是因为在古希腊人眼中人体是美的,人体结构中有许多比例关系接近黄金分割,所以古希腊人认为描绘人体不需要任何外在修饰。蕴含在古希腊建筑和雕塑中的美,是从人本身出发的。开阔的柱廊式结构造型折射出希腊人对自由平等的追求,其建筑比例与规范都以人为尺度,又反映了他们对人体美与力量的崇尚,难怪有人称希腊建筑是精神力量照耀下理性活动的完美创造物。

目标2:汲取神话、绘画、雕塑的历史深层信息。

教师示范、引导学生发现神话、绘画、雕塑中的表层信息后,引导学生去挖掘参考材料的历史深层信息。

师:古希腊建筑雕塑表达了人性的需求,这种精神也体现在他们的文学作品中。我们来了解一下古希腊的悲剧。世界上第一个悲剧作家埃斯库罗斯的作品《普罗米修斯》,相信大家都很熟悉,古希腊悲剧起源于祭拜酒神的祭祀活动,但它关注的重心是宗教问题吗?

生:悲剧的主角往往是神话中的英雄人物,它关注的是各种严肃的事件。

师:古希腊悲剧中的主角们总是受到来自神以外的另一种超自然的力量制约和摆布,这种超自然的力量就是我们今天所谓的命运。人的命运为何会这样? 这个问题一直困扰着希腊人,悲剧诗人对此进行了广泛的思考。你们还知道哪些古希腊悲剧传说,能补充吗?

生:索福克勒斯的《俄狄浦斯王》。俄狄浦斯无意中从神谕中知晓自己弑父娶母的下场,他做出种种努力但终究无法摆脱命运的安排,当一切真相大白之时,他选择刺瞎自己的双眼来承担所有的罪责。

师:我也补充一个,在欧里庇得斯的作品中,讲述了一个叫美狄亚的女子,为帮助丈夫坐上王位,背叛了父亲,杀死了自己的亲弟弟,结果却反遭丈夫的背叛,面对如此命运,她选择了反抗,甚至不惜以毒死自己两个儿子的方式来惩罚负心的丈夫。

这三部是希腊悲剧史上著名的代表作,大家有没有找到它们的共同点,悲剧的张力(表现力)究竟来源于哪里?

生:它们所传达的都是一种不屈的抗争精神,人与神的对抗、人与命运的对抗、人与人的对抗。

师:我们再想象一下,如果我们是台下观剧的观众,看着这些英雄们不断在困境中奋力挣扎,不知道大家是一种怎样的感受?是悲叹怜悯,还是充满激情、热血沸腾?看中国悲剧——像《红楼梦》——是要带着一大包纸巾去的,而看希腊悲剧你的心情如何?

生:我觉得会有一种强大的震撼,这些英雄人物从抗争到毁灭,对生命执着不休,观戏的人会从中汲取到力量。

师:我们常说艺术反映时代精神,古希腊神话故事,尤其是其中的悲剧,引导人们对命运的思考和抗争,传达着希腊人对个体与精神自由的追求,这是希腊悲剧受欢迎的魅力所在。

目标3:懂得神话、绘画、雕塑的史料价值。

教师示范、引导学生发现神话、绘画、雕塑中的深层信息,学生通过表层信息,结合历史线索去挖掘深层的逻辑思维后,教师指出神话、绘画、雕塑的史料价值以及与其他史料互证的方法和途径。

师:以《荷马史诗》为代表的希腊神话故事中所刻画的英雄形象,让我们读到了古希腊人既相信神谕、敬畏神灵,又向往自由、追求个性的精神。但很久以来史诗的真实性一度引发了世人无数的质疑。我们都知道《荷马史诗》的特洛伊木马的故事,故事还被拍成了电影。那么特洛伊城真的存在吗?我们可以用哪些方法去验证《荷马史诗》中的传说呢?

生:我觉得可以通过考古挖掘,如果能够找到特洛伊的遗址,就说明特洛伊是真实存在的。还可以从其他地区的历史记载和史料中寻找对这一事件的描述,作为旁证。

师:这位同学的证据意识很强。确实可以用考古挖掘的遗址和遗物来印证这段文字诞生以前的口耳相传的历史。1870年,德国考古学家谢里曼依据《荷马史诗》有关记载,前去土耳其的北部进行考古发掘。1873年6月,他和希腊籍妻子及助手终于发现了特洛伊遗址。战火焚烧后特洛伊城的遗址,以及迈锡尼阿伽门农黄金面具、金质王冠、项链、酒杯这些墓葬中大量惊人的文物,印证了《荷马史诗》羡称的特洛伊城的富裕和王宫的宝藏,使整个西方学术界为之震动。在文字没有诞生之前,这些口头传说使我们寻找到了远古文化的遗迹。因此《荷马史诗》不仅是西方文学的源头,也有着一定的史学价值。

对基本史实和相关问题的认识

——以《古代伊斯兰世界》为例

大同中学　邵　清

目标内容：从相同与不同的视角，分析、综合、比较、归纳基本史实和相关问题。

总体来看，这里有两层意思：其一是认识基本史实和相关问题的立场和出发点，即视角；其二是认识基本史实和相关问题的途径，即通过归纳和比较，发现史实间重大或主要特征的异同点。

一、基于一定的视角

历史是历史学家对客观事实的主观认识，历史研究的是已经过去的事件，"是研究往事的学术"。（杜维运，《史学方法论》，北京大学出版社2006年版）往事无法重现与复制，我们能够研究的对象无非是前人留存下来的痕迹。这些痕迹，有些因为年代久远，历经沧桑，留存甚少；有些已经不是往事的全貌，而是文献记录，掺杂着记录者的主观因素。

但是，"真实的历史是历史学家永恒的追求，离开了真实，史学就没有任何价值，就不成其为科学"。（葛剑雄、周筱赟，《历史学是什么》，北京大学出版社2005年版）如何追求真实的历史呢？历史事实是无穷无尽的，而历史的解释者却只能从自己的视角去解释历史，不同的人解释历史或同一个人变换不同视角解释历史，就会产生不同的历史意义。历史学家在历史解释中所反映出的意志、愿望和追求，则会形成历史的观念，影响着他们对历史事实的发现、取舍和认知，最后构成了历史认识。因此，在认识基本史实和相关问题的时候，我们除了从史料的来源、佐证的材料中辨别史料的真伪之外，更应该从不同视角来分析史料，这样才能更完整地把握史料，进而认识基本史实和相关问题的主旨和精髓。

如对于伊斯兰世界,很多人对伊斯兰世界抱着敌视的态度,尤其是西欧世界,把它视为基督教世界主要的威胁。这是因为从宗教角度看,基督教和伊斯兰教在神学上的相似使双方陷入冲突中。作为一神论的宗教强调神的绝对性和独一性,这种非此即彼的思维方式在基督教的世界表现更为强烈。而且伊斯兰教在创立时在教义教规、宗教掌故等许多方面吸取了基督教的一些思想,这一渊源导致西欧人总是从基督教出发。从历史角度看,伊斯兰世界的几次扩张给西欧人心中留下了强烈的印象,给双方的关系造成疏远和不信任。因此如果我们仅仅从西欧人的立场上,选取西欧人留存的史料来了解伊斯兰世界,对伊斯兰世界的认识肯定会有所偏差。

二、视角的主要方面

在认识基本史实和相关问题过程中,基于视角主要是指以下几个主要方面:

1. 史观

历史观是指用什么样的观点看待历史,持不同史观分析同一历史问题,会得出不同的认识结果。历史观包括:文明史观、全球史观、现代化史观、社会史观、革命史观、英雄史观、人民史观等。例如,全球史观关注的是历史的横向发展,将人类社会的历史作为一个整体来看待,又称整体史观。它从世界历史的整体发展和统一性考察历史,认为人类历史发展过程是从分散向整体发展转变的过程,这一转变开始于新航路的开辟。文明史观是以各个文明作为自己的研究内容,以及反映各个文明在历史的长河中不断发展、变迁和磨合的历史观。

2. 立场

不同的阶级属性代表了不同的阶级利益,各阶级都有各自的政治标准,因此对历史的认识也不尽相同。现实政治的需要往往影响着历史认识,即使是同一个阶级,政治立场不同,历史认识也不同。

3. 时代环境

每个时代总需要按自己的价值观念来理解、评述。历史事实固然不容改变,但人们对历史事实的认识和解释却可以随着时代的前进、史观的进步、理论的创新和资料的丰富不断改变,或超越前人,或超越他人,或超越自己,绝不会永远停留在同一认识水平上,这就是史学研究的时代性。

如对于"为什么伊斯兰教产生在7世纪的阿拉伯半岛"的认识,可以从以下几个视角:

其一,以文明史观看来,自然环境对文明的形成和发展有着重要影响,地区间的接触、联系、交流、互动,推动文明的发展。阿拉伯半岛位于亚洲西部,幅员辽阔,是世界第一大半岛,面积相当于欧洲的四分之一强。但自然条件比较恶劣,终年干旱少雨,绝大部分都是沙漠和草原,唯有南部的也门易于农耕,被称为"阿拉伯福地"。阿拉伯半岛是阿拉伯人的故乡,7世纪以前他们大多为牧人,逐水草而居。阿拉伯半岛气候干燥,罕有可与外界交换的商品。半岛的西边跨过红海和西奈半岛与非洲的大国埃及相邻;北部与巴勒斯坦和叙利亚相近;从半岛的东北方向延伸过去,就是古老的两河流域;跨过东边的海洋,是亚洲的大国印度。阿拉伯半岛地处欧、亚、非三洲间的交通要冲,战略位置十分重要。沿红海沿岸的希贾兹地区,自古以来就是东西方贸易的要道(也称"汉志","汉志"意为"间隔",因为那里有数座山脉,分开了红海沿岸的低凹地带)。商品从海路运到也门,然后就由骆驼组成的运输队运至巴勒斯坦和叙利亚,再转运到非洲。商道的建设带来了许多交换点,在此基础上逐渐形成了一些城镇,其中的麦加和麦地那是两颗镶嵌在商道宝链上最灿烂的明珠。麦加城地处商道的正中,周围则是布满水草的丘陵地带。麦加虽然气候干燥炎热,却因城内有赛母桑泉,成了商旅必经的给养补充地。商队在长途跋涉中,也把各地的文化和宗教带到了麦加,使麦加逐渐成为文化宗教中心。麦地那也是一个繁华的商贸城市。因此这种特殊的地理位置使阿拉伯半岛地处几个古老文明之间,有利于文化的交流和融合,便捷的交通对阿拉伯半岛的经济带来促进性影响。

其二,从当时阿拉伯地区的现状来看,尽管公社制度已在逐步解体,国家和阶级社会正在形成,但此时的阿拉伯人尚未完全脱离部落习俗。为了争夺水草和牲口,部落之间经常发生战争。同时,血族间的复仇也非常普遍,遭到损害的家族往往自行解决复仇纠纷,报复的力度通常要高过遭到损害的程度。部落习俗也使得阿拉伯人拥有几百个被供奉的神。在半岛海岸线沿岸和半岛的北部,出现过一些组织上相当松散的王国。王国里并没有完善的中央政府,各地之间的联系也不是很紧密。阿拉伯人经常遭受来自外界的压迫,结果,阿拉伯半岛的西南部地区遭受了严重的破坏。在波斯帝国统治也门时期,改走从波斯湾经两河流域到地中海的东西商道。也门城市的破坏、商道的改变,导致了麦加等地过境贸易的迅速减少,加剧了阿拉伯地区的经济危机和社会矛盾。政治分裂(多神)、部落战争、外来侵略使7世纪时期生活在阿拉伯半岛上的人们迫切渴望和平、统一。

其三,从伊斯兰教的教义看,伊斯兰教是严格的一神教信仰,相信除安拉之外别无神灵,安拉是宇宙间至高无上的主宰。《古兰经》第112忠诚章称:"安拉是真主,是独一的主,他没有生产,也没有被生产;没有任何物可以做他的匹敌。"据《古兰经》记载，安拉有99个尊名，是独一无二、永生永存、无所不知、无所不在、创造一切、主宰所有人命运的无上权威。信安拉是伊斯兰教信仰的核心，体现其一神论的主要特点。用这种最严格的一神教取代阿拉伯人原始的多神宗教，适应统一的需要，顺应时代的要求。

三、视角下的归纳和比较

基于一定的视角，运用归纳和比较方法，是认识基本史实和相关问题的主要途径。

归纳法是根据一类事物的部分对象具有某种性质，推出这类事物的所有对象都具有这种性质的推理，是从特殊到一般的过程。归纳法被正式提出，始自英国著名学者培根，17世纪曾风靡西方学术界。作为历史研究的一种方法，归纳法指史学家尽量多地搜集可能搜集到的史料，再得出结论。归纳法应用于历史研究上，力求史料搜集全面、真实，选择史料要基于同一个标准，得出结论要审慎精确。

如宗教都是人们所处时代物质生活条件的虚幻反映。同时，宗教作为一种文化系统，它的形成离不开本民族传统的思想材料、民族心理、民族感情、习俗和价值观念，离不开对外来文化的吸收和融合。而对传统文化和外来文化的选择，则是由当时的社会历史背景决定的，是由基于当时的经济关系所产生的价值观念决定的。所以，任何宗教都是一定的社会历史背景和文化背景的综合产物，是一种文化重构物。恩格斯指出："宗教一旦形成，总要包含某些传统的材料，因为在一切意识形态领域内传统都是一种巨大的保守力量。但是，这些材料所发生的变化是由造成这种变化的人们的阶级关系即经济关系引起的。"社会历史背景和文化背景不同，在很大程度上决定了各宗教的个性及以后的发展趋势。

比较法是通过观察、分析，找出研究对象的相同点和不同点，它是认识事物的一种基本方法。比较法被认为是史学方法中最基本、最重要的方法之一。法国年鉴学派史学家布洛克有比较史学家之称，他曾经说："我已使用了一个有神力的魔，它就是比较法。"众多的历史学家认为，庞杂的史料归纳在一起，不经过比较，无法把握每一种史料所代表的特殊性以及史料与史料之间详略异同所在。比较法运用到历史研究上，力求比较同源史料，更多地发挥历史现象比较的价值，历史现象比较要克服道德判断，以及比较者民族的国家的偏见和主观的思想立场。

例如，通过对佛教、基督教、伊斯兰教产生的历史文化背景的比较，我们至少可以得出如下结论：1.三大宗教的产生都是经济原因引起的社会矛盾的产物,都是在社会的阶级矛盾极其尖锐时,为缓和社会矛盾而产生的。自然宗教产生的原因主要是异己的自然力量的压迫,人为宗教产生的原因除了异己的自然力量的压迫外,增加了社会的异己力量的压迫,而且后者更为重要。马克思指出,"宗教里的苦难既是现实苦难的表现,又是对这种现实苦难的抗议,宗教是被压迫生灵的叹息,是无情世界的感情,正像它是没有精神的状态的精神一样,宗教是人民的鸦片"。2.三大宗教都是多种文化传统融合的文化重构物。它们在形成时都立足于本民族的文化传统(包括宗教观念、民族感情、民族心理、习俗和价值观念),吸收和改造旧宗教以及外来文化的有价值的成分。这种改造和创新既照顾了群众对宗教的需要和宗教感情,又迎合了时代的客观需要,有着浓厚而广泛的社会基础,因而能被整个社会迅速而平静地接受。在人类历史上,随着经济、政治、文化的发展,各个民族、地区、国家之间文化的交流、渗透、融合是不可避免的、必然的,一种文化系统的生命力就在于它的开放性。3.三大宗教产生的动因不同。佛教、基督教是在民众中自然产生的,并无一定的政治目的。伊斯兰教则是由政治人物根据政治目的创造的,即阿拉伯要求建立统一的国家而创造的,所以与政治、国家政权密切结合,具有鲜明的政教合一的特点。

四、实施案例

目标1:基于一定视角,归纳基本史实和相关问题异同。

师:全球史观是将人类社会的历史作为一个整体来看待的一种历史观,又称为整体史观。它从世界历史的整体发展和统一性方面考察历史,认为人类历史的发展过程是从分散向整体发展转变的过程,这一转变开始于新航路的开辟。当今世界全球化趋势进一步增强,世界整体化进程加快。国家间相互依存、相互渗透,整个人类社会正在形成一个相互感应、相互制约的整体,整个人类面临着共同的命运和考验。因此以全球史观的视角分析世界历史发展,越来越受到人们的关注。下面我们选取《全球通史》中的一段论述,来看看在持全球史观的历史学家的视线中,公元800年至1200年的伊斯兰世界是怎样一番景象。

材料:公元800年至1200年,伊斯兰世界远远超过西方,但到16世纪时,这种差距已经消失。此后,西方迅速发展,突然跑到了前面,而伊斯兰世界则停滞不前,甚至倒退。下面这段话生动地描写了这两个世界间的差别:"白昼逝去了,伊斯兰医学和科学却反射出古希腊文化的太阳的光芒,它像一轮明月,照亮了欧洲中世纪漆黑的夜晚;有些明亮的星星也闪烁着各自的光芒。但在新的一天——文艺复兴——的黎明,月亮和星星却都变得暗淡无光。"

——斯塔夫里阿诺斯,《全球通史》

师:同学们,在斯塔夫里阿诺斯的视线中,公元800年至1200年,"远远超过西方"的"伊斯兰世界"主要指的是什么政权,为什么能远远超过西方?

生:是阿拉伯帝国。它地域辽阔,民族众多,通过长期交流、探索和积累,在许多文化领域都取得了创造性的成果,形成内涵丰富的阿拉伯—伊斯兰文化。

师:材料中所提到的16世纪的"伊斯兰世界"的主要代表是什么政权? 为什么会"停滞不前,甚至倒退"?

生:16世纪的"伊斯兰世界"的主要代表政权是奥斯曼帝国。作为一个军事封建帝国,国内民族、宗教矛盾激化,社会不稳定,阻碍社会文化发展。

师:你能不能说说这两个不同时代的伊斯兰政权对于人类文化发展产生的不同影响?

生:前者具有沟通东西方、承上启下的作用。后者却阻断了东西方之间的经济、文化交流路线,也迫使欧洲人寻找新的通往东方的航路。

师:由此我们可以看到,持全球史观的历史学家强调在全球范围内从整体上把握人类历史的演进,注重不同民族与国家之间的联系和互动。他们希望要把握人类社会横向发展的历史进程,他们认为,不同种类文明之间的交往在人类历史发展进程中起到非常重要的作用。

目标2:基于一定视角,比较基本史实和相关问题异同。

师:学完了伊斯兰教之后,我们已经了解了世界三大宗教的基本历史,今天的回家作业,请同学们自己设计一张表格,对三大宗教做一个比较。老师提供一个大致的思路,我们一般可以从宗教产生的历史文化背景、宗教的主要教义、宗教的影响三个方面设计表格。我希望同学们能够在这三个大类别下,再设计一些小项目,使比较更加深入。

(第二节课可以先展示学生的作业,从表格的设计方面评价学生的比较归纳能力)

师:通过对三大宗教的比较,你觉得三大宗教有什么共同之处? 谈谈你的认识。

生:三大宗教都是多种文化传统融合的文化重构物。它们在形成时都立足于本民族的文化传统(包括宗教观念、民族感情、民族心理、习俗和价值观念),吸收和改造旧宗教以及外来文化的有价值的成分。

生:正确解决传播过程中与接受民族文化传统的差异,是佛教、基督教、伊斯兰教成为世界宗教的重要原因。

生:在漫长的中世纪,世界三大宗教之所以能成为世界性宗教,取决于其内在素质,取决于其满足社会需要的程度。例如,基督教成功地吸收了西方观点和东方观点,使它"一经创立,能够博取希腊人和罗马人的信奉"。伊斯兰教严格的一神教信仰,满足了阿拉伯半岛渴望统一的人们的愿望。

从多元视角理解历史事件

——以《中世纪西欧》为例

闵行中学　林　唯

目标内容:从自然环境、经济状况、政治形态、文化传统、社会生活、时代特征的视角,理解历史事件的联系、作用与影响。

一、理解历史事件需要多元视角

虽然历史事件的发生有一定的偶然,但是多为历史发展的必然。历史发展的必然也是由多方面因素形成的,如"自然环境、经济状况、政治形态、文化传统、社会生活、时代特征"等。这些历史的多方面因素不仅影响历史事件的发生,还往往影响历史事件的发展走向和结局。所以,对历史事件的理解应该是一种综合性理解。综合性理解包含着"自然环境、经济状况、政治形态、文化传统、社会生活、时代特征"的多元视角,这样才能"理解历史事件的联系、作用与影响"。

"自然环境、经济状况、政治形态、文化传统、社会生活、时代特征的视角"是多元视角,这些视角可以单一理解历史事件的一个方面,也可以联系起来审视历史,加深理解历史事件的联系、作用与影响。历史学家、历史教师就某一时间和某一空间里纷纭的历史事实进行联系比较,发现相互关系,理解其呈现的某种现象或者意义,予以指出,这就形成了对某一历史事件的完整理解。

多角度理解历史事件并不是要求我们在解释每个历史事件时都要用到所有这些视角,这主要是给我们提供一个理解历史事件的方法,尤其是学生在面对陌生的历史事件时,从有效的视角去分析,有助于聚焦视线,理清思路。

二、从多元视角理解历史事件

1. 从自然环境的视角理解历史事件

自然环境是人类生存的基本环境。人类首先要解决衣食住行,然后才能够进行各类活动,人类的一切活动都是在特定的自然环境中进行的。

从自然环境的视角理解历史事件要明确人类为了生存,不断地扩大、改造和利用自然环境,增强适应自然环境的能力,改变地理环境的面貌;同时自然环境也影响人类活动,形成地域特征,产生地域差异。尽管自然环境对历史事件的发生不起决定作用,但它对事件发生是有影响的,有时甚至起重大作用。

以《中世纪西欧》一课为例,中世纪通常指以希腊、罗马为代表的古典文化期与古典文化复兴期(文艺复兴)之间的时代,约相当于公元5世纪到15世纪。古代希腊建立的是奴隶制民主共和国,从自然环境看,希腊依山傍海,很少有大平原,所以建立起几百个小国寡民的国家。由于地小人少,国家的领导人不像东方的领导人那么难以接触人民群众,没有被赋予神的色彩,于是氏族大会制直接演变为民主共和制。而古代希腊人和古代罗马人创造的文明成果,是古代欧洲文明最主要的代表,是西方文明的源头。正是在生存环境和历史演变方式的双重作用下,古代希腊人和古代罗马人的历史发展都经历了不断打破氏族血缘纽带、以地域划分居民的国家形成过程。他们的国家都以城邦为其初始形态,都在平民反对贵族的斗争中日趋完善,并形成了崇尚法治的政治文化传统。在后来的历史进程中,他们根据自身的具体情况,不断地调整着自己的应对策略,选择了适合自己的发展道路,达到了各自的文明高度。

在中学历史教学中,除了明确自然环境对历史发展有影响外,还要避免"自然环境决定论"的误区。主张"自然环境决定论"的人认为,自然环境决定着民族性格、国家形式和社会进步。北方寒冷,使人们的体格强壮而缺少才智;南方炎热,使人们有才智而缺少精力。因此,统治国家的决定因素也应当有所不同:北方民族依靠权力,南方民族依靠宗教,中部民族依靠正义与公平。18世纪法国思想家孟德斯鸠在《论法的精神》一书中系统阐述了关于社会制度、国家法律、民族精神系于"气候的本性""土地的本性"的观点。

"自然环境决定论"夸大自然环境对社会生活和社会发展的作用,以自然规律代替社会规律,是错误的。自然环境是社会存在和发展的经常的、必要的外部条件,对社会发展具有影响作用,但它不是社会发展、国家制度的决定因素,不能决定社会性质和社会制度的更替,而且它的作用和影响还受着社会的生产水平和社会制度的制约。

2. 从经济状况的视角理解历史事件

经济对于历史发展有着重要的影响,当经济发展到一定阶段,不仅对政治,而且对社会都会提出变革的要求,甚至会强烈推动历史的发展。

从经济状况的视角理解历史事件要注意经济现象之间的横向和纵向的联系。

横向联系是指同一时期中各种经济现象(如农业、手工业和商业)之间的联系;纵向联系是指不同历史时期先后相承的经济现象之间的联系。只有厘清了每一个历史时期的经济状况,才能说明当时政治、社会和文化上的变化,勾勒出历史发展的全貌。

中世纪是西欧封建制度形成和发展的时期,西欧封建制度的特征在这一阶段得到了充分的体现。罗马帝国内部的封建制因素和日耳曼人的氏族制因素,共同催生出西欧封建制度。查理马特的采邑改革促进了西欧封建制度的发展。庄园是西欧中世纪农村基本的经济和社会组织,集中体现了西欧封建经济制度的两大本质特征,即农奴劳动和地租剥削。

西欧中世纪城市的复兴,是生产力提高和商品经济活跃的必然结果,同时又反过来推动西欧社会经济的进一步发展。随着城市的复兴,等级君主制登上了西欧历史舞台。城市经济的复苏,又为文化繁荣提供了重要的历史条件。

3. 从政治形态的视角理解历史事件

政治形态对学生来说是一个较难理解的概念,它是在一定社会经济基础上的政治关系及运作过程的反映,既继承前人的政治形态,也会具有本时代的特征。

从政治形态的视角理解历史事件要把握政权形态、政治制度和执政人物对历史发展的影响,这种影响在自然环境、经济状况、文化传统、社会生活、时代特征等影响中占主导和统治地位,把握好政治形态的视角有助于全面地理解历史事件。

中世纪城市复兴之后,与封建领主时有冲突,争取自治是其反对封建领主斗争的主要政治目的之一。随着城市的复兴,等级君主制登上了西欧历史舞台。等级君主制是王权借助等级代表会议实施统治的一种政权形式,是西欧封建制度的显著特征之一。中世纪西欧的王权与教权,既互相依存、互相利用,又互相对立、互相争斗,双方的关系经历了一个发展演变的过程,演绎了一部独特的西欧中世纪政治史。

4. 从文化传统的视角理解历史事件

文化是人类在社会历史实践中所创造的物质财富和精神财富的总和。从广义上来说,它包括社会生活中的衣食住行,经济生活中的生产交换,政治生活中的典章制度,包括人们体力劳动和脑力劳动的一切成果。狭义地说,包括社会精神形式的总和,指意识形态领域,涵盖了教育、文学、艺术、哲学、道德、宗教和自然科学上的发明创造等。

文化不是独立存在的,它受到特定的地理、政治、经济、时代背景的影响,特别是文化传统多是历史的积淀、文化的升华,形成了人们认可的传统。同时文化又是特定的地理、政治、经济、时代背景的反映,文化中有历史,历史中有文化。因此,从文化传统的视角理解历史事件要从特定的历史地理、政治、经济、时代背景来看,尤其从传统视角来看,这对于学生学习和理解历史有着很重要的意义。

中世纪西欧文化的建树主要表现在经院哲学、骑士文学、市民文学和大学的兴起等方面。随着西欧中世纪城市的复兴,基督教对文化的统治地位正在被削弱,代表新兴的市民阶层的文化应运而生,一种新的文化运动正在孕育,《列那狐的故事》就是市民文学的代表作品。中世纪西欧文化对近现代文化的发展产生了深远的影响。

5. 从社会生活的视角理解历史事件

社会生活由社会的经济、政治、文化、心理、环境诸因素综合作用,形成一系列复杂的、多层次的社会现象。社会生活是历史的真实写照,从一个侧面反映了历史的发展。从社会生活的角度理解历史事件,要从当时人们的社会生活的表象如服装、饮食、住房乃至发式等,看到社会深层的变化,进而了解政治、经济、文化状况。

在中世纪早期,城镇大多衰落了。随着贸易的复兴,商人开始在古罗马城市落户,身怀技艺的手工业工匠也进了城。在公元 11 世纪至 12 世纪,古罗马城市由于有了新的人口和活力而重现生机。大多数城市与周围地区有紧密联系,因为它们得依靠附近庄园生产的粮食。城市居民需要贸易自由,他们想建立独特的法律,并愿意为此付出代价。久而久之,中世纪城市形成了管理自身事务的自治政府。

6. 从时代特征的视角理解历史事件

时代特征是指历史事件所表现出的比较显著的特点和发展趋势,这些特点和趋势是在一定历史时期的社会经济、政治、文化等背景下才能形成。

从时代特征的视角理解历史事件就是坚持唯物史观,把历史事件放在当时的历史条件下,全面、辩证、具体、恰当地看待,而不是用今天的视角,以今人的认识水平来代替古人的认识水平,得出相关的结论。从时代特征的视角理解历史事件便于学生学会学习、观察历史的基本方法,明确历史求真的本质。

西欧封建制度的形成,是在特定历史条件下两个不同的社会历史进程相互交叉、两种社会历史因素相互影响的结果。一方面西罗马帝国奴隶制解体,孕育着新的封建生产关系的萌芽;另一方面日耳曼人固有的原始社会组织开始瓦解,酝酿着向阶级社会的过渡。于是,西罗马内部新生的封建制因素与日耳曼人社会中依然大量存留的氏族制因素,通过民族大迁徙这一时代契机,发生了直接的碰撞,彼此逐渐结合到一起,催生出西欧的封建制度。

三、从多元视角理解历史事件的联系、作用和影响

从自然环境、经济状况、政治形态、文化传统、社会生活、时代特征的视角理解历史事件，除了可以从各个侧面来理解，更为重要的是综合这些视角，理解历史事件的联系、作用与影响。

1. 在多元视角中突出重点视角

历史事件的发生多有数种影响相互作用，自然环境、经济状况、政治形态、文化传统、社会生活、时代特征是其中的几方面，历史人物的个人作用、先进思想的引领也是影响因素。有时，上述某一方面促使历史事件发生；而有时是上述多方面的共同作用促使历史事件发生。因此，从多元视角理解历史事件的联系、作用和影响，要注意把握历史事件的本质，在多元视角中突出重点视角。

西欧中世纪城市是封建社会生产力发展到一定阶段的必然产物，同时也为社会生产力的进一步提高提供了契机。诞生之初的西欧中世纪城市是西欧封建社会的有机组成部分之一，它们和封建制度之间不可能有什么根本的矛盾和冲突。但同时，中世纪城市复兴之初，导致城市与封建制度日后反目成仇的隐患就已经存在了。因为在经济领域中，城市一开始就表现为一个商品经济的实体，商品经济的发展程度与城市的切身利益休戚相关。一旦条件成熟，简单商品经济就会转化为资本主义商品经济，这必将给自然经济及依附于它的封建制度带来灭顶之灾。所以，随着资本主义生产关系萌芽在城市中出现和发展，城市与封建制度的决裂不仅是必然的，而且是不可避免的。

在理解西欧中世纪城市历史事件中，我们应该把握西欧商品经济发展的本质，是商品经济的发展促进了资本主义生产关系萌芽在城市中出现和发展，导致城市与封建制度的决裂。虽然在历史事件中存在经济状况和政治形态的联系，经济状况作用着政治形态逐渐发生变化，进而影响社会变革，但是重点仍然应该是经济状况的视角。

2. 多元视角带来认识历史多元化

看待欧洲中世纪大学的发展，我们会习惯地用经济状况作为重点的视角，并且适度联系政治形态来理解。

中世纪初期，欧洲教育为教会所垄断。11世纪西欧中世纪城市复兴以后，由于手工业和商业的发展以及城市反对领主的斗争，迫切需要能读会写和具有各方面知识的人才。世俗学校的普遍兴起，促进了城市文化教育水平的提高，引发了人们对古典艺术、古典哲学和罗马法的兴趣。欧洲中世纪大学大多为自治团体，既不隶属于教会，又不受制于地方，保持相对的独立性，可以较为自由地研

究学术。到公元 1500 年,全欧已有 80 所大学,公元 1600 年增加到 108 所。中世纪欧洲大学的出现和发展为欧洲文艺复兴和宗教改革运动做了准备,促进了各国文化和学术的发展,有利于城市的繁荣和工商业的进步,加强了国际的文化和学术的交流,并对当时和后来的教育事业产生了重大影响。

然而,在理解西欧中世纪城市历史事件中,还要联系文化传统。如 11 世纪兴起的世俗学校,中世纪欧洲大学为欧洲文艺复兴和宗教改革运动做了准备,对当时和后来的教育事业产生了重大影响等。可见,随着人们对历史认识的加深,认识历史的视角也会发生变化,真正实现多元化地认识历史。

3. 多元视角要坚持辩证理解历史

中世纪西欧封建等级制度是建立在采邑制基础之上。国王分封土地给臣属,接受封地者要履行服兵役等义务。有条件的封建主也层层分封土地,由此逐渐形成封建等级制度。在这一制度下,各级封建主只服从自己的上级封建主,与其他封建主没有依附关系。国王仅仅是名义上的全国最高土地所有者,实际权力有限,只能控制直接附属于自己的部分贵族。封建等级制是西欧封建制度的重要特征之一,这一制度是导致西欧分裂割据的因素之一。

如果我们用政治形态的视角来理解中世纪西欧封建等级制度,会很容易得出层层分封是有助于加强封建制度的结论。如果我们再用辩证的视角来理解这一历史事件,就会得出层层分封在有助于加强封建制度的同时,也是导致西欧分裂割据的因素之一,即破坏封建制度的结论。有趣的是中世纪西欧经院哲学家们早就有了这样的观点。

经院哲学是中世纪西欧占统治地位的基督教哲学思潮。中世纪早期思想家只是对基督教的圣经、信条加以阐述,或对文献、经籍的一些段落进行注释。11 世纪以后,神学命题日益以问题的形式提出,在论证这些问题时,人们将正反两方面的理由或意见列举出来,然后加以分析,得出结论。当时称这种方法为辩证法,它运用理性形式,通过抽象的、烦琐的辩证方法论证基督教的信仰,以为宗教神学服务。经院哲学家们在神学的形式下把道德思考和伦理学研究从古希腊注重个人德性、人际关系和现实生活方式等方面,引向人和神的关系以及拯救个人的灵魂方面,从而使道德宗教化。

四、实施案例

目标 1:从自然环境、经济状况、政治形态的视角,理解历史事件的联系、作用与影响。

师:刚才我们说到,欧洲最早的大学出现在 11 世纪末的意大利,当时国王、教皇和王公们都把办大学视为一种荣耀。到公元 1500 年,欧洲已经有 80 所大学。大学的兴起,对欧洲社会究竟产生了哪些影响呢? 还是让我们把眼光放到 14 至 15 世纪的欧洲。

　　材料:1348 年,欧洲中世纪,一场可怕的瘟疫爆发了。繁华的佛罗伦萨丧钟乱鸣,尸体纵横,十室九空,人心惶惶,到处呈现着触目惊心的恐怖景象,仿佛世界末日已经到了这个伟大的城市中爆发了……白天也好,黑夜也好,总是有许多人倒毙在路上。许多人死在家里,直到尸体腐烂,发出了臭味,邻居们才知道他已经死了……教堂的坟地再也容纳不下了……等坟地全葬满了,只好在周围掘一些又长又阔的深坑,把后来的尸体几百个几百个葬下去。就像堆积在船舱里的货物一样,这些尸体,给层层叠叠地放在坑里,只盖着一层薄薄的泥土,直到整个坑都装满了,方才用土封起来。

　　——卜伽丘,《十日谈》,方平、王科一译,上海译文出版社 1988 年版,第 5、15、16 页

师:从以上材料可以获取哪些信息?

生:瘟疫导致佛罗伦萨人口大量减少。

生:瘟疫对佛罗伦萨的城市发展是重大的摧残,导致贸易衰落、劳动力短缺等等。

生:佛罗伦萨只是欧洲众多城市中的一个。

生:人们对瘟疫恐惧万分,这是他们不能理解的可怕力量。

师:是啊,当时欧洲的总人口为 7500 万,其中约 3800 万死于 1347 至 1351 年的大瘟疫。人口稠密的意大利遭受的打击最为严重,50%~60% 的人口死亡,如此众多的人口死亡会造成严重的经济后果。人们不知道瘟疫的原因何在,很多人认为这是上帝对他们所犯罪孽的惩罚,或认为是魔鬼在兴风作浪。

师:正如上节课我们学到的,中世纪西欧社会经历了王权与教权互相依存又互相争斗的过程,在"阿维尼翁之囚"之后,教廷虽然重新迁回罗马,但是天主教会一度严重分裂,甚至出现三个教皇鼎立的局面,教权由此急剧衰落。到 15 世纪,教会已经失去大部分政治权力。教皇过去曾声称对国家拥有至上权,现在他已经彻底失去了希望。虽然基督教仍是中世纪生活的中心,但是教会和教皇已失去大部分的精神权威。

　　材料:百年战争形势图。

师:瘟疫、经济危机和教会的衰落并不是中世纪晚期面临的全部问题。战争和政治动荡也是主要灾难之一。百年战争就是这一时期最残酷的武装冲突。到 15 世纪,欧洲一些新的统治者逐步重建起君主制的中央集权,政治局势也开始逐渐

稳定。

师：这就是 14 至 15 世纪的西欧社会，一方面西欧社会从各种灾难，诸如瘟疫、政治动荡、教会权力等危机中解脱出来，另一方面，与之相随的是人们重新出现的对古典文化的浓厚兴趣。所以，这一时期大学的出现、大学开设的课程、大学的教学形式等，都有助于摆脱教会控制，逐步实现师生的自由探索，为日后的文艺复兴、宗教改革的出现准备了条件。

目标 2：从社会生活的视角理解历史事件的联系、作用与影响。

师：这幅图选自一本公元 1300 年后创作的书籍，描绘的是两位骑士在比武大会上进行格斗的场景。请大家看看，可以从中提取哪些信息？

生：骑士的衣服有些与众不同。

生：这个比武大会是有输赢的，赢的一方长矛也折断了，说明格斗还是很激烈的。

师：除了关注骑士，大家有没有注意到观众是怎样的情绪？

生：贵妇们在观看表演时露出很赞赏的表情。

师：从这一场景中你们有什么疑问吗？

生：我觉得以前说起骑士，总说是去征战的，但这幅图似乎不是这样表现的。

师：是的，根据 12 世纪的材料，骑士要"保护教会、攻击变节者、尊重教士、为穷人抵御不公、在自己的家乡维护和平、为弟兄流血，如果需要则献出自己的生命"。到了 13 至 14 世纪，新的军事战术削弱了骑士的重要性，集中的王权削弱了骑士的独立性，而且富裕起来的中产阶级也能购买骑士身份了，所以骑士的传统功能渐渐过时了，于是这种露天表演不断发展起来。

生：不过，我们还是能看到骑士依然很勇敢。

师：是的，骑士还是马匹和盔甲的拥有者，图中也表现出了男性的刚毅和女性的温柔，表明骑士精神仍然存在。总之，这幅图反映出了 13 至 14 世纪的西欧社会日益世俗化了。

第二篇　中国古代文明

从史前时期到殷商社会：神话传说和史前遗址揭示了先民的活动图景；二里头考古为了解文献中的夏朝提供了重要线索；考古发现和传世文献揭示了商朝的历史，甲骨文和青铜器显示出殷商文明的高度发达。

从周王朝到秦帝国的崛起：封邦建国和礼乐制度是维系西周统治的重要支柱；诸侯纷争，礼崩乐坏，春秋战国经历了全方位的社会转型；秦的统一和中央集权体制的建立，开启了中国大一统帝国之先河；秦朝的短期而亡为后世留下了千年话题。

从两汉到南北朝的分与合："无为而治"实现了汉初社会的稳定；汉武帝的文治武功促进了西汉强盛；光武帝以"柔道"治天下中兴汉室；三国两晋南北朝时期的区域经济开发和民族融合，为社会发展注入了新的活力，奠定了再次统一的基础。

隋的创制和唐的鼎盛：隋唐制度建设在传承中完善，在革故中鼎新；从贞观之治到开元盛世呈现出一派盛唐气象；在中外交流中，传统文化兼容并蓄，泽被周边，彰显了中华文明的气度与张力。

两宋的繁荣与元的统一：宋代"重文轻武"的文官体制稳定了君主专制统治；民族间的征战与议和，交流与互动贯穿始终；经济重心南移的完成造就了古代经济新格局；元朝采取行省制等措施管辖了辽阔的疆域；宋元时期科技成果显著，为中国历史发展留下靓丽风采，也为世界文明进步做出贡献。

明朝的兴亡与清前期的统治：从明朝内阁制到清朝军机处，君主专制空前强化；清朝前期励精图治，巩固了多民族国家，出现康乾盛世；在"天朝"心态、朝贡贸易和闭关政策下，"西学东渐"昙花一现，中国与世界先进文明逐渐拉开差距。

区别历史资料　汲取历史信息

——以《从史前时期到夏商王朝》为例

宝山区教师进修学院　唐向东

目标内容:懂得"原始资料"与"非原始资料"的主要区别,能汲取它们蕴含的主要信息。

一、"原始资料"是历史事实发生时产生的资料

"原始资料"是指某历史事实发生时产生的资料,是历史事实的直接遗存或直接记录,如亲历者或见证人的记录,是与已发生的事件有直接关系的资料。换言之,某一历史事件发生后,当时或稍后被记录下来,或事件自身遗留(狭义的古物)下来,都属于原始资料,也称直接资料、一手资料。原始资料包括原始文件、档案、信函、日记、回忆录、照片、文物、遗址、遗迹和其他原始实物等,这些资料都是历史研究最可信和应依赖的资料。

如右图彩陶盆(仰韶文化)和卜骨(商)(现收藏于中国国家博物馆)就是"原始资料"。

在《史学方法论》中,学者杜维运把原始资料分为三类:

一是当事人直接的记载与遗物,古代帝王的诏令、奏议、书信、日记、铭刻、语录、调查报告、集会记录、古代遗物,都属于这一类。

二是当事人事后的追记,回忆录、游记、行程录、旧事记等都可归入这一类。追记往事、追记前人、追记前游、自述等,一般这类追记类

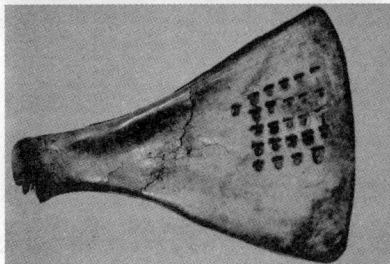

史料,其史料价值的高低,视追记的时间而定,追记的时间愈早,史料价值愈高。另外当事人的记载,往往有极浓厚的主观色彩,存在无意中混淆事实的,甚至有意混淆事实的,这需要与其他史料相互印证。

三是同时代非当事人的相关记载,即同时代的人将所见、所闻、所传闻记录下来。此类史料很丰富,如史官的记注、新闻记者的报道、好奇闻异事者的采录等。同时代人的记载,比起当事人的记载,直接性较差,但当代人记当代事,其价值在于相对于历史事件而言可能存在相对的客观、超然,这也是其珍贵处。(杜维运,《史学方法论》,北京大学出版社 2006 年版,第 111—113 页)

二、"非原始资料"是反映历史事实的转载或复制资料

"非原始资料"是相对于"原始资料"而言,是反映历史事实的转载或复制资料,也称间接资料、二手资料。从一般意义上讲,历史资料经转抄或编撰,就成为非原始资料,如历史学家编撰的史书和研究著作等。这也就是"原始资料"与"非原始资料"的主要区别。

> 如甲骨文虽占卜所用,但内容丰富,不只是简单地记载吉凶而已,其内容涉及社会生活的许多方面。无论商代社会的经济基础和上层建筑,如关于商代的农业、畜牧、田猎、货币、交通、先公先王、诸妇诸子、家族宗法、平民奴隶、方国地理、刑罚牢狱、征伐战争、天文历法、祭祀宗教、医药卫生等等。特别是关于商代历史上一些关键性问题,如国家起源、社会形态、阶级关系、土地制度等等,都可以从甲骨文里找到有关资料,从各方面进行深入的研究。(白寿彝,《史学十二讲·夏商周春秋战国时期》,中国友谊出版公司 2010 年版,第 9—10 页)

当然,对"非原始资料"的认识也是相对的,不是一成不变的。根据研究的对象不同,有时"非原始资料"也可能变成"原始资料"。比如,由著名历史学家翦伯赞主编的《中国史纲要》,它对于研究中国古代史而言是"非原始资料"。但是,如果对于研究翦伯赞的史学思想来说,《中国史纲要》则是"原始资料"。

三、"原始资料"与"非原始资料"的形式

根据历史资料的不同存在形式,一般可以分为实物资料、文字资料、口传资料三类。也有人把音像资料、图片资料从实物资料中分离出来,共同列为五种历史资料形式。

1. 实物资料

实物资料是指人类活动中遗留下来的各类非文字记载的实物资料,历史上流

传下来的遗物、遗址、遗迹都属此类,如文化遗址、古墓葬、文物、金石、艺术品、建筑物等。

一般而言,实物资料都是"原始资料",相对文字资料更可信。尤其在文字产生之前的史前和上古时期,实物资料具有更特别的价值。如果实物资料与文字资料相互佐证,既可以弥补文字资料中的不足,更能够让历史成为"信史"。

> 由于甲骨文的发现和解读,以及河南安阳殷墟等一系列考古资料的发掘,商朝已成为我国历史上第一个有直接文字记载的王朝,商朝的历史也因文献、甲骨卜辞和考古资料的多重印证而成为信史。(《高中历史》第二分册,华东师范大学出版社 2008 年版,第 9 页)

必须看到的是实物资料只是历史的一个"碎片",对有些实物资料的解读也只能猜测其历史含义,不一定能展示历史过程的全貌。

2. 文字资料

文字资料是指以文字为主要形式记载而形成的资料,有时也称文献资料。其涉及非常广泛,但不包括由口述形成的资料。其中以纸张为主要载体的,主要包括档案、报刊、著述、日记、书信、报告资料等;此外还有非纸质载体的文字资料,如以电子媒介、互联网等为载体。文字资料会有历史的局限,如立场和修养因素、政治和权力因素、时代和研究方法等因素的影响。

一般而言,文字资料从材料性质而言也有"原始资料"和"非原始资料"之分,具体的区分要以研究的对象和内容而定。

3. 口传资料

口传资料包括口述并得以记录下来的资料,如民间故事、典故、民歌、民谚、民谣、方言、历史见闻、回忆录等。口传资料多为口耳相传,其过程多受到时间、口述者立场、态度情感等因素的影响,往往会与历史的真实性形成差距,甚至是虚构夸大。

一般而言,口传资料除非亲历者口述,都属于"非原始资料",其可信度都需要通过其他材料甄别和印证。

四、有意资料和无意资料

有意资料和无意资料应该是包含在"原始资料"和"非原始资料"内的资料,有些有意资料和无意资料属于原始资料,也有的属于非原始资料。

把史料分为有意和无意两大类,是把史料留存者的目的视为鉴别史料可靠性的首要尺度。有意资料,是资料制作者有意存留某一部分往事资料,如人物传记、回忆录、政府宣传资料、刻意褒扬或诋毁的文字资料。无意资料,是资料制作者在不知不觉中、没有预定的目的和周密的计划而存留的往事资料。

"对于史料的有意与无意,要辩证地看。从一方面的信息看,可能是有意的,而从另一方面看,则是无意的。""无意史料与有意史料二者是相互涵容的,这正如一枚钱币的两面。"(张秋升,《论无意史料与历史研究》,《四川师范大学学报》2014 年第 5 期)如日军随军记者拍摄的旅顺大屠杀的照片(左图),其有意的目的是宣扬日军的"辉煌战况",是刻意的宣传。但是日本记者的报道又恰恰属于无意史料,不知不觉中成为日军屠杀中国人的历史铁证,其价值远在有意史料之上,"历史的真相,最需无意史料来表白"。(杜维运,《史学方法论》,北京大学出版社 2006 年版,第 114 页)

五、重视资料与"史由证来,论从史出"

历史研究和历史教学都离不开历史资料。历史资料是指能够帮助人们认识、解释和构建历史过程的资料,也就是常说的史料。它是认识历史的人编写历史的基本依据。历史是基于史料证据和视角的解释,凭借历史资料可以进一步推进人类再认识历史,这就促使人们重视资料,关注"史由证来,论从史出"。

1. 史学研究与重视资料

从史学研究看,"史由证来""论从史出"是研究的基础,史学求真的前提就是要有正确的历史资料。

蔡元培在其《明清史料序》中提出:"史学本是史料学,坚实的事实,只能得之于最下层的史料中。"傅斯年提出过"史学便是史料学"的观点。20 世纪 50 年代,古史与甲骨学家胡厚宣在其《古代研究的史料问题》一书也提出:"只有史观,没有正确的史料,那只是没有根据的一种空想,也不能成其为历史科学。"梁启超在《中国历史研究法》中提出"史料为史之组织细胞,史料不具或不确,则无复史之可言"。

尽管上述专家的观点不完全相同,但是他们都看到了历史资料在历史研究中的重要地位,都指出了历史资料与历史之间的真实关系。恩格斯十分重视历史资料问题,并把历史资料看成研究历史的前提和依据,反对不研究史料而先有结论的空谈,他指出:"即使只是在一个单独的历史实例上发展唯物主义的观点,也是一项要求多年冷静钻研的科学工作,因为很明显,在这里只说空话是无济于事的,只有靠大量的、批判地审查过的、充分地掌握了的历史资料,才能解决这样的任务。"

2. 历史教学与重视资料

求真是历史学习的出发点。中学历史课程要以求真为基点,在学生认识历史的过程中,重视文献、实物、口述等不同类型的史料在探寻历史真相中的价值。高中历史教学要培养学生具有对史料、史实、史论的识读能力,习得解决历史问题的思想方法。要达成这些中学历史教学要求,需要构架史料与证据、史料与史实、史料与史论间的内在关联,确立"史由证来,证史一致,史论结合,论从史出"的基本意识。历史资料是历史的载体,也是历史教学的出发点,重视历史资料在教学中的运用,这体现了学术研究和历史教学相融合的特征,有助于初步培养学生历史学习的科学和严谨的态度。

在历史教学中,教师应该关注影响历史研究和历史资料运用的因素,在历史资料选取和运用方法上坚持唯物史观和实事求是的原则,重视历史资料来源的真实性和反映历史真相的价值。

3. 学生学习与重视资料

历史资料是学生学习历史的基础;汲取历史资料中蕴含的信息,培养学生获取、分析、表述有效历史信息的能力,是培养学生分析、综合、概括能力的重要途径。学生懂得"原始资料"与"非原始资料"的主要区别,能汲取它们蕴含的主要信息,这有助于教学目标的达成:能够主动了解不同的历史呈现方式,努力提高历史阅读能力和观察能力;学会从多种渠道获取历史信息,形成重证据的历史意识和处理历史信息的能力,提高对历史的理解能力;进一步形成求真、求通的思想和方法,并且逐步迁移到学习中,形成学习和发展的创造力。

六、如何汲取历史资料中蕴含的主要信息

历史资料中包含有丰富的历史信息,不同性质的历史资料包含不同的历史信息。从内容角度讲,通常可以把历史信息分为物质方面信息、制度方面信息和精神方面信息,其反映了历史的政治军事、经济生产、文化思想、社会风貌等内容。

1. 什么是主要信息

首都师范大学叶小兵教授认为主要有这样几类:(1)历史的有效信息蕴含着历史的具体内容,承载并反映了历史的动态。(2)历史的有效信息源自可靠的、有价值的历史资料。(3)历史的有效信息既包括有效的知识信息,也包括有效的认识信息,尤其是具有历史认识价值的信息。(4)历史的有效信息对引导和促进学生的历史学习具有效能,对学生感悟和体验历史具有益处。(5)历史的有效信息是能够被学生理解的信息,是有助于学生形成对历史认识的信息。(叶小兵,《发掘和运用历史资料中的有效信息——以纪连海老师〈从"清明上河图"看北宋的城

市经济〉的教学为例》,《历史教学》2009 年第 4 期)

2. 如何提取主要信息

对主要信息的提取应该是有层次的。从内容角度讲,一般可以分为表层信息和深层信息。表层信息是显性信息,是能够从材料中直接获取的信息,可直观认识,直接反映历史现象。一般可用"哪个时代""有什么""是什么"等来设问。深层信息是隐性信息,是要经过深入分析得出的认识,需抽象概括,反映历史原因本质、思想观念、时代风貌,可用"反映什么""说明什么""有何特征"等来设问。表层信息和深层信息也是相对的,要对历史资料进行不断解读后逐步深入。

以 2002 年上海历史高考第 28 题为例:

文物是形象的历史。人们从商周青铜器不仅看到了那一时期的各种器皿、兵器和工具,而且了解到当时的冶炼技术、生产水平、文字、艺术和社会生活等各种情况。从下列秦砖、汉瓦与画像石中,你能获得哪些历史信息?

秦·砖　　　　西汉·瓦当　　　　东汉·画像石

试题要求从"原始资料""秦砖、汉瓦"中提取有效信息,并且在题干中给出提示:"人们从商周青铜器不仅看到了那一时期的各种器皿、兵器和工具,而且了解到当时的冶炼技术、生产水平、文字、艺术和社会生活等各种情况。"这实际在提示考生,不仅应注意"原始资料"表层信息,如"各种器皿、兵器和工具",还要深入思考、提炼表象背后的深层信息问题,如"冶炼技术、生产水平、文字、艺术和社会生活等各种情况"。从秦砖中可以得到秦砖的形状、秦朝文字的特点(小篆)等信息。从汉瓦中可以得到汉瓦的形状、文字的特点(隶书)等信息。从东汉画像石中可以得到东汉农民从事耕作、狩猎(或畜牧),或汉朝农业生产的状况和特点等。同时从秦砖、汉瓦的文字不同可看出中国古代文字的变化,即由小篆向隶书的变化。还可从秦砖、汉瓦中看出秦汉时期的建筑技术的进步等隐性信息。

又如 2003 年上海历史高考第 28 题:

文物是物化的历史,它为后人留下了丰富的历史信息。观察下列关于唐代妇女的三彩陶俑照片,回答问题。

彩绘女俑 1   彩绘女俑 2   彩绘女俑 3

学生可以从这些陶俑中汲取哪些历史信息? 表面信息有唐代妇女的服饰、发式、容貌等。深层信息有陶瓷工艺水平、造型艺术水平、审美观念、墓葬制度习俗、多民族等。

3. 在教学中要注意的问题

在教学实践中,教师可以基于某一具体历史内容提供"原始资料"与"非原始资料",通过教师讲解、示范和指导,让学生懂得"原始资料"与"非原始资料"的主要区别,再通过学生的体验、领悟,进行内化。

同时要避免以偏概全的现象。学生在汲取历史资料蕴含的主要信息过程中,经常会发生提取信息不全的问题,以致产生片面的历史结论。教师必须要指导学生全面、仔细地汲取历史资料蕴含的主要信息,牢牢把握深层信息内容,在此基础上进行分析,以求得出全面、正确的结论。

七、实施案例

目标 1:懂得"原始资料"与"非原始资料"的主要区别。

师:通过对本单元《从史前时期到夏商王朝》的学习,我们了解了中国文字的起源,知道到目前为止,甲骨文是中国已知最早的成熟文字。请同学认真阅读材料,首先区分哪则材料是研究甲骨文的"原始资料",哪段是"非原始资料"。

材料1:"昔者仓颉作书,而天雨粟,鬼夜哭。"

——《淮南子·本训》

(仓颉)"生而能书,又受河图录书,于是穷天地之变,仰视奎星圜曲之势,俯察鱼文鸟羽,山川指掌,而创文字。"

——《春秋元命苞》

"古者庖牺氏之王天下也,仰则观象于天,俯则观法于地,视鸟兽之文与地之宜,近取诸身,远取诸物,于是始作《易》八卦,以垂宪象。及神农氏结绳为治而统其事,庶业其繁,饰伪萌生。黄帝之史仓颉,见鸟兽蹄远之迹,知分理之可相别异也,初造书契,百工以乂,万品以察。"

——(东汉)许慎,《说文解字·叙》

材料2:"龟板(指甲骨文)己亥岁(光绪,1899年),出土在河南汤阴属之牖里城。既出土后,为山左贾人所得,咸宝藏之,冀获善价。庚子岁(1900年),有范姓客挟百余片,走京师,福山王文敏公懿荣见之狂喜,以厚值留之。后有潍县赵君执斋得数百片,亦售归文敏。"

——刘鹗,《铁云藏龟·自序》

材料3:"中国文字书写的起源难于探究。一些学者推测,中国最早的文字应该出现在商朝之前。而在公元前五千年的新石器陶片上,就已经发现文字了。尽管考古学家们确实偶尔能够发现刻有或绘有记号的陶片,却很难证实这些记号确实是文字写作的一部分,因为这些记号与商代甲骨文发现的文字无一吻合。也有人推测,中国文字是从中国以外传来的。虽然这存在很大的可能性,但是到目前为止,几乎没有证据来证明这一假设。鉴于文字起源于商代以前的证据微乎其微,多数学者现在认为,中国文字可能出现于公元前1200年之前不久,且中国文字是源自于本土的。"

——拉·西诺考尔、米兰达·布朗著,《中国文明史》

生:材料2是研究甲骨文的原始资料,材料3为非原始资料。

师:能否说明理由?

生:通过学习我们知道,现代中国人对甲骨文的认识始于晚清时期的王懿荣,材料2的记录者刘鹗与王懿荣是同时代的人,而且也是近代重要的甲骨文收集和研究者。而材料3则是当代学者对甲骨文研究的著述,介绍了中国文字起源的几种学术观点,属于转述材料。

师:那么材料1呢?

生:材料1只是涉及中国古代对文字起源的认识,而不是对中国较成熟的甲骨文的记录,与甲骨文研究无关。

师:在怎样的情况下,材料1可以认作原始资料?

生:材料1反映了春秋至汉代时期,中国人对文字起源的认识,认为中国的文字是由仓颉这个人物创造的。

师:很好!对"原始资料"与"非原始资料"的区分是相对的,不是绝对的。要依据材料的研究对象来判断。

目标 2：能从历史资料中汲取蕴含的主要信息。

师：从材料 1 中，我们可以得到哪些主要信息呢？

生：首先材料 1 中的几则材料都记载了中国的文字是由仓颉这个人物创造的。由上可见，在古代社会，至少在春秋战国以后，仓颉造字说可能已经是当时社会的一种共识。

生：在有关中国文字起源的历史上，充满了神话传说的色彩，上述材料还不能充分说明仓颉确有其人。

生：从"见鸟兽蹄迒之迹，知分理之可相别异也"等内容来看，文字是劳动人民根据实际生活的需要，经过长期的社会实践，长期累积，慢慢地丰富和发展起来的，反映了中华民族智慧的结晶。

生：汉字不可能是一人一时一地便造出来的，而是中华民族先人集体的结果。仓颉可能只是一位汉字创造的杰出代表，终于终结了"结绳记事"的历史。

师：对！尽管仓颉可能不是一个历史上真实的人物，但已经成为中华文明起源的象征之一。还有呢？

生：许慎的记载，反映了中国文字经历了从八卦图形到结绳记事直至文字产生的演变历史，同时提出了仓颉造字的缘起、思路和结果。

生：从材料来看，中国文字的产生历经长期的演变过程，到汉代许慎的《说文解字》，才形成比较规范和统一的研究成果。

师：从材料 2 中，我们可以得到哪些主要信息？

生：近代以来，甲骨文出土于 1899 年，河南汤阴属之牖里城；最初由商人贩卖，但没人认识到是湮没于历史数千年的甲骨文。

师：还可以得到什么信息？

生：近代甲骨文的发现具有偶然性。

生：当时贩卖者只是看到了能带来利益的商业价值；但王懿荣最先认识到其历史文化价值，他是近代发现和研究甲骨文的第一人。

生：所以说，甲骨文有几千年的历史，而对甲骨文的研究开始于近代，只有一百多年的历史，这里包含有两个历史的概念。

师：回答很正确。甲骨文和甲骨文的研究是两个不同的历史概念，需要同学们注意区别。

师：从材料 3 中，我们可以得到哪些主要信息？

生：材料中主要列举了中国文字起源的三种观点。一种是文字起源时间上，一些学者推测在商朝之前。另一种在文字的起源地上，部分学者推测，中国文字是从中国以外传来的。还有一种是多数学者认为，中国文字可能出现于公元前 1200 年之前不久,且源自于本土。

师:为何前两种观点作者用"推测"? 能否分别说明你的理解?

生:第一种观点是基于考古发现和对甲骨文的认识上。甲骨文是目前发现的比较成熟的文字。而文字的发展是一个逐步演变和不断完善的过程,在文字成熟之前,必然存在一个萌芽和产生的历史过程。这从春秋时代的文献记载来看可以证明。而且在之前的一些陶片上出土了部分类似文字的刻画符号,由此可知,从时间上推断必然要早于商代。但由于缺乏足够多的出土原始材料佐证与揭示文字的演变过程,所以只能用"推测"。

生:第二种观点也是基于考古发现和对甲骨文的认识。甲骨文是目前已知的比较成熟的文字,但本土缺乏足够的考古原始材料来佐证其演变的历史进程,所以只能来自外域,但又由于也同样缺乏证据,故只能是"推测"。

师:对第三种观点能否说明你的理解?

生:通过二元证据法来理解,由于甲骨文的大量出土,提供了文字研究的原始材料,再加上近代以来对其研究,以及其研究成果不断得到新考古的证实,所以得到多数学者的认可,是有其充分研究依据的。

师:这反映了作者怎样的研究态度?

生:客观、严谨和求真的学术态度。

现代科技与考古信息

——以《从周王朝到秦帝国的崛起》为例

浦东教育发展研究院　吴广伦

目标内容:懂得用现代科技手段获得的考古信息,其有效性与可靠性取决于这些科技手段的先进性和正确运用。

一、现代科技与考古学

考古学属于人文科学,是历史学的重要组成部分。考古学一般以古代人类文化遗存以及与人类活动相关的自然遗存作为研究对象,通过考古调查、发掘,获得"潜在"信息,以资历史研究之用。

考古学自它诞生开始,就努力超脱文献研究的窠臼,依赖其他学科的知识来解决自身问题。特别是20世纪中叶以来,随着考古领域的不断拓展,考古学也越来越依赖自然科学的方法与现代科技手段来调查、发掘和研究古代的遗物和遗迹,并加以历史地解读,以重建古人的行为与场景,发现历史现象、规律及其经验教训。

现代科技手段是个比较宽泛的概念,主要包括地理学、地质学、气象学、生态学、生物学、分子人类学,以及地层学、物理学、化学、天文学等领域的知识体系与现代研究方法。考古学是门综合的学科,几乎所有现代前沿理论与科技都可以用于考古领域。最近20多年,分子人类学(遗传学)也开始应用于考古研究中,对我们了解古代人群起源、发育、分化和融合给予极大的帮助。

考古信息主要是从各种遗址、遗迹、遗物和文献中获取人类演化和文明演进过程中的事实和变迁,包括古人的体质特征、生活行为、种族演变、迁徙路线、生态环境、生产方式、习俗观念等。传统的考古研究侧重于断代、确定产地和辨析史料的真伪等。而对于史前历史绝对年代的测定,则需要借助放射性碳素断代、热释光、古地磁、树木年轮等自然科学手段。

1996 年开展的夏商周断代工程,就是对传世的古代文献和甲骨文、金文等进行比较和释读,以推算出重要历史事件发生的年代,主要包括:对其中有关的天文现象和历法记录结合现代天文学进行测算从而推定其年代;对有典型意义的考古遗址和墓葬材料进行必要的发掘、整理和分期研究,获取样品后再进行碳-14 测年断代。该工程历时五年,2000 年 11 月 9 日夏商周断代工程正式公布了《夏商周年表》。该年表定夏朝约开始于公元前 2070 年,夏商分界大约在公元前 1600 年,盘庚迁都约在公元前 1300 年,商周分界(武王伐纣之年)定为公元前 1046 年。

二、考古信息与历史证据

科技不是万能的,现代科技用于考古也是一样。由于现代科技自身的局限以及在考古研究中的误差,势必会影响考古信息的有效性与可靠性。

从历史研究看,考古信息只能作为历史证据链中的一环。把考古信息作为史料,还必须借助史学的理论与方法,加以甄别和解读,才能发掘出其历史的价值。

本单元以周秦历史为主。周、秦历时 800 多年,距今 3000—2000 年。在中国文献中,有确切纪年的信史始于西周共和元年,即公元前 841 年,西周前期历史仅有周王的世系而无具体在位年代。由于文献记载的简略,我们对该时期历史的认识,多是借助了各种考古信息及其历史的解读。

断代是考古发掘的重要内容,也是进行历史研究的重要工作。牧野之战作为商亡周兴的重要事件,其发生的年代在上古先秦史上具有坐标性的地位,虽然华东师范大学出版社出版的《历史》教材采用了"公元前 1046 年"这个确切的纪年,但这个年代是怎样得来的,国内外至今对此还存在着较大分歧。在教学中,教师若能对其来龙去脉给予适当的介绍和解读,不仅能巩固知识、拓展视野,还能给予学生历史思想方法的引导。

本单元目标要求"懂得用现代科技手段获得的考古信息,其有效性与可靠性取决于这些科技手段的先进性和正确运用"。我们可以引导学生探究"牧野之战"断代、阿房宫之谜等,来达成此目标。

三、历史证据与正确史观

历史是客观的,但历史认识却是主观的。运用现代科技手段获取的考古信息,是对事实的探源与求真;随着科技的进步,从考古中获取的历史信息也越来越丰富,准确率日益提高,如利用分子生物学中的 DNA 鉴定技术获得人类遗传结论,已为世界各国司法鉴定所普遍使用。

当然,我们在坚信科学的同时,也不能忘记科学只是工具,以现代科技手段获取的考古信息,其有效性和可靠性也要受到科技本身的先进性和所用方法的正确性的影响。考古信息作为史料,也只是历史证据链中的一环,同时解读和展示考古信息中承载的历史还要受制于史学思想方法和社会的价值观念影响。

四、历史证据与操作路径

要关注现代科技在历史断代中的作用。时空意识是历史学习的基础。牧野之战是商周交替中的重大事件,在传统文献中并没有其确切的时间记载。1996 年开展的"夏商周断代工程",虽然推算出其发生的年代是公元前 1046 年,但该结论至今还备受国内外史学界的质疑。授课时,教师可以引导学生围绕下列问题展开讨论或探究:牧野之战在中国史书上为何没有确切的纪年? 教材中牧野之战的年代是怎样推断出来的? 为什么会遭到很多质疑?

还要关注现代科技在历史辨伪中的运用。史料是进行历史研究的重要依据,甄别史料的真伪是从事历史研究的基础和前提。借助现代科技,可以帮助我们掸去蒙在历史上的尘埃,揭开历史的包装,寻找到历史的真相。

依据本单元内容,教师还可选择有关周秦时代的重要考古发现,以验证传统文献,或弥补传统文献中的缺省等,如火烧阿房宫之谜、周天子六驾的传说、长平之战后秦坑杀赵卒真伪、秦兵马俑考古与场景复原等。教学中可结合教学进度,增补或拓展有关内容,以现代科技手段获得的考古信息和文献资料相互印证,引导学生从历史的角度认识、思考、诠释、探究考古信息。

五、实施案例

目标 1:现代科技在历史断代中的作用。

"牧野之战"发生在何年?

年代测定是考古学的基础,时间是研究历史的第一要素,确切的纪年是信史的重要标志。中国有 5000 多年的文明史,但有确切纪年的历史不足 3000 年。导致此现象的主要原因是什么? 先人们为什么不能把确切的历史纪年传承下来?

教师出示材料,供学生阅读思考。

材料 1:中华文明具有悠久的历史,然而真正有文献记载年代的"信史"却开始于西周共和元年(公元前 841 年,见于《史记·十二诸侯年表》),此前的历史年代都是模糊不清的。司马迁在《史记》中说,他看过有关黄帝以来的许多文献,虽然其中也有年代记载,但这些年代比较模糊且又不一致,他便弃而不用,只在《史记·三代世表》中记录了夏商周各王的世系而无具体在位年代。因此共和元年以前的中国历史一直没有一个公认的年表。

材料2:第一个对共和元年以前中国历史的年代学作系统研究工作的学者是西汉晚期的刘歆。刘歆的推算和研究结果体现在他撰写的《世经》中,《世经》的主要内容后被收录于《汉书·律历志》。从刘歆以后一直到清代中叶,又有许多学者对共和元年以前中国历史的年代进行了推算和研究,但很难有所突破。直至晚清以后随着中国考古学的发展才有所改变。

材料3:1996年国家启动夏商周断代工程,综合了历史学、考古学、天文学、科技测年等多个学科,历时5年,最后把商周分界(武王伐纣之年)定为公元前1046年;并据此确定商王武丁以来的年表和西周诸王年表。此结论虽已被不少主流的工具书和教材采用,但至今还遭到国内外很多批评与质疑。

——摘自"夏商周断代工程"专著与论文

师:根据材料1,从黄帝到司马迁大约相距多少年? 司马迁为何不采用他曾看过的上古文献纪年?

生:大约2000多年,上古的文献中的记载模糊且不一致……

师:是的,司马迁是一位严谨的史家,先秦以前的文献很多是在口传基础上进行的整理或追记,记载简略且模糊,没有确切的纪年,司马迁因此舍而不记。

师:西汉刘歆直至清代中叶,学者对中国上古历史年代进行推算和研究的主要障碍是什么?

生:(预期回答)受制于史料和研究手段的限制。

师:(视回答情况略作点评)自司马迁以来,有关先秦的史料和研究技术一直未有突破,史家所见的先秦史料与司马迁差不多,研究手段主要限于文献考证。

师:晚清以来,哪些考古成就为夏商周断代研究提供了新的材料来源?

生:甲骨文的发现和识读,证明了商朝历史是信史。

师:1899年甲骨文的发现与释读为年代学研究提供了新的材料来源,同时还有些学者开始根据青铜器的铭文做年代学研究。但是这些研究还是难以为夏商历史做确切的断代。为什么?

生:(思考、回答)

师:主要是史料记载的不清楚。20世纪末中国启动的"夏商周断代工程"就是试图解决困扰中国学界的先秦历史断代问题。请结合材料3和教材中的"知识链接",谈谈上个世纪末开展"夏商周断代工程"为什么要采取多学科协同研究?

生:"夏商周断代工程"兼有考古、历史和天象等多方面知识,是个综合的跨学科工程,需要多学科之间的协作。

师:推断"武王伐纣"年代的主要依据是什么?

生:是依据文献中有关天象的记载。

师:依据天象为何就能对历史进行断代?

生:很多天象的出现是有规律和周期的。由于古人对天象十分敬畏,当一些罕见的天象出现时,先人们一定会非常重视,甚至还会与重要的历史附会在一起,加以记忆和传承,这就不自觉地为我们留下断代的依据。

师:为何古人不能据此断代?

生:认识局限,科技落后。

师:夏商周断代工程是经过多学科合作,并采用了现代科技手段,历经多年研究才得出的结论,为何还会出现如此大的分歧?

生:(讨论)

师:可能与研究者所依据的史料和推算方法有关。牧野之战发生的年代应该是唯一的,而研究者所推算的年代又不尽相同,学者们对其断代产生分歧也是可以理解的。

师:武王伐纣的具体年代一直是中国历史上的未解难题,今天借助现代科技和国家的大力支持,推算出为公元前1046年,同时也为夏商周断代工程确立了一个标志性的年代。对其的支持和质疑,一定程度上也反映了人们对科技在考古和历史研究中的认识和态度。

目标2:现代科技在历史辨伪中的运用。

阿房宫是谁烧的?

史料是进行历史研究的重要依据,甄别史料的真伪是从事历史研究的前提。借助现代科技,可以帮助我们清除蒙在历史上的尘埃,发现历史的真相。

教师出示材料,供学生阅读思考。

材料1:《史记》载"前殿阿房东西五百步,南北五十丈,上可以坐万人,下可以建五丈旗,周驰为阁道,自殿下直抵南山,表南山之巅以为阙,为复道,自阿房渡渭,属之咸阳"。《汉书》中也载"起咸阳而西至雍,离宫三百,钟鼓帷帐,不移而具。又为阿房之殿,殿高数十仞,东西五里,南北千步,从车罗骑,四马骛驰,旌旗不挠,为宫室之丽至于此"。

材料2:司马迁在《史记》载"(项羽)烧秦宫室,火三月不灭"。杜牧《阿房宫赋》中有一句:"戍卒叫,函谷举,楚人一炬,可怜焦土!"两千多年来,大家始终认为阿房宫是项羽烧毁的。

材料3:2002年中国社科院考古所和西安市考古所在秦阿房宫前殿遗址进行大面积的考古勘探和发掘,却并未发现一铲红烧土。而在秦咸阳宫(秦始皇在咸阳仿造六国宫殿建造的庞大建筑群)发掘中,却发现了大量的红烧土,证明了这里的秦代宫殿确实被火焚过。参与考古的专家却认为:"我们应该给项羽平反！"

——《齐鲁晚报》2012 年 6 月 19 日

师：从史学角度看，《史记》《汉书》和《阿房宫赋》有关秦朝阿房宫的记载可信吗？

生：《史记》应可信；《汉书》是转载，《阿房宫赋》是文学作品，不能作为史料运用。

师：《史记》所载为什么是可信的？

生：司马迁是一位能秉笔直书的史学家，《史记》在中国历史上具有崇高的地位，《史记》所载都是原始史料……

师：司马迁亲历过阿房宫的兴与毁吗？

生：没有。

师：《史记》所载可以作为研究阿房宫的一手史料吗？即使作为原始史料，其可靠性如何呢？

生：（思考）

师：你们认为材料 3 的结论是否可信？

生：可信，应该尊重科学结论，为项羽平反！

师：但事情也并非如此简单，针对考古专家的呼吁，也还有很多质疑：阿房宫遗址上的土被后人取走了，灰烬被千百年来的雨水冲蚀了；也有人说是《史记》记载错了，项羽焚烧的是秦咸阳宫而非阿房宫；阿房宫根本就不存在……在众说纷纭中，你怎样看待今人的考古发现与历史研究？

生：（预期回答）继续寻找历史的旁证，构建证据链等。

师：同学们，在学习历史中应自觉地渗透史学思想方法。历史是过去了的生活，但人类的生活是复杂的。我们借助现代科技进行考古发掘和研究，其成果也要经得起历史的质疑、符合生活的逻辑。我们信奉科学，但科学也会犯错误。即使是采用现代科技获得的考古信息，其正确与否，也会受制于我们所选用的技术、研究的对象和采取的方法。对于阿房宫的科学考古与历史解读，之所以会产生这些质疑，一定程度上也折射着人们对科学与历史的态度，以及传统认识和思维的影响。

从多维视角理解历史人物的作用与影响

——以《从两汉到南北朝的分合》为例

普陀区教育学院　鲍丽倩

目标内容:从政治、经济、文化,社会地位、思想认识等视角和具体处境理解历史人物作用与影响。

一、如何把握"政治、经济、文化,社会地位、思想认识、具体处境"等多维视角

总体来看,目标内容包含了两层意思。一是关于"如何做",即限定词"从政治、经济、文化,社会地位、思想认识等视角和具体处境";二是关于"做什么",即动词"理解历史人物作用与影响"。

针对"如何做",目标内容从两个层面加以引导。第一个层面要看历史人物的具体作为,如可以从"政治、经济、文化"等角度思考。第二个层面要看历史人物的自身属性,如可以从"社会地位、思想认识、具体处境"等角度分析。前者重点解决历史人物"做了什么",后者重点解决历史人物"为什么这么做"。换句话说,我们不仅要知道历史人物做了什么,还要理解为什么这么做,这样才能真正把握历史。

关于历史人物做了什么,可以从"政治、经济、文化"等角度思考。当然,目标内容提供的只是比较常用的视角,我们还可以根据具体情况衍生出新的视角。

如就本单元中的汉武帝来说,他的作为除了在政治上通过形成内外朝制度、创设刺史制度和颁布推恩令以加强皇帝集权,在经济上兴修水利发展农业灌溉、设置田官发展屯田制度,在思想文化上罢黜百家、独尊儒术之外,还在民族关系上通过三次战争基本解除了匈奴的威胁,并通过设立河西四郡使天山南北与内地联为一体。同时,随着时代的发展、交往范围的扩大,"对外关系"也逐渐成为考量统治者历史作用的一个比较重要的角度。可见,对于分处于不同历史时代、不同空间范围的历史人物,我们对其的主要考量角度是会有变

化的。甚至,在某种程度上,我们有时还可以跳出"有为"的视域束缚,从"无为"的角度加以思考。因为,在不同的历史环境下,有时需要"有为",有时则需要"无为";有时在这方面需要"有为",而在另一方面则需要"无为"。一旦"有为"被异化为"折腾",那么,"无为"才是真正的"有为",不管怎样,一切都要根据时代需求来考量。如何用这样的思维视角分析历史人物,本单元就给出了很好的示范,教材陈述时既重点指出了文景时期"清静无为"和汉武时期"积极有为"的总体特征,也关注到了文景时期"无为"中"有为"和汉武时期"有为"中"无为"的具体情况。

综上所述,对于历史人物作为的视角不宜教条化,建议在教学中,教师可以先通过示范的方法指导学生掌握从哪些角度了解历史人物做了什么,自然,这些角度是会根据具体情况有所变化的;然后学生在熟练运用的基础上,自己来提炼角度,这些角度可以是教师示范过的角度,更可以是根据具体情况衍生出的新的角度。

关于历史人物的自身属性,可以从"社会地位、思想认识、具体处境"等角度分析。显然,不同的社会地位、思想认识和具体处境等会影响和制约人物的行为,而且,即便是同一个历史人物,在不同时期其社会地位、思想认识和具体处境也是不断变化的,因此,其行为方式在不同时期也会有所不同。恰如彭明教授所言,"评价历史人物要分析历史人物成长的时代和各种社会条件,要具体地分析人物思想发展的各个阶段。"(彭明,《如何评价历史人物》,《历史教学》1980 年第 6 期)所以,我们必须具体问题具体分析,不可苛求历史人物。

如就汉武帝,他的开拓事业可以分为四个时期。第一是承袭文景以来保境安民政策的时期,这一方面是因为武帝即位才十六岁,尚显稚嫩,另一方面是有一位坚信"黄老"的太皇太后窦氏掌权。第二是专力排击匈奴时期,这时随着窦氏之死,黄老退位,儒家正统确立,政府从率旧无为变而发奋兴作。第三是开通西域时期,武帝凭借着强大的王朝实力和老道的政治谋略将他的事业推向顶峰。第四则是国力衰退时期,随着匈奴寇边、征战失利和太子冤死等变故,武帝写下"罪己诏",认识到"当今务在禁苛暴,止擅赋,力本农。修马政复令以补缺,毋乏武备而已"。也正因为这份"罪己诏",司马光对汉武帝的评价高于秦始皇。综上可见,武帝的作为是因时而异的,而这种差异,归根到底是由他的社会地位、思想认识、具体处境等决定的。

二、如何理解历史人物的作用和影响

针对"做什么",目标内容表述也包含了两层意思。一是"理解",二是"历史人物作用和影响"。

"理解"是行为动词,在这里也可以看作是能力目标,在程度上要低于"解释"和"评价",它既指理解历史人物的所作所为,也指理解各种针对该历史人物评价观点的可理解之处,这也隐含着对学生"历史意识"和"包容意识"的培养。"解释"则既可以指向对概念、原因、特征等的解读,也可以指向对他人观点差异原因的思考。"评价"则主要是对历史人物做出自己的判断,当然也可以是对他人观点的看法。

这一目标内容表述指向的是理解"历史人物的作用与影响"。相对而言,作用更侧重于短时段,影响则更关注长时段。也就是说,目标内容的表述意味着我们应当用发展的眼光来理解历史人物的作用和影响,这也隐含着对学生"长远意识"的培养。

还是以汉武帝为例,首先,我们顺承着前文的四个角度看他的作为在当时的作用:其在政治方面的举措加强了中央集权,消除了地方分裂隐患;在经济方面的举措既为西汉王朝的繁盛奠定了基础,也为常年征战提供了经济支撑;在文化方面的举措确立了儒学的统治地位,促进了教育的发展,维护了政治上的统一;在民族关系上的举措解除了匈奴的威胁,拓展了疆域,加强了西域与内地的联系。汉初的休养生息和武帝的积极有为,将西汉王朝推向了鼎盛。但同时我们也看到,空前繁荣的背后,也隐藏着深刻的危机。连年的征战,造成国库空虚;武帝奢侈逸乐,耗费大量人力物力;统治阶级日趋腐化,对人民剥削加重。接着,我们来看其影响,有意思的是,有时历史人物致力于现实问题的解决,却会产生连当事人自己都不曾预料的深远影响。例如,汉武帝派张骞出使西域,目的是解决匈奴威胁问题,却意外地开通了丝绸之路,促进了中外物质文化交流,进而在中外文明史上传为佳话。这就又可以由"作用和影响"的关系而引申出"动机与效果"的目标。

需要注意的是,历史是一种解释,一切历史都是当代史,也就是说,每一个评价者都置身于具体的时代,而每一个时代都会有其特定的历史观念,这就意味着在不同的史观和时代需求下,评价者对同一历史人物的看法会产生差异,甚至碰撞。

例如,就后人对汉武帝的评价,也是各有不同的。一百多年后三国曹植"威震百蛮,恢拓土疆。简定律历,辨修旧章。封天禅土,功越百王"的评价,是对武帝"文治武功"的全面肯定。千年之后孙中山"拿破仑兴法典,汉武帝纪赞,不言武功,又有千年之志者"则更多体现出对其"文治"影响的盛赞。毛泽东"汉武帝雄才大略,开拓刘邦的业绩,晚年自知奢侈、黩武、方士之弊,下了罪己诏,不失为鼎盛之世"的评价则进一步关注到了"罪己诏"的作用,这也体现了汉武帝作为最高统治者敢于公开承认错误、改正错误的行为方式的深刻影响。

综上所述,历史人物作为的影响是多方面的,其不同方面影响的持久力也是有所差异的,而评价者由于所处时代和个人处境的差异,其关注的角度也是各不相同的。因此,对于历史素养较好的学生,教师可以尝试将目标提升到历史人物评价的主观性,以及进行导致主观性差异的因素分析。

三、如何构建本目标与其他目标的关联

要全面、正确地把握好本目标内容,必须做到以下两个方面:

一是要把握好两个基本路径,即"政治、经济、文化"及"社会地位、思想认识、具体处境"等视角。

二是要明确目标指向,即"理解历史人物的作用和影响"。在具体实施的过程中,既要通过教师示范的方法进行建模,又要通过学生体验的方式进行内化,更要在解决具体问题的过程中有机生成。

同时,教师还要根据学情对目标预设进行适当调整,对于基础较薄弱的学生可以重点关注"政治、经济、文化"和"社会地位、思想认识、具体处境"等视角的建模过程;对于基础较好的学生则可以由"作用和影响"的关系进一步关联到"动机与效果"的目标;对于学有余力的学生则还可以上升到对历史人物评价具有主观性的认识层面,进而理解"历史是一种解释"。

四、实施案例

目标1:从政治、经济、文化等视角理解历史人物的作用。

师:(讲授完汉武帝"有为"的基本史实后出示材料)

材料:孝武之世,外攘四夷,内改法度,民用凋敝,奸轨不禁。时少能以化治称者,惟江都相董仲舒、内史公孙弘、倪宽,居官可纪。三人皆儒者,通于世务,明习文法,以经术润饰吏事,天子器(注:器重)之。

——(东汉)班固,《汉书·循吏传序》

师:材料从哪几个视角阐述了汉武帝的作为?请分别提炼视角,并指出对应文字。

生:"外攘四夷"是民族关系的视角,"内改法度"是政治的视角,"天子器"董仲舒等三个儒者是思想文化的视角。

师:材料中"外攘四夷,内改法度",主要指哪些举措?

生:"外攘四夷"主要指汉武帝通过对匈奴的三次战争,大体解除了匈奴对北边的威胁。同时,西汉在河西走廊设置了河西四郡,加强了对西域的管理。另外,

政府又在西南、东北、东南和西部地区设置郡县或其他管理机构,进行有效的管理。

生:"内改法度"的内容也很多,主要有以下几个方面:一是汉武帝起用身边的亲信近臣形成宫廷决策核心,称为"内朝"或"中朝";二是创设刺史制度,由中央特派监察官员,以加强中央对地方的监督和控制;三是颁布"推恩令",削弱诸侯王的权力,大体消除汉初郡国并行制带来的负面影响。

师:那么,汉武帝在思想文化方面又采取了哪些措施呢?

生:汉武帝采用董仲舒、公孙弘等人的建议,设立五经博士,将儒学定位官学,其他诸子之学"罢黜"在官学之外。后又在长安建立太学,教授五经,从中选拔官吏。

目标 2:从社会地位、思想认识等视角和具体处境理解历史人物的作用。

师:汉武帝为什么要做这些大刀阔斧的改革呢?

师:从材料来看,作者认为汉武帝重用董仲舒等儒者的原因是什么?

生:是因为当时出现了"民用凋敝、奸轨不禁"的现象,所以统治者要通过儒家思想来感化、教化民众。

师:大家觉得这个观点是否有合理之处?

生:有一定道理,因为汉初奉行的是黄老之学,实行的是无为而治,百姓都习惯了政府的不作为状态。而汉武帝内外政策的巨大改变,必然会使人产生不适应。首先,多次大规模战争显然是要消耗大量财力的,这会造成"民用凋敝",百姓生活困苦。其次,内改法度,必然也会损害一部分人的利益,由此会产生"奸轨不禁"的现象。所以,政府需要在文化上有所建树,对民众进行礼仪教化。

师:看来,解决当时随着社会发展出现的新问题是一个重要原因。那么,是否仅此而已呢?

师:《中国哲学与文化》一书中指出:

> 在董仲舒看来,天是百神大君,天具有仁义礼智信,皇帝是天的儿子。人间的一切都是天造就的。天按照自己的模样造就了人,人秉承天的意志长出了身体,这就是人符天数……天地有上下之别,人间有尊卑之别。君为臣纲,父为子纲,夫为妻纲,这是合于天道的伦理范畴。

根据这段文字,我们体会一下,董仲舒对孔子儒家文化进行了哪些改造?

生:加入了天人合一、三纲五常等内容。

师:这些改造对汉代统治有什么作用呢?

生:使百姓认为一切都是天数,每个人都应该遵从三纲五常,安于现状。

师:是啊,相信天命,安于现状,不作反抗,就有利于社会稳定,这就通过思想的统一来维护政治的统一。看来,汉武帝的思想措施,除了有解决现实问题的需要,更有长远的政治考虑。

师：看起来汉武帝非常有政治远见，明白思想统一与政治统一的关系。同样认识到这一点的，前朝也有一个皇帝，是谁？

生：秦始皇。

师：为什么这么说？

生：秦始皇试图以法家统一思想。

师：是啊。看来英雄所见略同。但问题是，有远见不一定手段得当。同样在这个问题的处理上，两人采取的方式不同，结果也不同。有没有同学能说一说？

生：秦始皇通过焚书坑儒的暴力方式来推行法家思想，自然不得人心。汉武帝通过将儒学定为官学、设立太学，以五经为官员选拔、学校教育和人才选拔的主要内容等怀柔方式来加以引导，成功的可能性就大了很多。

师：看来，同样作为最高统治者，面临具体问题，即便有相同的思想认识，如果缺乏合理的政治手段，也是会功亏一篑的。所以说，从这个角度讲，汉武帝还是要比秦始皇棋高一着。

师：当然，除了思想文化方面，同学有兴趣的话还可以通过查找资料的方式理解一下武帝在其他方面做出重大改变的原因。

目标3：从政治、经济、文化等视角理解历史人物的影响。

师：通过前面的学习，我们了解到汉武帝的措施从总体来看消除了边患、维护了统一、创造了西汉盛世。那么从长远看，汉武帝又留下了哪些影响呢？我们看看后来者是怎么评价他的，从中来感受一下汉武帝的影响。（出示材料）

材料1：孝武穷奢极欲，繁刑重敛，内侈宫室，外事四夷。信惑神怪，巡游无度。使百姓疲敝起为盗贼，其所以异于秦始皇者无几矣。然秦以之亡，汉以之兴者，孝武能尊先王之道，知所统守，受忠直之言。恶人欺蔽，好贤不倦，诛赏严明。晚而改过，顾托得人。此其所以有亡秦之失而免亡秦之祸乎！

——司马光，《资治通鉴》

材料2：张骞自西域归还，是轰动朝野的大事。他给汉人的政治、商业和文化开了一道大门；后来印度佛教的输入，就是取道西域的。

——张荫麟，《中国史纲》

材料3：如果说秦始皇以"一法度衡石丈尺，车同轨，书同文字"，即从外在的规范方面，对统一的华夏文明的形成做出巨大的贡献，那么汉武帝则以定儒学于一尊，即从内在精神方面进一步巩固了华夏文明的统一。

——马振铎等，《儒家文明》

师：材料1主要从哪个方面肯定汉武帝？

生:晚年发布轮台诏书,能知错改过。

师:知错改过的人很多,为什么作者对他给予这么高的评价?

生:因为汉武帝身为皇帝,能向世人发布诏书承认自己的错误,是非常难能可贵的。

师:很好,大家能从当事人的社会地位思考这个问题。那么,大家再看一下作者的意图。

生:司马光写《资治通鉴》的主要目的是要给当时的统治者提供借鉴,因此,他对汉武帝的这一做法大加赞赏,深层目的是要给当时的统治者以启发。

师:司马光对汉武帝知错改过的精神和做法给予肯定,反过来也说明汉武帝在这一方面给后世留下了较为深刻的影响。毛泽东也曾说过"汉武帝晚年自知奢侈、黩武、方士之弊,下了罪己诏,不失为鼎盛之世",从中可以窥见一斑。

师:材料2主要从哪方面谈其影响?

生:从中外经济、文化交流的角度。

师:材料3呢?

生:从民族精神的角度。

师:那么大家也可以回顾一下,当初汉武帝派张骞出使西域和独尊儒术的目的是什么?

生:解除匈奴威胁,以及维护政治统一。

师:历史的发展有时总是出人意料。张骞出使西域未解决匈奴问题,却意外地开通了丝绸之路,这条路成为此后中外交往的重要桥梁,一直到今天它成为我国与亚欧国家友好的历史见证和强劲动力。罢黜百家独尊儒术,以思想统一巩固了政治统一,在此后的数千年中,儒家思想成为华夏文明的重要内核,也一度成为东亚文化圈的根本魅力所在,用今天的话来讲,就是文化软实力。

师:现在,请大家再来看一下课题——《汉武帝时代》。在我们的教材中,汉武帝,是唯一在名字后面被冠以时代二字的帝王,他究竟是不是值得被这样称道? 请谈谈你们的看法。

……

从多重视角解释历史事件的联系、作用与影响

——以《隋的创制和唐的鼎盛》为例

崇明县城桥中学　高兴华

目标内容：从经济状况、政治形态、文化传统、社会生活、时代特征的视角，解释历史事件的联系、作用与影响。

一、如何把握从多重视角解释历史事件的联系、作用与影响

"解释历史事件的联系、作用与影响"是目标内容的第一层含义，也是主要含义，即是说明"做什么"。

"做什么"中的"做"，即"解释"，是指"在观察的基础上进行思考，合理地说明事物变化的原因，事物之间的联系，或者是事物发展的规律"。"做什么"中的"什么"是指"历史事件的联系、作用与影响"。其中的"联系"是指"事物内部矛盾双方或者事物之间的相互依赖、相互制约、相互渗透和相互转化的关系"。（《哲学小辞典》，上海辞书出版社 2003 年版）根据不同的标准可以对"联系"进行不同的分类，最常见的分类是整体与部分的联系与因果联系。其中的"作用"是指历史事件"对人或事物产生影响"，强调事件的直接作用和短时段影响；其中的"影响"是指"以间接或无形的方式来作用或改变人或事的行为、思想或性质"，强调事件的间接作用和长远的作用。

解释不一定就是事实，它可能正确，也可能不正确。为了对"历史事件的联系、作用与影响"做出正确的解释，就需要在充分获得证据的基础上，利用已有的知识，进行合理的思考，隐含着"论从史出，史论结合，史由证来，证史一致"的更高要求。

第二层含义是"如何做"，即"从经济状况、政治形态、文化传统、社会生活、时代特征的视角"，解释历史事件的联系、作用与影响，也就是"解释历史事件的联

系、作用与影响"的方式方法。

第三层含义是"怎样做",即在历史教学中应该采取怎样的"具体教学策略",以达成目标要求。

二、什么是多重视角

目标内容中的"视角"指看问题的角度。

由于历史事件极其复杂,所以在解释历史事件时必须从不同的角度来分析,或者说通过多重视角,才有利于揭示历史事件的本质及历史事件间的联系。

在众多的视角中,经济是人类社会的物质基础;政治是人类社会的上层建筑,是构建人类社会并维系人类社会运行的必要条件;文化传统是贯穿于民族和国家各个历史阶段的各类文化的核心精神,是人类所创造的世代相传的精神财富的总和。此三者为人类社会的关键部门,对其研究的视角为"关键部门视角"或"上层视角"。而狭义的社会生活是指除"社会的物质生产活动和社会组织的公共活动领域以外的人们的衣食住行等方面的情况",相对于"经济状况、政治形态、文化传统的视角"而言是一种"底层视角"。

文化传统是"世代相传"的精神财富,相对于"经济状况、政治形态、社会生活"而言,这是一种重视历史延续性的长时段的视角。

"从经济状况、政治形态、文化传统、社会生活"等视角解释历史事件,采用的视角是一种分析的视角或方法;而时代特征则是对"经济状况、政治形态、文化传统、社会生活"等方面的特点、表征进行概括,是一种综合的视角或方法。

就目标内容的制定意图看,是要求教师在教学中,能够采用多视角的方式来解释"历史事件的联系、作用与影响"。除目标内容明确列出的几个视角外,教师也可以针对不同的历史事件采用更多的视角,如"自然地理""个人心态"的视角等等。

三、教学中可以怎样做

1. 避免简单化,展现复杂性

教学中,学生在解释历史事件的联系、原因、作用与影响时,往往有把历史简单化的倾向。

为避免此种倾向,教师在教学中,可以利用多种视角结合的方式对历史事件进行解释。既要从上层视角解释历史事件,也要从底层视角解释历史事件;既要从短时段视角解释历史事件,也要从长时段视角解释历史事件;既要从分析视角解释历史事件,也要从综合视角解释历史事件。不仅如此,还需要厘清各种视角间的联系。例如在解释盛唐局面出现的原因时,既要从经济状况、政治形态、社会生活、文化传统等视角进行分析说明,还要就经济状况、政治形态、社会生活、文化传统等视角间的关系进行分析。

由于学生对上层视角、短时段视角、分析视角比较熟悉,因此在教学中,可侧重底层视角、长时段视角和综合视角的教学。

以长时段视角学习为例,在讲解盛唐局面出现的原因时我们就要看到民族融合、隋朝的统治对盛唐局面出现的重要作用。唐朝的强盛凭借的是300多年的胡汉融合的历史底蕴,就制度层面看,唐的制度如三省六部制、科举制,包括教材中未涉及的府兵制、均田制、租庸调制均承袭隋朝,而隋朝的制度承袭于南北朝。"隋唐的制度传承因革的来源既非纯粹的汉族传统,亦非完全的胡人旧俗,而是在民族融合基础上形成的混合品。"(陈寅恪,《隋唐制度渊源略论稿》,上海古籍出版社1982年版)"盛唐经济的繁荣也与隋朝的积蓄、大运河的开凿等有莫大的关系,如到唐朝初年,隋朝仓库中的粮食布帛还未用尽,太原在隋灭亡后的第四年还存放十万匹布帛以及可供几万军队吃十年的粮食,长安的储藏直到贞观十一年(637年)还没有用完。"(樊树志,《国史概要》,复旦大学出版社2000年版,第160页)其他诸如社会生活、民族关系等概莫能外。

2. 强调能动性,展现可能性

教学中,学生在解释历史事件的联系、原因、作用与影响时,对历史事件发生与发展的"不确定性"往往认识不够,有决定论的倾向,认为历史"只能如此""必须如此",忽视人的主观能动性和偶然性。

为避免此种倾向,教师在教学中,一方面可以通过讲述人的主观能动性来阐述历史发展的多种可能性和历史的独特性;另一方面也可以通过偶然事件的作用来展示历史发展的多种可能性和历史的独特性。

以唐玄宗对盛唐局面的开创与丧失的影响为例。唐玄宗在执政的前期,求治心切,学步"贞观之治",勤于政事,积极进取,选贤任能,虚心纳谏,励精图治,轻徭薄赋,重视农业,大兴水利;在执政的后期,他志得意满,骄惰怠政,纵情声色,宠信奸臣,宠信佳人,骄奢淫逸,助奸长恶,开边拓土,穷兵黩武,由"明"转"昏",致使内外交困,矛盾重重,并最终爆发了安史之乱,唐朝也在安史之乱后由盛转衰。当然,盛唐局面的开创与丧失,并不仅仅取决于唐玄宗一人,但是当时唐朝是一个高度集权的国家,皇帝最高权力在握,其言行举止直接影响国家政策法令的制定、一国人事之重要安排。所以,唐玄宗心态、行为前后转变对当时政治状况产生了重要的影响,是导致历史走向发生转向的重要因素。

在历史教学实践中,既要反对人在历史中"无所作为""无能为力"的倾向,也要反对"无所不能"和"为所欲为"的倾向,要"把历史人物的主观能动性和外部(制约)条件相结合"来说明问题,展示历史发展的多种可能性和历史的独特性。

3. 解释多元性,避免想当然

解释具有开放性和不确定性的特点,对一个历史事件"联系、原因、作用与影响"的解释,可以有不同观点,但所有的观点都不是凭空而来的,是在研读历史资料、遵循学科研究程序的基础上提出的,其基本要求是能够自圆其说,言之有理,言之有据,持之有故,应该避免想当然的"臆断"。

以唐朝科举制的作用为例。教材认为科举制使得"人才选拔、官员任用的权力完全收归中央后""于是,门阀势力受到有效抑制,地方上的离心因素逐渐消解,中央集权得到进一步加强"。(《高中历史》第二分册,华东师范大学出版社 2008 年版,第 53 页)

这种对历史事件的分析解释显然存在"想当然"的臆断成分。就逻辑而言,影响地方离心因素的不仅仅只是选官制度,还与其他如经济状况、政治形态、军事制度有密切的联系。就事实而言,当时唐朝的科举制尚不完善,存在着诸多的弊端,作用有限;而随着均田制逐渐解体,府兵制不能为继,募兵制盛行,节度使势力膨胀为"既有其土地,又有其人民,又有其兵甲,又有其财赋"(《新唐书》卷五〇《兵志》),地方割据势力恶性发展,对中央的离心力日渐增大,逸出中央的控制,酿成"安史之乱"。《新唐书》称"府兵法坏而方镇盛",可谓一语中的。唐末的方镇割据和五代十国的乱局也可看作是安史之乱的余绪。

二、实施案例

目标 1:从经济状况、政治形态、文化传统、社会生活、时代特征等视角解释历史事件间的联系。

师:学习盛唐的历史时,我们往往会引用杜甫的《忆昔》诗。请同学们一起来读一读。

生:(齐读一遍)

忆昔开元全盛日,小邑犹藏万家室。

稻米流脂粟米白,公私仓廪俱丰实。

九州道路无豺虎,远行不劳吉日出。

齐纨鲁缟车班班,男耕女桑不相失。

师:杜甫的《忆昔》诗有两首,这是其中的第二首,共有二十二句,上段十二句,下段十句。其实,教材只引用了这首诗的前八句,并不完整。为了学习的需要,我给大家再补充上四句:

> 宫中圣人奏云门,天下朋友皆胶漆。
>
> 百馀年间未灾变,叔孙礼乐萧何律。

师:从诗歌的题目看,这首诗类似于回忆录;从历史资料的种类看,属于文献资料,由于杜甫(712—770)经历过开元年间(713—741),所以我们也可以说它是一手资料;从文学体裁看属于文学作品中的诗歌。诗歌描绘了开元盛世的状况,其中包含了很多的历史信息,樊树志在《国史概要》中说"这并非夸张之词,而是实录"(樊树志,《国史概要》,复旦大学出版社 2000 年版,第 172 页),并使用了大量的历史文献资料和考古资料进行了证明。

大家找找看,作者是从哪些视角来描述大唐盛世的?

生:从经济状况视角,如"小邑犹藏万家室""稻米流脂粟米白,公私仓廪俱丰实""齐纨鲁缟车班班,男耕女桑不相失"。

生:从政治形态视角,如"宫中圣人奏云门,天下朋友皆胶漆"。

生:从自然地理视角,如"百馀年间未灾变"。

生:从文化传统视角,如"叔孙礼乐萧何律",这也可以看作是政治形态的视角。

生:从社会生活视角,如"九州道路无豺虎,远行不劳吉日出"。

师:除了以上视角,根据所学知识,你们还能找到哪些视角来描述盛唐?

生:对外交往视角。丝绸之路此时臻于全盛,通过丝绸之路,中国文化以亚洲诸国为中介,与世界文化进行了交流与融合。

生:还可以从国际地位、文化影响力来看。长安是当时著名的国际大都市,是东西方交通枢纽;日本、朝鲜派遣留学生来中国交流学习;中国文化辐射东亚,形成以中国本土为地理中心,以中国文化为轴心的东亚文化圈,也称汉字文化圈、儒学文化圈。

生:从文学艺术看,盛唐创造了灿烂的文学艺术,如诗歌、书法、绘画、雕塑等。

生:也可以从民族关系看……

师:历史事物是多样的,因而历史事物的联系也是多样的。在事物的联系中,比较常见的是整体与部分的联系和因果联系。

刚才同学们已经能够把"唐的鼎盛"这一整体表述的史实,分解为具有内在联系的多个部分或多个方面。这种方法,在历史学习中称之为分析的方法。

师:这种方法一方面要求我们在历史学习中分析问题时能够将某种历史现象、历史事件等进行分解,找出组成的要素,另外一方面也要求我们进一步了解各部分之间的关系及构造方式和组成法则,在把握其内在联系的基础上做出正确的判断。

下面我们尝试着分析唐朝盛世时的经济状况、政治形态、文化传统、社会生活等历史要素间的相互关系。

生:经济状况、政治形态、文化传统、社会生活等历史要素间是相互影响、相互作用的。

师:能不能说得更具体一些?

生:唐朝军事强大,西部疆域拓展超过汉朝,设有安西都护府和北庭都护府,并驻军防守,使得丝绸之路更加安全,促进了中外文化交流。

生:唐朝制度先进,经济繁荣,国力强大,朝鲜、日本派遣留学生来唐学习,提高了唐的国际地位。

生:开元年间政治清明,促进了经济、文化等的发展……

师:在具体的历史学习过程中,我们既可以使用分析的历史方法,也可以使用综合的历史方法,即:先分析唐朝开元时期的政治、经济、文化、社会、对外交往、国际地位等历史要素,最后再概括这一时期的时代特征。

目标2:从经济状况、政治形态、文化传统、社会生活、时代特征等视角解释历史事件的原因。

师:关于盛唐的研究,是中国古代史研究的大热门,北京大学专门成立了"盛唐工程",其中"盛唐为什么兴盛"是"盛唐工程"要解决的最重要的问题之一。根据所学知识,大家一起讨论一下,对"盛唐为什么兴盛"这一问题给出你们的解释。

生:(讨论)

生:农业、手工业、商业发达,为盛唐奠定了物质基础。

生:三省六部制提高了行政效率,科举制使门阀势力受到抑制,中央集权加强。

生:通过丝绸之路吸纳了外来文化,与世界文化进行了交流与融合。

生:唐玄宗比较贤明,有一大批像姚崇、宋璟那样的贤臣辅佐,盛唐是明君与贤臣共同努力的结果。

生:太宗奠定盛唐的基础,武则天使唐朝继续发展,唐玄宗利用了很好的"天时"的机会。

生:我认为隋朝的政治经济文化等的发展也对盛唐局面的出现做出了贡献。隋朝经济发达,留下了大量的物质财富;隋朝最先开创了三省六部制和科举制;隋朝的大运河开凿虽然使自己国祚不长,但为盛唐经济、文化等的发展创造了有利条件。

生:没有大的长时间的自然灾害。

生:那是不是南北朝时期的民族融合也起到了一定的作用? 它毕竟是为全国

的大统一奠定了坚实的基础,为中华文化的传承和延续注入了活力。

……

师:不错。这些都是盛唐出现的历史原因。为了叙述的方便和有条理性,我们可以尝试着把以上大家所讲的原因按照不同的标准进行归类:如历史的近因和远因,直接原因和间接原因,政治原因、经济原因、文化原因,内因与外因,天时、地利与人和的原因等。

我们已经找出了那么多的原因,那我们是不是已经穷尽了盛唐出现的所有原因?

生:不可能穷尽吧?

师:对,许多哲学家认为事件的真正原因就是以前世界的整个历史。这种说法正确,但对于历史学解决因果关系用处不大。实际上,历史学家在解决因果性问题上也没有找到太好的方法。因为历史事物的因果问题是一个十分复杂的问题,在解释因果问题时,我们一般都是采用多重原因结合而成的一组充分原因来解释历史事物,也就是合力论。

师:合力论最早由恩格斯提出。历史合力论认为,各种因素相互作用的历史合力是社会发展的终极原因,在历史合力的诸因素中经济因素归根结底起决定作用,而在具体历史时期具体起主导作用的因素是可变的。

合力论是解释因果关系的方法之一,但也只是一种解释而已。解释不一定就是事实,它可能正确,也可能不正确,为了做出正确的解释,需要在充分获得证据的基础上,利用已有的知识,进行合理的思考。

目标3:从经济状况、政治形态、社会生活、时代特征等视角解释历史事件的作用与影响。

师:与历史事物原因紧密相连的问题是历史事物的作用、影响,也就是历史事物的结果。在历史的长河中,一历史事物被其他历史事物所引起,此历史事物为历史的结果;但此历史事物又引发其他的历史事物的产生,此历史事物为历史原因。在因果关系的链条中,任何一个历史事物都是"一身而两任焉"。

例如:盛唐局面的出现是多个历史合力相互作用的结果,它的出现又产生了多个影响。

下面我们利用一段资料来分析盛唐的历史影响。

辉煌! 合成了盛世。

大辉煌! 合成了大盛世,黄金般的大盛世。

然事情正像西谚所说的那样,一枚硬币总有两面。成熟未必全是好事,在正极成熟之际,各种负极因素,在汲取了恶的历史经验后,继之也成熟了。军阀成熟了,孳生了野草般的藩镇割据;阉人成熟了,滋长了毒瘤般的宦官专权;士人成熟了,掀起了逐浪般的朋党之争;皇帝成熟了,上演了戏剧般的昏君故事;官僚成熟了,腌养了酱缸般的贪官群体。

——赵剑敏,《细说隋唐》

师:这段资料中认为盛世的影响是什么?

生:藩镇割据、宦官专权、朋党之争、昏君故事、贪官群体。

师:这儿的昏君故事主要是盛世局面使得唐玄宗冲昏了头脑,从英明果断转向昏庸荒怠。大家可以参看《历史》教材第二分册第58页的资料。

师:这段资料主要是从哪个角度看盛世的影响的?

生:从负面影响。

师:对。除了这个角度外,还可以从哪些角度看盛世的影响?

生:我们也可以从正面看盛世的影响,还可以从政治、经济、文化的角度看其影响。

生:从对内和对外的角度看影响,从直接和间接的角度看影响,从短期和长期的角度看影响……

师:一个历史事物的影响或者历史结果往往也是多个,我们称之为一因多果的现象。

历史教材中的因果关系叙述模式基本是多因一果和一因多果模式,希望大家在学习的过程中好好思考揣摩。

由表及里、由此及彼地解释优秀文明
成果的主要特点与贡献、作用与影响

——以《两宋的繁荣与元的统一》为例

上海市第三女子中学　俞文晶

目标内容：从基本特征、主要贡献、创新意义的视角，由表及里、由此及彼地解释优秀文明成果的主要特点与贡献、作用与影响。

一、目标内容呈现更加深入的特点

前一篇目标内容是"从经济状况、政治形态、文化传统、社会生活、时代特征的视角，解释历史事件的联系、作用与影响"。本篇则是从"基本特征、主要贡献、创新意义的视角""由表及里、由此及彼地解释优秀文明成果的主要特点与贡献、作用与影响"。很显然，与前一篇相比，本篇的视角不同，要从"基本特征、主要贡献、创新意义"视角来看待优秀文明成果；解释方法要求不同，要"由表及里、由此及彼地解释"，呈现出目标内容更加深入的特点。这里要明确：一是优秀文明成果的基本特点及主要贡献、创新；二是产生了什么影响，即"解释优秀文明成果的作用与影响"；三是如何认识，即"由表及里、由此及彼地分析优秀文明成果在什么情况下会产生及不断地创新"。

二、依据史实把握优秀文明成果基本特征、主要贡献和创新意义

优秀文明成果多是指人类在生存过程中，形成的有利于人类健康和有效发展的各种成果，这些成果有创造和发展、传承和创新的特点，对于人类文明的发展起到了积极推进作用。

具体到宋代，就有很多优秀文明成果。著名史学家陈寅恪说过："华夏民族之文化，历数千载之演进，造极于赵宋之世。"英国剑桥大学教授李约瑟在《中国科学技术史》里面称"宋代确实是中国本土上科学最为繁荣昌盛的时期"，是中国"自然

科学的黄金时代"。这一时期中国的"文化和科学都达到了前所未有的高峰","每当人们在中国的文献中查考任何一种具体的科技史料时,往往会发现它的焦点就在宋代"。据不完全统计,宋代在世界上处于领先的科学技术达百项以上,内容涉及活字印刷、火药、指南针、天文学、数学、医药、生物学、建筑技术等领域,这些科学技术广泛应用于文化传播、军事战争、农业和手工业等生产和生活领域。

宋代优秀文明成果的基本特征也有很多,可以归纳为多元并存的兼容精神、开创批判的创新精神、积极实用的经世精神等。其中积极实用的经世精神无疑是最突出的特征,如从火药到火器的历程,火炮、"震天雷"的普遍使用等都很能说明问题。

综合各方面的内容可知,宋代优秀文明成果在科学技术方面,积极实用的经世精神是成果的基本特征。宋代优秀文明成果对人类文明发展做出了重要贡献,很多贡献影响长久,这些是教师必须把握的内容。

创新意义和基本特征、主要贡献是紧密关联的。宋代在世界上处于领先的科学技术达百项以上,领先之中必然含有创新。创新意味着开放和领先,这一概念不仅现代有,而且早在古代就已经被历史证明。教师在教学中不能简单地列举宋代优秀文明成果,用来激发学生自豪感,更要透过宋代优秀文明成果的事实,分析成果的创新意义,清楚地告诉学生,创新必须开放交流,创新是人类文明发展的不竭动力。

> 中华文明的历史经验表明,越是开放越是强大,越是强大越是开放。盛唐时期是中国历史上对外交流的活跃期。习近平总书记动情地描述:"唐代中国通使交好的国家多达70多个,那时候的首都长安里来自各国的使臣、商人、留学生云集成群。这个大交流促进了中华文化远播世界,也促进了各国文化和物产传入中国。"中华文明也有闭关锁国的深刻教训。在近代西方通过工业革命蓬勃向前的时候,中国封建统治者根本不了解外部世界的巨变和进步,固步自封,夜郎自大,拒绝学习先进知识,封闭导致落后,留下了近代中国不尽的屈辱。中国历史一再表明,能否不断了解世界,能否不断学习世界上一切先进的东西,能否不断跟上世界发展的潮流,是关系一个国家、一个民族兴衰成败的大问题。(陶文昭,《学习习近平关于吸收借鉴人类优秀文明成果讲话中的哲学思想》,《北京日报》2014年6月16日)

三、由表及里、由此及彼地解释优秀文明成果的主要特点与贡献、作用与影响

表是表面,里是本质,由表及里就是从表面现象看到本质。此是这个,彼是

那个,由此及彼就是由这一现象联系到另一现象。毛泽东曾经指出:"指挥员使用一切可能和必要的侦察手段,将侦察得来的敌方情况的各种材料加以去粗取精、去伪存真、由此及彼、由表及里的思索。然后将自己方面的情况加上去,研究双方的对比和相互的关系,因而构成判断,定下决心,做出计划——这是军事家在做出每一个战略、战役和战斗的计划之前的一个整个的认识情况的过程。"(毛泽东,《中国革命战争的战略问题》,《毛泽东选集》(一卷本),人民出版社1964年版)

宋代优秀文明成果是文化的传承与发展的结果。一方面宋是对隋唐以来文化成就的继承,另一方面是宋代经济、政治、文化、对外交流等各方面的整合作用的结果和需要。

例如:唐代雕版印刷术早已成熟,而直到宋代活字印刷术才得以产生与发展,这与科举考试的发展有着密切的关系。唐代每年各科考试录取的人数不超过50人。宋朝时录取名额大幅度扩大,一般总有二三百人,多则达到五六百人。如宋太宗太平兴国二年(公元977年)取进士190人,诸科207人,十五举以上"特奏名"184人,共500多人。如此庞大的读书人集团对书的需求增加,无疑对印刷术的发展提出了强烈需求。

宋代虽然没有完成大一统,但其强化中央集权有利于政局的相对稳定,宽松的经济政策有利于对外贸易发达,商品经济活跃、经济中心南移完成有利于物质的繁荣,重文轻武和科举制度的完善有利于文化的活跃和理学的形成、发展与完备,使这个时代呈现出新的社会风气。"商业革命的根源在于经济生产效率的显著提高,技术的稳步提高了传统的工业产量。"(斯塔夫里阿诺斯著,《全球通史》,吴象婴等译,北京大学出版社2005年版)就是在这样的技术突破中,宋代的商品经济发展迅速,并使得宋成为当时世界上最富庶的国家,科技的发展也为文化的传播提供了更加有效的载体,掀起了中国文明的浪潮。

英国培根指出,"印刷术、火药、指南针这三种发明已经在世界范围内把事物的全部面貌和情况都改变了:第一种是在学术方面,第二种是在战事方面,第三种是在航行方面;并由此又引起难以计数的变化来:竟至任何教派、任何帝国、任何星辰对人类事务的影响都无过于这些机械性的发现了。"(弗兰西斯·培根,《新工具》,北京出版社2008年版)马克思评论:"火药、指南针、印刷术——这是预告资产阶级社会到来的三大发明。火药把骑士阶层炸得粉碎,指南针打开了世界市场并建立了殖民地,而印刷术则变成了新教的工具,总的来说变成了科学复兴的手段,变成对精神发展创造必要前提的最强大的杠杆。"

宋代优秀文明成果中的火药虽是中国的发明,但是被真正拿来大量应用却是在西方的枪炮上。这与现代东西方不同的发展状况有着密切关系。14世纪中国进入明清大一统时代,封建专制体制不断强化。而此时随着西方封建制度的逐步瓦解,资本主义制度的逐步形成,欧洲的近代自然科学才得以诞生。中国的三大发明在欧洲,为资产阶级走上政治舞台提供了物质基础。

> 印刷术的出现改变了只有僧侣才能读书和受高等教育的状况,便利了文化的传播;火药和火器的采用摧毁了封建城堡,帮助了资产阶级去战胜封建贵族;指南针传到欧洲航海家的手里,使他们有可能发现美洲和实现环球航行,为资产阶级奠定了世界贸易和工场手工业发展的基础。

可见,优秀文明成果在人类科学文化史上留下了灿烂的一页,推动了人类历史的前进。但是,由于社会制度的不同,中国却落后了,最终遭到了列强的侵略。

综上,教师从传承与发展、中央集权与政局的角度,"由表及里、由此及彼"地解释宋代优秀文明成果作用与影响,特别是没有仅从优秀、灿烂的视角来看待优秀文明成果的主要作用与影响,含有历史唯物主义的观点。

四、实施案例

目标1:从产生及发展过程来说明火药的基本特征、主要贡献及创新意义。

师:展示万户飞天图,讲述万户飞天的故事。

> 材料1:约14世纪之末,有一位中国的官吏叫万户,他在一把座椅的背后,装上47枚当时能买到的最大火箭。他把自己捆绑在椅子的前边,两只手各拿一个大风筝。然后叫他的仆人同时点燃47枚大火箭,其目的是想借火箭向前推进的力量,加上风筝上升的力量飞向前方。
>
> ——赫伯特·S·基姆,《火箭和喷气发动机》

师:万户是世界上第一个利用火箭向太空搏击的英雄。他的努力虽然失败了,但他借助火箭推力升空的创想却是世界上的第一次,因此他被世界公认为"真正的航天始祖"。为了纪念这位世界航天始祖,世界科学家将月球上的一座环形火山命名为"万户山"。

师:万户利用火药来实施飞天梦想,那么火药是什么时候产生的?

生:唐末。

师:这个回答不够确切。唐末火药开始应用于军事,与兵器结合。宋代出版的《武经备要》上列了三份非常接近火药的配方。宋元时期,火药在军事上的应用得到进一步发展。这一时期官府设立了专门的作坊,由军械匠人制造各种火器,如南宋的突火枪、宋元年间的火铳,已具备管状武器的基本特征。(展示突火枪、火铳等

火器图片)

从老师的描述,结合我们学过的内容,同学们如何看待从火药到火器的发展历程呢?

生:火药的基本成分是偶然发现,火药的不断加工及提炼与人关系密切,特别是最终与兵器的结合产生火器,适应了唐末藩镇割据、宋元时期民族政权并立,频繁的战争的实际需要。大杀伤力的武器火器由此产生,战争也进入了冷、热兵器并用的时代。

师:的确,从火药到火器体现人的创造力,也给未来带来发展与灾难并存的历史进程。

目标2:由表及里、由此及彼地解释火药的作用与影响。

师:火药与火器不但在中国的战场上发挥了巨大的威力,接着火药与火器开始走向了世界,究竟是谁把火药与火器带向了世界呢?

生:13世纪火药与火器随着蒙古的西征传入阿拉伯地区,又由阿拉伯人传到欧洲。

师:火药与火器传入欧洲是在13世纪,大家还记得那时欧洲正在发生什么变化?

生:欧洲城市自治活动活跃,城市市民与国王合作推动等级会议和等级君主制度的产生且发展,司法、军事、行政等权力开始向中央集中。

师:那么火药和火器到欧洲又产生了怎样的神奇影响呢? 请大家看一段资料。

> 材料2:以前一直攻不破的贵族城堡的石墙抵不住市民的大炮,市民的子弹射穿了骑士的盔甲。贵族的统治跟身穿铠甲的贵族骑兵同归于尽了。随着资本主义的发展,新的精锐的火炮在欧洲的工厂中制造出来,装备着威力强大的舰队,扬帆出航,去征服新的殖民地……
>
> ——恩格斯,《反杜林论》

生:我国火药经阿拉伯人传到了欧洲的时候,欧洲处在封建时代,封建贵族(骑士阶层)拥有自己的领地,他们穿着沉重的甲胄作战,建筑城堡来保卫自己的封建领地,欧洲处于分裂割据的局面。这种局面阻碍了各地的经济联系,不利于商品经济的发展。而在火药及火器面前,甲胄和城堡都失去了其原有的作用。封建堡垒被攻破,封建割据势力最终惨败给新兴的资产阶级。

生:对世界也有影响:结束了冷兵器时代;使欧洲骑士阶层日益衰落,封建制度走向瓦解;火器成为欧洲资产阶级开拓殖民地的有力武器。

目标3:优秀文明成果得到进一步创新与国家的具体环境有着密切的关系。

> 材料3:鲁迅说:"外国用火药制造子弹御敌,中国却用它做爆竹敬神;外

国用罗盘针航海,中国却用它看风水;外国用鸦片医病,中国却用来当饭吃。"

——鲁迅,《电的利弊》

师:鲁迅揭露了当时中国社会的什么问题? 指南针在近代西欧和中国的不同用途说明了什么?

学:旧中国愚昧落后,中国古代科学技术未能充分发挥其推动社会进步的作用。

师:科学技术能否产生巨大的经济效益和社会效益取决于社会环境,社会环境包括社会制度、社会条件、生产力发展水平和社会对科学的认识。落后的社会制度不可能带动社会进步,这一点我们在以后的近代工业革命的学习中将会进一步体会到。

挖掘历史信息　彰显史料价值

——以《中国古代诗词、楹联》为例

复旦大学附属中学　李　峻

目标内容:懂得诗词、楹联等的史料价值,汲取其中蕴含的历史信息。

中国古代文学艺术作品丰富多彩,硕果累累。仅从文学作品来看,从《诗经》、楚辞、汉赋,到唐诗、宋词、元曲和明清小说,作品的形式多样,题材广泛。从文学史的角度来看,这些文学作品是中国古人借助文字、声音等表现形式来抒发个人的思想、情绪和情感。从历史学的角度来看,这些文学作品是古人为后人留下的丰富史料,作品中蕴含了宝贵的历史信息,这些历史信息既可折射作者所处时代的社会风貌,又能结合其他史料印证历史史实。在众多的文学作品中,诗词和楹联是中国古代民间流传甚广、数量众多的文学作品,我们可以透过这些文学作品挖掘出历史过往的信息,彰显文学作品本身具备的史料价值。

一、诗词和楹联的概念界定及史料价值

诗词,是中国诗歌的一种表现形式,是以古体诗、近体诗和格律词为代表的文学作品。《诗经》是中国最早的诗歌总集。中国古诗最繁荣的时期是唐朝。词起源于隋唐,发展和辉煌于宋朝。可以说,"诗言志""词抒情",唐诗宋词在中国文学发展史上具有里程碑的意义。

楹联,俗称"对联"。"所谓楹,即厅堂前的木柱。顾名思义,楹联就是张挂或雕刻在楹柱上的一组对仗句。"(谷向阳,《中国楹联学概论》,昆仑出版社 2007 年版,第 9 页)。它是中国古典文学继诗、词、曲后兴盛的一种样式。楹联注重"对称美"和"抑扬律"。楹联的创作在清朝达到顶峰,至今在民间仍有春联、寿联、婚联、挽联等各种形式流传。

诗词和楹联是文学作品,属于用文字表现作者所思、所想、所看、所为的文字史料。因此,从诗词和楹联中发现蕴含"历史"要素的关键词,从中发现与历史事件、历史人物有关的时间、地点、人物、核心观念等信息,并从引注、转注中的作品题目、作者、作品发表时间等内容中提取历史信息,这是培养学生提取整理历史信息的重要史学方法。在此基础上,通过提取的历史信息和其他史料进行相互印证,进一步培养学生获取史实的逻辑思维,通过证据和解释、想象和求证的思维、表达过程,让学生知道作为文学作品的诗词和楹联,它们属于文字史料,通过史学方法的逻辑推理、相互印证,它们可以间接印证历史、反映时代特征和社会风貌,具有较高的史料价值。

1. 反映时代特征和社会风貌

以唐诗为例,唐诗能表现大唐的繁荣与恢宏、盛极而衰落,能反映从帝王将相到平民百姓的物质生活与精神世界。

如杜甫的诗句"忆昔开元全盛日,小邑犹藏万家室。稻米流脂粟米白,公私仓廪俱丰实""朱门酒肉臭,路有冻死骨""问之不肯道姓名,但道困苦乞为奴。已经百日窜荆棘,身上无有完肌肤";唐宣宗的诗句"童子解吟长恨曲,胡儿能唱琵琶篇";岑参的诗句"四边伐鼓雪海涌,三军大呼阴山动";孟郊的诗句"昔日龌龊不足夸,今朝放荡思无涯。春风得意马蹄疾,一日看尽长安花"等,可以从中发现唐朝经济、政治、文化、军事甚至自然地理、个人心理等各个方面的历史信息。

2. 间接印证历史和走近历史真相

以唐诗为例,运用史学方法剖析唐诗,让后人发现唐诗,走近唐朝。

一是以诗证史。

唐朝诗人白居易写过很多"晒薪"诗句:"俸钱万六千,月给亦有余""月惭谏纸二百张,岁愧俸钱三十万""俸钱七八万,给受无虚月""月俸百千官二品,朝廷雇我作闲人"和"寿及七十五,俸沾五十千"等,这些"晒薪"诗句是白居易个人生活现状的自然流露,属于无意史料。这些无意史料印证了《日知录》(卷12,《俸禄》)和《通典》(卷16,《选举六》)中关于唐朝高薪养廉的思想,也印证了唐朝官员高俸禄的史实,正如唐人沈既济所说:"禄利之资太厚,得仕者如升天,不仕者若沉泉,欢愉忧苦,若天地之相远也。"这些唐诗作为无意史料能印证历史史实。

二是以诗补史。

唐朝元和以后绘画作品中出现仕女妆容有"八字眉"的特点,但唐朝书籍中没有记载,而白居易的《时世妆》:"时世妆,时世妆,出自城中传四方。时世流行无远近,腮不施朱面无粉。乌膏注唇唇似泥,双眉画作八字低",以及秦韬玉《贫女》:"谁爱风流高格调,共怜时世俭梳妆"中描写了这种妆容。这些诗句丰富了图像史料背后的信息,并以诗补史,体现唐诗的互证价值。

三是以诗疑史。

五代《旧唐书·回纥传》记载,回纥凭借帮助李家王朝平定安史之乱有功,"以马一匹易绢四十匹"。对这种"绢马互市"交易,传统史家认为马价过高,成了唐朝沉重的负担。而这些马并非都是好马,每年死伤十之有六七,所以史料里说,"我得马无用,朝廷甚苦之"。但在白居易的《阴山道》描写道:"缲丝不足女工苦,疏织短截充匹数。藕丝蛛网三丈馀,回鹘诉称无用处。"诗人揭发唐朝给回纥的丝织品的质量也不怎么样,双方都有欺诈行为。当然如果仅仅从白居易的这首诗来判定唐朝官方之诈,这是孤证不立,必须从其他史料中进一步质疑传统史书"只言回纥之贪,不及唐家之诈"。

由此可见,诗词和楹联作为文学作品,可能带有作者的主观情感和观点,甚至有夸张、虚构之处,它们不能直接印证历史,但可以结合其他史料来间接印证史实。

三、汲取、印证诗词和楹联历史信息的方法和路径

1. 汲取诗词和楹联历史信息的方法

一是挖掘表层信息。表层信息是指从诗词和楹联的文字中可以直接发现的历史信息。这些信息是显性的,不需要借助其他线索即能直接得到。

康有为曾写过一副楹联:"德成言乃立;义在利斯长。"这副楹联从字面来看,康有为认为立德是立言的前提,正义是拥有利益的前提。它反映了康有为对德义双修的认识,是个人思想的外在体现。又如章太炎1904年为慈禧太后七十大寿作讽刺联:"今日到南苑,明日到北海,何日再到古长安?叹黎民膏血全枯,只为一人歌庆有;五十割琉球,六十割台湾,七十又割东三省,痛赤县邦圻益蹙,每逢万寿祝疆无。"从中可以获得慈禧太后掌权后期中国部分领土先后沦丧的历史信息。

二是挖掘深层信息。深层信息是指通过表层信息提供的线索,结合其他知识,如文学、地理、社会、心理等方面知识而获得的历史信息。一个优秀的文学作品既能表达对象的表面特征,也能由表及里揭示对象的本质内涵。

左宗棠在新疆曾写下一副楹联:"提挈自西东,帕首靴刀,十年戎马书生老;指挥定中外,塞霜边刀,万里寒鸦相国祠。"这首楹联表层信息是左宗棠从书生到相国的身份变化,并对十年戎马生涯取得成果的感叹。结合历史史实,可以挖掘的深层信息是左宗棠督办新疆军务,打败叛乱分子,收复新疆,反映

清朝巩固边疆取得成果。

通过表层信息提供的线索去挖掘深层信息的过程中,要查证诗词和楹联的有效性,包括是否真的是作者的作品,作者描写的对象是否真实存在过、发生过,在查证作品可靠的情况下,再检验逻辑思维的合理性,反思认识与解决问题过程的正确性。

以唐诗为例,有人从"朱门酒肉臭,路有冻死骨"的表层信息推断出当时唐朝贫富差距分化严重。要得出这个结论,首先,符合小前提"朱门酒肉臭,路有冻死骨"的现象必须是真实存在的,从很多史料中已经证实安史之乱之前这个情况是真实存在的。其次,必须符合一个大前提,即一端奢靡一端饿死是贫富分化严重的表现。只有这个大前提存在,结合小前提,才能推出结论。通过大前提、小前提和结论的三段论逻辑推理,可见,简化思维过程可以增加思维的敏捷性,但还原思维过程可以使思维更严谨,甚至发现问题。

2. 印证诗词和楹联历史信息的路径

一是与作者自己作品的互证。

如林则徐是一个具有高度责任感和使命感的官员。他在虎门销烟时作楹联"海纳百川,有容乃大;壁立千仞,无欲则刚",这和他另一作品《赴戍登程口占示家人》中"苟利国家生死以,岂因祸福避趋之"的表达相吻合,展现了林则徐表里如一、宽容大度与刚正无私的精神。

二是与其他文学艺术作品互证。

如诗与画的互证:白居易的《时世妆》、秦韬玉的《贫女》等诗和描绘仕女"八字眉"妆容的绘画互证。诗与诗的互证:清朝沈汝瑾作诗《倭寇陷台湾》,他写道"孤军血战少同袍,援绝囊空橐载逃。十万黑云都不见,髑髅台筑海天高",表现了清朝军队在收复台湾过程中历经艰险。1683年康熙写了"万里扶桑早挂弓,水犀军指岛门空。来庭岂为修文德,柔远初非黩武功。牙帐受降秋色外,羽林奏捷月明中。海隅久念苍生困,耕凿从今九壤同"。两首诗描写的都是清朝初期政府为收复台湾而做的努力,反映了过程的艰难。

三是与文献史料互证。

1895年有人题联京师城门:"万寿无疆,普天同庆;三军败绩,割地求和。""割地求和"直指甲午海战后中国签订《马关条约》,反映了真实的史实。楹联"鬼计本多端,使小朝廷设同文之馆;军机无远略,诱佳弟子拜异类为师",表达了作者对清末中国传统文化受到冲击的不满之情。"鬼计"嘲讽绰号为"鬼子六"的奕䜣,他指使总理衙门奏设同文馆,请外国人当教师。这首楹联能间接印证同文馆在开创之初,受到传统封建守旧文化的抵制,因此,能够间接印证史书上记载的内容:同文馆招生之初,为吸引学生,拟定了一些优待条件,如免学费、有津贴,成绩好的送出洋,回来有官做等。

二、实施案例

目标1:汲取诗词、楹联的历史表层信息,懂得诗词、楹联的史料价值。

师:《四库全书》保存了许多珍贵的文献,其中,历代作家的散文、骈文、诗、词、曲等集子和文学评论著作都归集部。集部中的文学作品是我们了解历史的重要史料。不信,我们来看看下面清朝的诗和楹联中能够提供给我们什么历史信息。

"荒荒葵井多新鬼,寂寂瓜田识故侯。"

——陈子龙,《秋日杂感》节选

"兵船积甲如山陵,千夫万卒喧催微。悉索村巷闭空舍,栲腹负舟那即能。"

——龚鼎孳,《挽船行》

"荒村叶落寡妇泣,山田瘦尽无耕农。男女逃窜迫兵火,十年不见旌旗空。"

——龚鼎孳,《岁暮行》

"顺泰康宁,雍然乾德嘉千古;治平熙世,正是隆恩庆万年。"

——清嘉庆帝五十大寿新科状元李绍仿所写寿联

"依样胡芦画不难,胡芦变化有千端。画成依样旧胡芦,要把胡芦仔细看。"

——清朝军机大臣写自己的工作

师:我先做个示范。从诗"荒荒葵井多新鬼,寂寂瓜田识故侯"的诗句中,我似乎看到了清初清军攻入江南,铁蹄所至人死凄凉,明朝王公贵族也逃至江南,这是反映清初社会状况方面的历史信息。

生:我从清初龚鼎孳的《挽船行》中"兵船积甲如山陵,千夫万卒喧催微"以及《岁暮行》中"男女逃窜迫兵火,十年不见旌旗空",看到清初在巩固政权的过程中进行了较大规模的军事行动,清政府抓丁催饷、连年征战。这是反映清初军事方面的历史信息。

生:从清朝军机大臣描写军机处工作的诗句:"依样胡芦画不难,胡芦变化有千端。画成依样旧胡芦,要把胡芦仔细看",发现军机大臣完全听命于皇帝,承旨办事。这是反映清朝政治制度方面的历史信息。

师:很好,有社会状况、军事、政治方面的历史信息,还有吗? 楹联"顺泰康宁,雍然乾德嘉千古;治平熙世,正是隆恩庆万年"里有奥妙,上下联一、三、五、七、九位置上的字合在一起是什么？

生：是清朝初期到中期皇帝年号。顺治、康熙、雍正、乾隆、嘉庆，这是皇帝年号变化和皇帝掌权的先后时序的历史信息。这属于政治文化方面的历史信息。

师：很好，通过上面的诗和楹联，我们可以发现清初在政治制度、政治文化、军事、社会状况等方面的历史信息。其实，如果有更多诗词、楹联供我们参考的话，我们还可以看到经济、自然地理、个人心理等方方面面的历史信息，从清朝的诗和楹联里，我们可以发现表现当时的社会生活风貌的历史信息，"它们是文学，同时也是史料"。当它以无意史料的面貌来呈现历史史实时，它的史料价值要高于主观性渗入的史部史料，也高于有意撰写的除史部史料之外的文献史料。这些我们一眼能看出的表层信息能够为我们提供线索，结合其他史料来印证，去发现诗词、楹联背后的深层信息。

目标2：汲取诗词、楹联的历史深层信息，获取史实的思维逻辑。

师：下面，我们来试试，还是从这些文学作品中，可以发现表层信息下的深层信息吗？

生：我从"荒荒葵井多新鬼，寂寂瓜田识故侯"诗句中，发现清初清军南下过程中对江南人民大开杀戒，女真族人很残酷。

师：从"荒荒葵井多新鬼，寂寂瓜田识故侯"诗句得出结论"女真族人很残酷"，这是不妥的。首先，我们要考证作者写的"荒荒葵井多新鬼，寂寂瓜田识故侯"是否真实发生过。因为诗词、楹联作为文学作品，可能某种程度上带有作者的主观情感，甚至夸张描述。如果没有这个事情，所有的推论都是没有意义的。但就"荒荒葵井多新鬼，寂寂瓜田识故侯"而言，从很多史料中已经确证清初南征过程中，铁蹄所至，尸横遍野，如"扬州十日""嘉定三屠"等。但即便"荒荒葵井多新鬼，寂寂瓜田识故侯"是真的，那是否就能推论出女真族人很残酷呢？也不能，因为必须符合一个大前提，即在战争中杀人如麻的民族是残酷的。只有这个大前提存在，结合小前提，才能推出结论。所以，在表层信息基础上挖掘深层信息的过程，我们的思维过程看上去好像是"因为……所以……"的关系，但其实是大前提、小前提和结论的三段论。反思大前提很重要，缺乏大前提的简单思维会犯错误。

第三篇　现代世界体系的形成与演变

15—16 世纪西欧社会的演变：随着生产力提高，西欧社会开始了资本原始积累，手工工场是最初的资本主义生产形式之一；英、法等民族国家的形成与君主专制有利于早期资本主义发展；新航路开辟推动世界逐渐向整体演进；文艺复兴和宗教改革猛烈冲击了中世纪封建统治的精神支柱。

早期资产阶级革命：通过国内战争、"光荣革命"，英国建立了君主立宪制；法国思想家批判君主专制、宣扬自由平等、提出"天赋人权"，将启蒙运动推向高潮；独立后的美国将"三权分立"付诸实践；法国大革命给整个欧洲封建统治以沉重打击，使自由、民主与平等思想广泛传播。

工业社会的来临：工业革命首先在英国发生，蒸汽动力大大推进了机器生产，人类步入工业文明时代；工业革命引起了社会深刻变化，促进了世界市场扩大和资本主义世界体系的基本形成。

社会主义运动和马克思主义：工业革命在创造了巨大财富的同时，也加剧了资本与劳动的对立，空想社会主义者希望以道德觉悟建成理想社会；马克思、恩格斯把历史唯物主义与辩证唯物主义和工人运动相结合，创立了科学社会主义。

资本主义世界体系的形成：美、德、俄、日通过不同的方式崛起；第二次工业革命推动了资本主义从自由竞争向垄断过渡；新老列强主导的世界体系最终形成。

第一次世界大战：殖民地争夺、商业利益冲突和民族国家间的竞争导致列强矛盾不断升级，形成两大军事集团，爆发了第一次世界大战；"凡尔赛—华盛顿体系"是战胜国利益和实力支撑下的暂时平衡。

十月革命的伟大胜利：十月革命建立了第一个社会主义国家；斯大林时期，苏联社会主义建设取得了巨大成就，形成了高度集权的国家理念和体制。

殖民地半殖民地民族解放运动：第一次世界大战后，民族解放运动再次高涨。甘地指引印度开展了"非暴力不合作运动"；凯末尔领导土耳其走上武装斗争的道路；面对殖民地人民反抗，大英帝国嬗变为英联邦，世界殖民体系开始动摇。

"大萧条"中的资本主义世界：1929 年，世界经济危机在繁荣中爆发；美国尝试发挥国家在经济与社会中的调控作用，重振市场经济；意大利、德国、日本先后建立了独裁专制的法西斯体制，企图通过对外扩张走出危机。

第二次世界大战：第二次世界大战爆发前夕，面对法西斯的军事扩张与结盟，主要大国推行绥靖、避战政策，不仅未建立集体安全机制，而且不惜出卖和牺牲小国；第二次世界大战初期，法西斯国家取得一系列军事优势；苏德战争、太平洋战争爆发后，世界反法西斯联盟建立，终于扭转战局，取得胜利。

解释历史人物的作用与影响

——以《15—16世纪西欧社会的演变》为例

嘉定区第一中学　李　林

目标内容：从政治、经济、文化、社会地位、思想认识等视角和具体处境，解释历史人物作用与影响。

一、历史人物是构成历史的重要要素

历史人物是指那些在历史发展中起过重要影响，在历史长河中留下足迹的人，是构成历史的重要要素。在厘清这个概念时要注意两点，一是"历史人物"不是"默默无闻"的"小人物"，虽然人类社会的历史本质上是人民群众创造的历史，其中主要是"小人物"的集体合力，但"历史人物"特指对历史产生过重大影响的"大人物"；二是"历史人物"不是"正面人物"的专属品，"历史人物"是指对历史发展起过重大影响的人，这种"重大影响"既可能是"正面影响"，也可能是"负面影响"。

如本单元中的迪亚士、达·伽马、哥伦布、麦哲伦这些航海家都符合历史人物的范畴，都是对历史产生过重大影响的历史人物。葡萄牙航海探险家迪亚士于1488年春天最早探险至非洲最南端好望角的莫塞尔湾。另一个葡萄牙航海探险家达·伽马则循着迪亚士的方向继续前行，开辟了通往印度的新航线。意大利航海探险家哥伦布"发现"了美洲，从而让大西洋由"一道栅栏"变成"一座桥梁"。葡萄牙航海探险家麦哲伦则"第一个拥抱了地球"，进行了人类的首次环球航行。他们的航海壮举，虽然伴随着"土著居民的被剿灭、被奴役和被埋藏于矿井"等残暴的行为，但总体上"这一切标志着资本主义生产时代的曙光"（马克思，《资本论》），成为资本原始积累的重要手段，有力推动了资本主义的发展。不仅如此，在新航路开辟后随着全球贸易范围空前扩大和商品流通数量、品种急剧增加，世界市场开始形成；各地区的经济文化联系密切，世界由分散开始走向整体，地域性历史逐渐演变为整体的世界历史。这些航海家的历史活动可谓是改写了人类历史,是当之无愧的重要历史人物。

二、解释历史人物作用与影响

"解释历史人物作用与影响"由"解释""历史人物""作用与影响"三个词语组成。"作用与影响"属于"评价"范畴。"历史人物"是"评价对象"。"解释",则是在观察的基础上进行思考,合理地说明事物变化的原因、事物之间的联系,或者事物发展的规律。"解释"重点在于分析原因,这种原因的分析落在历史人物作用与影响上,包含两方面:一是基于历史人物自身,形成对其评价的原因分析;二是基于评价者,形成对历史人物评价差异原因的分析。

以本单元中的迪亚士、达·伽马、哥伦布、麦哲伦为例,教材对其作用与影响的解释在两个方面都有明确的涉及。

一方面是基于这些历史人物自身,形成对其评价的原因分析方面,教材是这么阐述的:"新航路的开辟及随之而来的一系列巨大变化,对世界历史进程产生了重大影响。随着全球贸易范围空前扩大和商品流通数量、品种急剧增加,世界市场开始形成,各国和各地区之间的经济文化联系日益密切……新航路开辟以及随之而来的西欧早期殖民活动,是资本原始积累的重要手段,有力地推动了资本主义的发展,同时也给亚、非、美洲人民带来了空前的浩劫。"教材基于这些历史人物的航海活动以及随之而来的早期殖民扩张带来的影响作了明确的阐述,以作为解释这些历史人物作用与影响的重要史实依据。

另一方面是基于评价者,形成对历史人物评价差异原因的分析方面,教材在"探索与争鸣"部分,以问题的形式呈现:"关于新航路开辟的历史作用,人们看法不一。有人认为,它给亚、非、拉各国人民带来了灾难,也有人认为,它促进了人类历史的进步。为什么会产生这些不同的看法?你的意见如何?"这类问题的提出,其目的在于在学生对基于历史人物作用与影响原因分析掌握的基础上,留给学有余力的学生继续深入思考,以形成"历史是一种解释"的历史认识。

解释历史人物作用与影响是解释和研究历史的一个重要部分,也是社会科学研究的重要内容。解释历史人物作用与影响要坚持三项原则:

一是要坚持历史的原则,从其社会地位、思想认识、具体处境来解释历史人物的作用与影响。列宁说过:"分析任何一个社会问题时,马克思主义理论的绝对要求,把问题提到一定的历史范围之内。"因为每个人都是"社会人",任何历史人物的活动都受到他所处社会环境的影响和制约,都会打上时代的烙印。所以我们在分析历史人物时,切忌对历史人物实行时间、空间的"大位移",用今人的眼光苛求古人,而是要将其置于当时的时代环境中,从其社会地位、思想认识、具体处境,在"设身处地"中去认识他、理解他、包容他。

二是要坚持理性的原则,从政治、经济、文化等视角来解释历史人物作用与影响。列宁曾明确提出:生产力的发展,这是社会进步的最高标准。"生产力状况"是"整个社会发展的主要标准"。同理,对历史人物的分析,不能仅凭或主要凭道德,而是主要看其从事的政治、经济、文化等活动是否有利于生产力发展,有利于社会的进步与发展。

三是要坚持全面的原则,从政治、经济、文化、社会地位、思想认识等视角和具体处境,多维视角下解释历史人物的作用与影响。历史人物本身就是复杂而多面的,这就要求我们在还原历史人物时,尽可能是在多维视角下的观察,切忌简单、片面的分析,否则将失去历史的真实。

三、把握解释视角的主观和客观

如何解释历史人物的作用与影响?应该从多维视角进行思考。这些视角又可以细分为两类:一类是政治、经济、文化为客观视角,即通过历史人物所从事的政治、经济、文化活动,作为解释历史人物作用与影响的主要史实依据。一类是社会地位、思想认识、具体处境为主观视角,即历史人物在什么样的处境下从事了这些政治、经济、文化活动,这是解释历史人物作用与影响的重要观察视角。两类视角结合起来,即:历史人物在什么样的处境下从事了什么政治、经济、文化活动,成为我们解释历史人物作用与影响的视角。

当然,我们在实际操作中,又不能囿于目标内容提供的这些视角,如客观视角中除了政治、经济、文化视角外,往往还有对外、军事等常规视角。

如迪亚士、达·伽马、哥伦布、麦哲伦等历史人物所从事的历史活动主要集中在对外方面,即进行新航路开辟和随之引发的早期殖民扩张活动,这些历史活动,如前所言,推动世界市场、世界史开始形成;对西欧而言,促成资本原始积累、推动资本主义发展;给亚非拉殖民地带来灾难,也带来先进的资本主义文明。新航路开辟和早期殖民扩张活动即成为我们解释这四位航海家作用与影响的主要客观史实依据。

相对于历史人物所从事的政治、经济、文化、对外等活动的客观性而言,历史人物的社会地位、思想认识、具体处境则显现强烈的主观性。不同历史人物的社会地位、思想认识、具体处境不同,其行为方式往往会有所不同。同一个历史人物在社会地位、思想认识、具体处境发生变化时,其行为方式往往也会有所不同。

这就要求我们在解释历史人物的作用与影响时,需要回到历史现场,从历史人物的社会地位、思想认识、具体处境出发,"设身处地"地去理解他们,对他们抱着"宽容心"和"同情心",而不是简单地凭空臆想或粗暴地横加指责,这才是科学地分析历史人物的方法。

如历史为何会选择迪亚士、达·伽马、哥伦布、麦哲伦?这是和他们自身的社会地位、思想认识、具体处境密切相关的。四人身处 15 至 16 世纪的西欧,当时西欧社会正处于资本原始积累阶段,社会盛行"黄金热",找到通往据说是"遍地黄金"的东方是当时西欧社会的普遍追求。这四位航海家从社会地位、思想认识而言,除了哥伦布的家庭出身不详外,其他三位都出身于贵族家庭,家族有航海经历,本人也热衷于航海探险、追逐黄金。在社会地位、思想认识、具体处境的交互效应下,他们自然、也必然成为受"黄金热"蛊惑的开辟新航路的狂热分子。因而,历史选择了这四位航海家承担开辟新航路的重任,从一定意义上讲,具有合理性和必然性。

把握解释视角的主观和客观,多角度解释历史人物的作用与影响,体现了辩证唯物主义和历史唯物主义的基本观点,有助于学生掌握科学地评价历史人物的方法。

四、实施案例

目标 1:从社会地位、思想认识、具体处境等视角解释历史人物作用。

学完新航路开辟的背景、过程及评价后,教师出示材料:

在菲律宾马克坦岛上航海家麦哲伦遇难的地方,有一座纪念亭,亭中立有一块石座铜碑。碑的正面有这样的文字:"费尔南多·麦哲伦。1521 年 4 月 27 日,费尔南多·麦哲伦死于此地。他在与马克坦岛酋长拉普拉普的战士们交战中受伤身亡。麦哲伦船队的一艘船——维多利亚号,在埃尔卡诺的指挥下,于 1521 年 5 月 1 日升帆驶离宿务港,并于 1522 年 9 月 6 日返抵西班牙港口停泊,第一次环球航海就这样完成了。"

这块碑的背面,则刻着另一段文字:"拉普拉普。1521 年 4 月 27 日,拉普拉普和他的战士们,在这里打退了西班牙入侵者,杀死了他们的首领——费尔南多·麦哲伦。由此,拉普拉普成为击退欧洲人侵略的第一位菲律宾人。"

师:纪念碑正面和背面镌刻的文字对麦哲伦分别做出了怎样的评价?

生:纪念碑正面的文字是对麦哲伦的正面评价,认为他领导了第一次环球航行,对人类文明做出了贡献;纪念碑反面做出了否定评价,认为他是一个"入侵者"。

师:为何纪念碑正面和背面镌刻的文字的评价截然相反?

生:这是由于评价者的社会地位不同、思想认识不同、具体处境不同,评价也就不同,会对同一事物或行为做出不同甚至截然相反的判断。纪念碑正面的评价者,有可能站在殖民者的立场上,看到了新航路开辟客观上带来的积极影响;纪念碑反面的评价者,可能站在殖民地人民的立场上,看到了以麦哲伦为代表的殖民者的殖民活动给殖民地人民带来的空前浩劫。

目标2:从政治、经济、文化,社会地位、思想认识、具体处境等角度解释历史人物作用与影响。

师:我们前面学过《汉武帝时代》一课,我们是从哪些视角去解释汉武帝作用与影响的?

生:政治、经济、文化、军事、对外、社会地位、思想认识、具体处境等角度。

师:很好。对麦哲伦,你认为他的作用与影响是什么? 你的理由是什么? 现在请同学们根据我们在《汉武帝时代》一课中掌握的这些解释历史人物作用与影响的视角,用史实来支持你的观点。

生:我认为对麦哲伦总体要肯定。

首先,从麦哲伦所处的社会地位、思想认识、具体处境来说,麦哲伦生活在15世纪资本原始积累阶段的西欧,找到一条通往东方的新的航路为当时西欧社会所热衷。从麦哲伦个人经历来讲,他出身于贵族家庭,家族有航海经历,本人也热衷于航海探险。因而,基于这样的社会地位、思想认识和具体处境,历史选择了包括他在内的航海家承担开辟新航路的重任。

其次,麦哲伦为首的航海家所从事的开辟新航路以及早期扩张活动,从对世界影响而言,世界贸易中心由地中海转移到大西洋沿岸,世界市场开始形成,世界开始由分散走向整体;从对殖民者影响而言,早期殖民扩张大大加速了西欧社会资本原始积累的进程,有力地推动了西欧资本主义的发展;从对殖民地影响而言,一方面客观上冲击了亚非拉地区的落后制度,传播了新兴的资本主义的生产方式和思想观念,另一方面,亚非拉遭受空前浩劫。虽然西欧资本主义的发展一定程度上是建立在亚非拉人民的痛苦基础上,但是用生产力的标准、历史的标准、全面的标准去综合衡量,以麦哲伦为代表的航海家所从事的新航路开辟、早期扩张活动,深刻改变了世界历史进程,推动了社会转型,所以我们总体上要对其给予肯定。

师:很好。我想作为在历史上值得肯定的历史人物,应该是顺应时代发展趋势,推动历史发展,又经得住历史考验的历史人物。我们在解释历史人物作用与影响时,既要将其置于政治、经济、文化等客观的视角下观察,同时更要将其置于社会地位、思想认识和具体处境下去理解,这样,我们不仅知道他做了什么,更重要的是知道了他为什么这样做,进而树立"同情"意识、"宽容"意识。

目标3:从历史人物的社会地位、思想认识和具体处境出发,评价哥伦布。

师:我们常说"时势造英雄"。

斯塔夫里阿诺斯在他的《全球通史——1500年以前的世界》中说道:"即使哥伦布没有发现美洲大陆,达·伽马没有绕过好望角,在以后的几十年中其他人也会这么做。"

这一点,我们通过认识新航路开辟的背景已经理解。但是,哥伦布能够成为开辟新航路时代第一个率领船队抵达美洲的欧洲人,他的动机显然要比任何人都要强烈。

生:(思考)

师:这是哥伦布在西班牙宫廷游说了7年,终于于1492年4月与斐迪南国王和伊萨贝拉王后签署的格拉纳达协议(出示材料):

格拉纳达协议共5条:第一,任命哥伦布终身为他发现和获得的所有岛屿和陆地的海军上将。他的子孙后代同样永远享有与这一职衔相应的一切显赫权力和特权。第二,任命哥伦布为这些岛屿和陆地的总督和最高执行官,他有权对每个机构和职位提出3个候选人,以便陛下从中选任最中意的人选。第三,凡在上述海军上将辖区内买到、换到、发现和获得的所有货物,不论是珍珠、宝石、黄金、白银、香料或其他财物,也不论其种类、名称如何,允许哥伦布在扣除需要的全部费用后,可获得上述全部财富净余的十分之一。第四,凡涉及这些财物的诉讼,如果海军上将根据职权,应承担此类诉讼的审理权,陛下允许他或他的代理人,而不是陛下的法官,审理此类诉讼案和做出裁决。第五,哥伦布有权每次投资装备所有进行贸易船只总额的八分之一,他同样可以因此获得八分之一的利润。

——达斯科拉著,《征服者》,巴因斯译,伦敦1976年版,第39、44、45页

师:从这则材料中,你能看出驱使哥伦布不畏艰险横渡大西洋的动力有哪些?

生:可能发现和获得的所有岛屿和陆地。

师:具体是指哪里呢?是未知的美洲大陆吗?

生:是哥伦布读过无数遍的《马可波罗行纪》中那黄金遍地的东方。

生:是指东方的印度、中国和日本。

师:是的,协议中虽然并未指出这些岛屿和陆地在哪里,但是哥伦布和国王夫妇对此心知肚明。

师:对哥伦布来说,协议中还有哪些条件非常具有吸引力呢?

生:显赫的权力。

生:无穷无尽的财富。

师:没错,权力和财富,这对于当时的哥伦布来说,有着致命的吸引力。我们一起先来了解一下哥伦布的生平和横渡大西洋前的经历。

哥伦布大约1451年出生在意大利热那亚的下层市民家庭,生活拮据,并未接受过高等教育,但他精心钻研航海技术,博览群书,涉猎各种海外奇谈。后辗转来到葡萄牙娶妻生子,在葡萄牙接触了大量的海员和冒险家并参加了几次大西洋航行,大大丰富了航海知识,树立了由欧洲一直向西航行可以到达印度的信念,并始终不动摇。

但哥伦布根据《马可波罗行纪》以及托勒密学说提出的横渡大西洋前往亚洲的短期航行方案并未能够得到葡萄牙王室的支持,1485年春季,丧妻鳏居的哥伦布为了躲债,携子风餐露宿来到西班牙。

师:在了解了哥伦布的生平之后,你们能说说这位伟大的航海家为何要冒险横渡大西洋吗?

生:他想通过这次冒险来改变自己的政治地位和经济状况。

生:他对航海有着极大的热情,有着丰富的航海知识,这使他对彼岸是印度坚信不疑,并想通过自己的行动来证明。

师:是的,哥伦布因为自己对航海的热情以及勤奋好学的精神,掌握了丰富的航海知识,能够比别人站得高、看得远,同时又由于自己的社会地位和具体处境,冒险寻求财富的愿望更加强烈、信念更加坚定,他的这些特点与欧洲新兴资产阶级和封建贵族一拍即合,成为他们开拓疆土、掠夺财富的代言人。

哥伦布是新航路开辟时期的典型代表之一,因此对哥伦布的作用与影响的解释并不单纯是对他一个人的评价问题,还应该结合当时新航路开辟和资本原始积累的历史背景,从政治、经济、文化等多个角度,并结合哥伦布自身的社会地位、思想认识、具体处境等,才能对哥伦布的历史作用和影响做出客观的论说。

(案例3 由复旦实验中学黄青涛提供)

汲取和整理艺术作品中的史料价值

——以《17—18 世纪资产阶级革命》为例

大同中学　邵　清

目标内容:懂得文学艺术作品的史料价值,正确汲取和整理其中的主要历史信息。

一、艺术作品具有史料价值

音乐、戏剧和小说等艺术作品是人类精神文明的重要组成部分,是一定时代精神的产物,是反映社会生活的特殊的意识形态。艺术作品不仅是个人内心世界的展示,也是观察时代风貌的窗户。一方面,作为上层建筑,它是由经济基础决定的,艺术有其自身的发展规律,它源于生活又高于生活,源于社会又反映社会,折射人类共同情感又承载独特的民族传统,它总是"特定时代"的产物,是"典型环境"中的创造。另一方面,一个具体的艺术作品必然受作者的情感、心绪和志向的影响,往往是展示个人内心世界的媒介,作为生活在时代中的个人,不能不受当时社会政治状况、经济水平、主流意识、历史传统,甚至民族思维特性,以及审美情趣等的影响,并在艺术创作中自觉或不自觉地打上烙印。因此,一切经典的艺术作品本身既是历史的产物,又具有历史信息资料的特征,具有一定的史料价值。正如中国古代文艺评论家刘勰在《文心雕龙》中所说:"故知歌谣文理,与世推移,风动于上,而波震于下者也。"

1. 音乐是反映社会生活的一种艺术

音乐是指有旋律、节奏或和声的人声或乐器音响等配合所构成的一种艺术。古代音、乐有别。《礼记·乐记》中说:"凡音之起,由人心生也。人心之动,物使之然也,感于物而动,故形于声。声相应,故生变,变成方,谓之音。比音而乐之,及干戚、羽旄,谓之乐。"后浑称"音乐",指用有组织的乐音表达人们的思想感情、反映社会生活的一种艺术。

贝多芬生逢启蒙与革命的时代,深受启蒙思想的影响,终身追求进步和自由,具有强烈的反封建与争取民主的革命精神。其作品构思广阔,形式宏大,洋溢着英雄主义和乐观主义气息,蕴含着深沉的哲理。贝多芬身处欧洲巨变时期。他站在时代前列,勇于创造、革新,拓展了各种音乐曲式的范围,并将声乐与器乐相结合,开创了交响曲的新形式。他成功地赋予器乐反映社会重大题材的使命,并调动一切音乐表现手段来为这个使命服务。

2. 小说能够反映历史和时代风貌

小说是以刻画人物形象为中心,通过完整的故事情节和环境描写来反映社会生活的文学体裁。它寄托了人类对大自然的热爱,它探讨人性、惩恶扬善,它鞭挞社会罪恶,它寄托了人类美好的个人、社会理想。在悠久的历史发展进程中,小说从不同的侧面,反映了创作者的心声、社会的喜好、历史的脉动和时代的风貌。

法国 18 世纪杰出的批判现实主义作家巴尔扎克,在他 51 年的短暂生命中,共创作了 96 部作品,这些作品以反映人性社会的丑恶为主,对世界文学的发展和人类进步产生了巨大的影响,马克思、恩格斯称赞他"是超群的小说家""现实主义大师"。在巴尔扎克的葬礼上,雨果如此评价:他的所有作品仅仅形成了一部书,一部有生命的、光亮的、深刻的书,我们在这里看见我们的整个现代文明的走向,带着我们说不清楚的、同现实打成一片的惊慌与恐怖。一部了不起的书,他题作"喜剧",其实就是题作"历史"也没有什么。

3. 戏剧在一定程度上记录了历史传统文化的演进

戏剧,指以语言、动作、舞蹈、音乐、木偶等形式达到叙事目的的舞台表演艺术的总称。文学上的戏剧概念是指为戏剧表演所创作的脚本,即剧本。戏剧的表演形式多种多样,常见的包括话剧、歌剧、舞剧、音乐剧、木偶戏等。戏剧是由演员扮演角色在舞台上当众表演故事的一种综合艺术。

中国传统戏曲是中国戏剧的一个组成部分。在小小舞台上,浓缩着无数悲欢离合的故事,记录着中华传统文化演进的轨迹,堪称了解传统社会发展轨迹和古人生活的窗口。中国戏剧发展史上有两个高峰,即元杂剧与清京剧的形成和兴盛。这正是蒙古族和满族统治时期。除了经济发展、市民阶层壮大等因素外,还有两个重要因素。其一是元代实行民族分化政策,汉族知识分子地位十分低下,处于社会底层,知识分子怀才不遇,促成了元杂剧的昌盛;其二是对于汉族文人来说,小说、戏剧是一些不登大雅之堂的艺术形式,而蒙古族和满族有着与汉族完全不同的思想意识、审美观念和价值取向,他们对于世俗文学十分喜好,大力支持,并积极参与。正因为此,元杂剧和清京剧发生、发展,京剧才能最终成为"国粹"。

二、艺术作品具有的史料价值

历史信息的载体与流传方式往往是多种多样的,除各种史书外,艺术作品往往含有许多具体、真实的内容,它们是艺术,同时也是历史。我们在学习、欣赏艺术作品时,要关注从艺术作品中折射出的时代光泽,学会通过多种途径来感知历史。

1. 艺术作品是探寻历史发展轨迹的通道

艺术作品是人类精神文明的重要组成部分,音乐、文学和戏剧等每一个艺术种类的发展见证、展现了文明发展的过程。研究这些艺术种类的发展历史,是我们把握文明发展脉络的途径,也是我们探寻历史发展轨迹的通道。

中国古代小说的体例经历了魏晋志怪、唐传奇、宋元话本,到明清小说,繁荣的封建经济尤其是城市经济,市民阶层的不断扩大及其多样性的文化需求,为古代小说提供了物质基础和创作动力。唐宋元时代,中国社会商业繁荣,城市生活异常丰富,符合市民审美取向的传奇和"说话"艺术获得了兴盛。明清时代,社会政治和经济出现了新的景象,城市经济中出现了资本主义萌芽,市民阶层进一步壮大,人们的社会生活亦愈趋复杂丰富,对文化作品的要求进一步趋向平民化,大量记叙日常生活琐事和平民百姓的见闻为主的章回形式的长篇和短篇白话小说蓬勃兴起并长足发展。

2. 艺术作品是展现历史时代特征的窗户

艺术作品是一定时期的意识形态,是时代精神的产物,反映了政治的演进、经济的发展和社会的变迁,是展现时代文化特征的窗户。毛泽东说:"作为观念形态的文艺作品,都是一定的社会生活在人类头脑中的反映的产物。"很长一段时期,哲学家、艺术家都把艺术作品比喻为一面镜子,古希腊的柏拉图在他的著作《理想国》中就把画家和诗人等艺术家比喻为一个拿着镜子的人,向四面八方旋转就能造出太阳、星辰、大地、自己和其他动物等一切东西。柏拉图以后,把艺术作品比喻为镜子,被作为经典确定了下来。因此,优秀的艺术作品能够真实而深刻地反映社会生活,帮助人们认识社会生活,也能使我们从中获取与作品同时代的历史发展信息。

19世纪,欧洲各国面临的问题各不相同,有的国家需进一步深化和巩固资产阶级革命已经取得的成果;有的面临国家的统一问题;有的需要消灭农奴制度,发展资本主义;有的争取摆脱外族奴役,取得民族独立。在音乐领域里,出现了很强的民族性趋势。19世纪的欧洲,出现了弘扬本民族特性的民族乐派。19世纪中后期,俄国的民族乐派音乐兴起,柴可夫斯基的芭蕾舞《天鹅湖》等成为世界闻名的杰作。

3. 艺术作品融进了当时人对历史的认识

艺术作品不仅仅是简单的再现现实生活,它是当时艺术家经过大脑加工改制再现出来的艺术形象,其中融进了艺术家对社会生活的认识和他的理想、愿望、感情。《尚书》中曾言:"诗言志,歌永言。"歌德说:"艺术要通过一种完整体向世界说话。但这种完整体不是他在自然中所能找到的,而是他自己的心智的果实,或者说,是一种丰产的神圣的精神灌注生气的结果。"因此,艺术作品是艺术家思想的折射,一个时代艺术家的作品往往反映着一定阶级、阶层的政治倾向和艺术观点,由此我们可以从中汲取相关历史信息。

18 世纪末至 19 世纪 30 年代,浪漫主义在全欧洲盛行。这一时期在欧洲发生的革命、战争,社会中的尔虞我诈、种种不平等,使人们感到法国大革命后确立的资本主义制度不像启蒙学者描绘的那样美好,崇尚理性和秩序的启蒙运动失去感召力。社会各阶层,特别是知识界,对启蒙思想家提出的"理想王国"感到失望。浪漫主义文学就是在这种背景下产生的,它追求新的理想,不再刻意突出人的理性,深入发掘人类的情感世界,塑造出鲜明的人物形象;在文学风格上呈现想象力丰富的构思和跌宕起伏的戏剧情节。

三、怎样从艺术作品中汲取历史信息

1. 不能把艺术作品与历史对号入座

艺术作品不是历史,"其中蕴含的史实,通常以简洁的、夸张的、局部的、变化的等诸多形式来表达"。(葛剑雄、周筱赟,《历史学是什么》,北京大学出版社 2005年版)教师要善于引导学生从中提取真实的历史信息,而不能将人名、地名、情节等对号入座。

《双城记》是英国作家查尔斯·狄更斯以法国大革命为背景写成的长篇历史小说,它把冤狱、爱情与复仇三个相对独立而又互相关联的故事交织在一起,细致地描绘了人民群众攻占巴士底狱等壮观场景,情节错综、感人肺腑,是世界文学经典名著之一。尽管因为情节和人物的虚构,我们不能把它直接作为讲述法国大革命的史料;但是,小说深刻地揭露了法国大革命前深深激化了的社会矛盾,强烈地抨击了贵族阶级的荒淫残暴,并深切地同情下层人民的苦难。作者站在人道主义的立场,既反对残酷压迫人民的暴政,也反对革命人民过于极端的暴力。他认识到革命的思想的到来是不可避免的;但当革命来临,带来许多可怕的情况和血腥场面,他转而反对革命。狄更斯的态度形成了巨大的反差,但有一个一致的标准:就是反对暴力和滥杀无辜,并促进了人文主义和爱。狄更斯主张非暴力社会改革,他拒绝在暴力中革命。他认为革命暴力不能解决根本问题,而理性与宽容,善良和爱是要建立一个和平与和谐社会。

通过狄更斯及其作品《双城记》,我们可以了解这一时期人们对于法国大革命的看法和对于现实社会认识,这有助于我们从中汲取相关历史信息,加深对历史认识。

2. 引导学生关注艺术作品背后的历史价值

优秀的艺术作品,必定能反映当时的社会背景,教师要善于引导学生通过捕捉作品中蕴含的时代气息,关注背后的历史价值。

博马舍是18世纪后半叶法国最重要的剧作家。博马舍喜剧的出现意味着古典主义喜剧向资产阶级喜剧的过渡完成。1789年,资产阶级革命爆发。资产阶级意识到戏剧作为宣传手段在革命中的作用,提出"戏剧应该教育民众"的口号。革命派还有意建立人民剧院。1791年1月31日,立宪议会公布取消王室的戏剧审查制度,答应演出自由。年内有数十家剧院呈请开业,其中的共和国剧院以专门演出支持革命的新剧目而闻名。这时期产生了大批配合或直接宣传革命和革命战争的悲剧和时事剧。资产阶级革命使演员终于获得了公民权,彻底结束了过去受歧视、被欺侮的悲惨处境。博马舍的《费加罗的婚礼》是他在18世纪30年代创作的总称为"费加罗三部曲"中的第二部,于1784年4月27日在巴黎法兰西剧院首演。当时法国正处于大革命的前夕,这部喜剧对揭露和讽刺封建贵族起了很大的作用。

3. 推动学生加深历史认识

优秀的艺术作品具有强大的感染力,它能够营造一种时代特有的氛围。教师在教学中运用这些艺术作品,可以推动学生进入历史情境,加深历史认识。

法国大革命期间,有过许多鼓舞斗志的战斗歌曲,而最受群众喜爱、流传最广的,是自由的赞歌——《马赛曲》。在法国路易十六时期,各种社会矛盾日益激化,新兴的资产阶级同情农民疾苦,受到巴黎雅各宾派的影响,阿尔诺带领马赛港的市民设计夺取了要塞,得到了武器,并驱逐了公爵。他们举行集会通过决议组织500名义勇军进军巴黎去搭救同情改革的议员,马赛市民积极参军,高唱着马赛曲向前进发,揭开了法国大革命的序幕。而这个时期创作的行军歌曲《马赛曲》也成为鼓舞斗志的赞歌。

四、实施案例

目标1:懂得歌曲的史料价值,汲取其中蕴含的历史信息。

教师在上课之前先播放歌曲《马赛曲》。

师:哪位同学知道现在正在播放的是什么乐曲?

生:《马赛曲》。它最初的名字是莱茵战歌,现在成为法国国歌。

师:有人知道这首激情洋溢的歌曲诞生在什么时代吗?

生:法国大革命时期。

师:是的。

正是在法国大革命期间,1792年4月的一个深夜,工兵上尉鲁日在斯特拉斯堡为《马赛曲》画下最后一个休止符。从此以后,马赛曲作为凝聚人心的革命歌曲被人们广为传唱。它的副歌部分向人们发出这样的号召:"武装起来,公民们! 组织好队伍! 前进! 前进!"当时的法国正同奥地利交战,马赛的义勇军正是高唱着这一曲战歌奔赴巴黎,去保卫革命中的祖国。一位乐队指挥曾经对歌曲的作者鲁日说:"你的《马赛曲》是具有大炮一样威力的音乐。"

师:为什么一首歌曲会具有如此强大的威力?《马赛曲》的威力究竟从何而来?

生:这威力应该源自于法国人对"公民"的认同、对自由的向往以及"公民"个人与国家同呼吸共命运的深切感受。

师:是的。在法国人看来,"公民"这个称呼涵盖了自由、平等以及其他一切自然所赋予人类最基本也是最珍贵的权利。虽然这种权利早在古典时代的罗马就已经神圣不可侵犯。然而,中世纪森严的等级制度和天主教神学所灌输的"臣民""顺民"观念却把公民变成了麻木不仁的奴仆。

目标2:懂得戏剧的史料价值,汲取其中蕴含的历史信息。

师:17至18世纪,自由、平等、做自己的主人,启蒙思想就像熊熊燃烧的火炬,很快就点燃了巴黎乃至整个法国。在平民聚集的咖啡馆里,在贵妇们的沙龙里,到处都可以听到呼唤自由、平等的声音,感受到憧憬未来社会的热情。

1786年一部喜剧的上演,更使资产阶级意识到"戏剧应该教育民众",成为宣传革命的手段。这部喜剧就是博马舍的《费加罗的婚礼》。虽然博马舍刻意把故事的背景设置在西班牙,但依然被当局禁演。

师:你们想知道为什么吗? 我们来看一段主人公仆人费加罗的独白。

费加罗独白:"因为您是个大贵族,您就自以为是伟大的天才! 门第、财产、爵位、高官,这一切使您多么洋洋得意! 您干过什么,配有这么多享受? 除去从娘胎中出来时使过一点力气之外,您还有什么了不起的? ……至于我呢,湮没在无声无息的广大人群之中,仅仅是为了生活而施展出来的智慧与才能,就足够统治西班牙一百年还有富余。您居然敢跟我来争夺果实!"

生:仆人费加罗象征第三等级,他的主人伯爵象征特权等级,这段独白表达了作者反对特权、主张平等以及第三等级战胜特权等级的坚定信心。

师:是的。《费加罗的婚礼》热情歌颂了为自己的幸福和权利而斗争的普通人民的智慧,无情地揭露了荒淫无耻的贵族生活与腐败的封建制度,因此遭到当时法国统治者的禁演,一直到 1784 年才被准许公演。这部戏剧产生于法国资产阶级大革命的前夕,在资产阶级对封建势力的斗争中起了巨大的鼓舞作用,被称为"第三等级"的战歌。

目标 3:懂得小说的史料价值,汲取其中蕴含的历史信息。

师:1789 年 7 月 14 日,巴黎人民发动了第一次武装起义,攻占巴士底狱。英国著名作家狄更斯曾在他的小说《双城记》中试图再现这一场景,我们一起来看一个片段。

> 那一天早晨,圣安东尼区曾经有广大的黑色饥饿群众汹涌往来,波浪似的人头上时常在阳光中闪出钢刀和枪刺的锋芒。圣安东尼的喉咙里发出骇人的咆哮,森林似的无数赤裸的手臂在空中摇摆,好像在冬风里发抖的枯枝:一切手指都紧握着各种武器或类似武器的东西(从下层深处抛出来的,不论远近)。在群众中谁也不知道谁抛出这些家伙,从什么地方抛出来,什么力量使它们在群众头上乱摇摆,闪出闪电似的光芒:但是,毛瑟枪是有人分发的——也有人在分发枪弹、火药、炮弹、铁棒、木棍、小刀、巨斧、长矛,以及犯上作乱的天才所发明的各种武器。什么也抓不到的人们就自动用流血的手拆下附近墙壁上的石块和砖头。圣安东尼的心脏和每一血脉都在高度紧张之中,都在发着高热。像沸水的旋涡里有一个中心点一样,所以,这一切动乱都环绕着得伐石的酒铺,而落在这热锅里的每一个人都被吸引到得伐石这旋涡中心;他自己满身沾濡着火药和汗水,发命令,发武器,把这人推开去,把那人拉拢来,把这人的武器解给那人,正在咆哮最凶的地方勤苦地工作着……可怕的黑色人海,高扬着毁灭的狂浪,一浪又一浪,它的深度是不可测的,它的力量是前所未知的。汹涌澎湃的无情的海呀,复仇的呼声呀,以及在受苦的熔炉中锻炼出来的一直没有丝毫怜悯之色的僵硬面孔呀。

师:虽然小说并非历史,狄更斯也没有亲身经历过攻占巴士底狱的战斗,但他曾先后三次侨居法国,可以说,1855 年以后,狄更斯一家基本上是在巴黎度过的,他参观过巴士底狱旧址和圣·拉萨尔的监狱,对法国的民风民情做了有意识的考察。为了写作《双城记》,狄更斯深入研究了苏格兰作家卡莱尔的《法国革命史》一书,狄更斯在给其好友福斯特的信中曾谈到卡莱尔的这本书,他"读过五百五十遍"。因此,出现在作家笔下的起义爆发场面就不空泛了。那么你读了这段文字以后,你觉得作者试图让我们感受到当时是怎样一种场面?

生:我感受到,广大巴黎人民是忍无可忍才走上街头的,"在冬风里发抖的枯枝"般的手臂,正是血肉已被专制制度榨干了的标志。

生:我感受到,走上街头的人们心中的愤怒。"什么也抓不到的人们就自动用流血的手拆下附近墙壁上的石块和砖头。"

生:我感受到,起义队伍规模十分巨大。"可怕的黑色人海,高扬着毁灭的狂浪,一浪又一浪,它的深度是不可测的,它的力量是前所未知的。""汹涌澎湃的无情的海呀,复仇的呼声呀,以及在受苦的熔炉中锻炼出来的一直没有丝毫怜悯之色的僵硬面孔呀。"

师:从这些感受中,你觉得作者对"攻占巴士底狱"抱有怎样的想法和立场?

生:狄更斯对被压迫、被损害、被剥削的人民的无比同情和怜悯,他看到了统治阶级逼迫下的人民的反抗,他认同革命的正义性和必然性。

生:狄更斯认为人民群众的忍耐是有限度的,在贵族阶级的残暴统治下,人民群众迫于生计,必然奋起反抗。这种反抗是正义的。

评价优秀文明成果的主要特点
与贡献、作用与影响
——以《工业社会的来临》为例

嘉定区第一中学　李　林

目标内容：从基本特征、主要贡献、创新意义的视角，由表及里、由此及彼地评价优秀文明成果的主要特点与贡献、作用与影响。

一、什么是优秀文明成果

文明，是历史以来沉淀下来的，有益于增强人类对客观世界的适应和认知、符合人类精神追求、能被绝大多数人认可和接受的人文精神、发明创造以及公序良俗的总和。优秀文明成果，顾名思义，是其中具有重大价值与突出贡献的文明成果。

文明的划分标准多样，最基本的划分有如下几种。按照时序来划分，有古代文明、中世纪文明、现代文明；按照地域划分，古代史上主要有古代东方文明、古代希腊罗马文明、古代美洲文明、古代黑非洲文明、阿拉伯伊斯兰文明；按照领域划分，有物质文明、精神文明。

工业革命，符合优秀文明成果的范畴，是优秀的现代文明、物质文明。恩格斯曾这样评价道："当革命的风暴横扫整个法国的时候，英国正在进行一场比较平静的但是威力并不因此减弱的变革。蒸汽核心的工具机把工厂手工业变成现代的大工业，从而把资产阶级社会的整个基础革命化了。"（恩格斯，《反杜林论》，人民出版社 1999 年版）恩格斯视工业革命是与英国革命相提并论的"变革"，高度肯定了以蒸汽机为代表的英国工业革命在推动生产力、改变社会结构、推动社会转型中的巨大作用。无独有偶，《高中历史》教材中也认为工业革命推动了生产力发展与社会转型，促进世界市场和资本主义世界体系的形成，英国也由此"从农业社会嬗变为工业社会，社会面貌焕然一新"（《高中历史》第四分册，华东师范大学出版社 2008 年版,第 40 页)。工业革命以其巨大的生产力将人类由传统社会带向现代社会。

二、从基本特征的视角评价优秀文明成果

特征是指某一物质自身所具备的特殊性质,是区别于其他物质的基本征象和标志。工业革命的基本特征主要是相对于农业文明而言,区别于农业文明时代自给自足的农业经济和小规模、无精细分工的手工作坊,工业文明是现代工厂下的生产机械化、规模化、精细化。

英国的工厂最早出现在纺织行业,到 19 世纪中叶,工厂已成为英国工业中占主导地位的生产组织形式。现代工厂与手工作坊和手工工场不同,"资本家将雇佣劳动者集中在一定规模的工厂里,按严格的规章制度和分工,有条不紊地使用机器进行生产"(《高中历史》第四分册,华东师范大学出版社 2008 年版,第 43 页),呈现规模化、机械化、管理科学化的特征。

三、从主要贡献的视角评价优秀文明成果

贡献,其含义为"拿出物资、力量或意见、经验等献给国家或公众""对国家或公众所做的有益的事"。工业革命是资本主义发展史上的一个重要阶段,其主要贡献体现在创造巨大生产力,引领人类进入"蒸汽时代"。

工业革命首先是生产技术的变革,"蒸汽和机器引起了工业生产的革命",随之引起生产领域的深刻革命,从手工生产到机器生产,从手工作坊到现代工厂,从自然经济到商品经济,极大地推动了资本主义生产力的迅猛发展。"1850 年,英国生产了全世界金属制品、棉织品和铁产量的一半,煤产量的 2/3,其他如造船业、铁路修筑都居世界首位。1860 年,英国生产了世界工业产品的 40%~50%,欧洲工业品的 55%~60%。1850 年英国对外贸易占世界贸易总量的 20%,10 年后增至 40%。英镑成为国际货币。1851 年在伦敦召开的第一届世界博览会向全世界展示了英国工业化的成果,并宣告英国成为世界上最强大的工业化国家。但英国只占地球陆地面积的 0.2%,人口在当时只有 1000 多万,远比欧洲其他国家少得多。"(唐晋,《大国崛起》,人民出版社 2006 年版)英国成了名副其实的"世界工厂",为英国在 19 世纪称霸世界提供了强大的物质基础。正如马克思、恩格斯在《共产党宣言》中所说的:"资产阶级在它的不到一百年的阶级统治中所创造的生产力,比过去一切世代创造的全部生产力还要多……"

四、从创新意义的视角评价优秀文明成果

创新是指以现有的思维模式提出有别于常规或常人思路的见解为导向,利用现有的知识和物质,在特定的环境中,本着理想化需要或为满足社会需求,而改进或创造新的事物、方法、元素、路径、环境,并能获得一定有益效果的行为。创新包括科技创新、文化创新、艺术创新、商业创新等。科技创新是社会生产力发展的动力和源泉,是推动民族进步和社会发展的不竭动力。

从创新意义的视角观察工业革命,即指其在技术上产生的一系列重大突破。工业革命是从发明和使用机器开始的,它首先在棉纺织业中启动,随后"由需要导致发明的模式"引发各个相关领域的系列联动创新发明与技术革新。在棉纺织业,1764 年哈格里夫斯发明了"珍妮机",后来阿克莱特发明了水力纺纱机,并在曼彻斯特建立了第一家棉纺厂。在动力领域,1782 年詹姆斯·瓦特根据前人的成果,将科学和技术相结合,研制了"万能蒸汽机",成为第一次工业革命中最重大的技术发明,将人类带向崭新的"蒸汽时代"。在燃料和原料领域,钢铁和煤炭的生产和应用成为第一次工业革命的重要成就,为机器制造业的发展奠定了基础。在交通运输领域,进入 19 世纪后出现了重大革新,英国人史蒂芬逊发明了蒸汽机车,美国人富尔顿发明了蒸汽汽船,随后出现兴建铁路的热潮,加快了工业化的进程。到 19 世纪中叶,英国初步建立起现代工业体系,标志着工业革命在英国基本完成。

五、评价优秀文明成果的作用

1. 便于学生掌握基本史实

厘清基本史实是课堂教学的出发点。对基本史实的了解、理解、再认、识别、辨认、描述基本特征等,是传统教学合理的内核和历史教学中必需的教学方法。过程与方法的贯穿,情感、态度与价值观的达成,都构筑在基本史实的掌握之上,否则就是无源之水、无本之木。

基本特征、主要贡献、创新意义是观察优秀文明成果的三个不同而又至关重要的视角,一起达成了评价优秀文明成果的基本史实。基本特征,基于成果本身,是把该文明成果和其他文明成果区别开来的主要标准;主要贡献,基于文明成果对当时社会的作用;创新意义,基于文明成果对未来社会发展的作用。基本特征、主要贡献和创新意义的视角共同构成该成果能否成为"优秀文明成果"的主要标准。

从"基本特征、主要贡献、创新意义的视角"来掌握工业革命的基本史实,

工业革命的基本特征即机器化大生产,主要贡献即带来巨大生产力,创新意义即技术上的一系列重大突破。三个视角三位一体,使得工业革命得以和农业文明区别开来并成为"人类优秀文明成果"。

2. 帮助学生抓住事物本质

所谓"由表及里、由此及彼",是哲学上的基本分析方法。人们在认识事物的时候,先获得的直接的、反映事物现象的认识,称为感性认识。但是认识事物更重要的是要获得对事物本质的认识,即理性认识。从感性认识上升到理性认识必须要经过"由表及里、由此及彼"的分析过程,把零散的信息系统化,把粗浅的认识深刻化,抓住关键,找到规律,看到本质。

因此,从基本特征、主要贡献、创新意义的视角,由表及里、由此及彼地评价工业革命的主要特点与贡献、作用与影响,有助于学生透过现象,掌握工业革命的本质。

从基本特征、主要贡献、创新意义的视角,由表及里、由此及彼地评价工业革命的主要特点与贡献、作用与影响,即要求构建史料,并将史料分门别类,然后基于史料对其进行多元评价,进而帮助学生透过现象掌握本质,从而达成"由表及里、由此及彼"地解释和评价工业革命。

六、实施案例

目标1:从创新意义的视角,评价优秀文明成果。

师:蒸汽机的出现是社会生产特别是工业革命发展的必然结果。瓦特是蒸汽机的发明者吗,为什么?

生:不是,他只是改良者。

师:1705年,纽科门制造了第一台成功运作的蒸汽机。但是纽科门机有着明显的缺陷:热量浪费太大,效率不高;只有简单的往复式线性运动。在这样的情况下,瓦特对纽科门机进行了系列改进,研制成功"万能蒸汽机"。

材料1:瓦特,1736年1月19日出生在苏格兰西海岸的一个小港口……十八岁时……在一个力学机械师门下当学徒……

有一次瓦特从一个学生的口里,听到有关纽科门抽水机的故事。结果立刻引起他对蒸汽机的兴趣……然而瓦特最初想象的蒸汽机,也是利用大气的压力来推动活塞,这和纽科门的抽水机并没有什么不同。到后来瓦特在活塞的上面,用蒸汽代替了大气的压力,如此一改良才算发明了真正的蒸汽机……后来瓦特又继续改良,用蒸汽的压力使活塞在上面也能动……瓦特为了把往复运动改成回转运动,就又研究出"曲柄"……瓦特又研究出"日月齿车"……

瓦特完成回转运动以后,他所发明的蒸汽机就可以用来发动各种机械……

——冯作民,《西洋全史》,燕京文化事业股份有限公司印行1979年版,第511—514页

师:瓦特对纽科门机进行了哪些改进?

生:首先,瓦特在活塞的上面,用蒸汽代替了大气的压力,如此改良才算发明了真正的蒸汽机;其次,瓦特用蒸汽的压力使活塞在上面也能动,并研究出"曲柄"使得往复运动改成回转运动,可以用来发动各种机械,被称为"万能蒸汽机";再次,瓦特又研究出"日月齿车"。

师:这说明"万能蒸汽机"的研制成功伴随怎样的过程?

生:不断改进,不断进行技术创新。

师:作为人类共享的一项优秀文明成果,我们是从什么视角对其进行评价的?

生:创新意义。

目标2:从基本特征和主要贡献的视角,评价蒸汽机的贡献与作用。

师:我们前面学过古典文化这一优秀文明成果,我们是从哪些视角对其进行评价的?

生:基本特征、主要贡献、创新意义的视角。

师:我们今天继续运用这三种视角,对蒸汽机这一优秀的文明成果进行评价。18世纪60年代,瓦特创制"万能蒸汽机"。1785年,"万能蒸汽机"投入使用并得到推广。蒸汽机被公认为工业革命中最伟大的发明。为什么说蒸汽机是工业革命中最伟大的发明?请同学们结合下面几段材料回答。

材料1:蒸汽机一发明,就立刻被广泛使用,大规模的工厂一个个出现……立刻使以前的手工业完全机械化,因此那些在家庭式手工艺工厂做工的人,就都转移到资本家经营的大工厂去。

——冯作民,《西洋全史》,燕京文化事业股份有限公司印行1979年版,第511—514页

材料2:瓦特的蒸汽机解决了大工业发展所必需的动力问题,推动工业革命向纵深发展。炼铁厂用它来开动鼓风机,为高炉提供风力,煤矿用它来排除矿井积水,纺织行业用它来作为动力。1785年用于棉纺厂,1793年用于毛纺厂,1789年用于织布厂。1800年,英国全国已有蒸汽机321台,总功率5210马力,1825年增至15000台,总功率375000马力。

——刘祚昌等主编,《世界通史》(近代卷上),人民出版社1997年版,第81页

材料3:列车在预定的时刻开动了。"运动号"火车头由它的制造者——

史蒂芬逊——驾驶带着列车走,火车头后面是六节装煤和面粉的车厢;在这六节后面的车厢里坐着铁路的经理和老板,后面又是二十节改供乘客用的煤车,都挤满了乘客,最后是六节装满煤的车厢……加快行进速度达每小时十五英里(二十四公里)。列车进入达林敦车站时,才知道车上共有四百五十个乘客,列车载重共九十吨。

——周一良主编,《世界通史资料选辑》(近代部分上册),商务印书馆1981年版,第36页

生:根据材料1可知,万能蒸汽机推动了机械化生产,推动工场手工业发展到机器大工业、手工作坊发展成为机器工厂。

师:这是从什么视角对其进行评价的?

生:基本特征。

师:很好。相对于农业文明的手工作坊下的手工生产,工业革命下蒸汽机带来的是机器化大生产,这是工业文明有别于农业文明的基本特征。

生:根据材料2可知,万能蒸汽机解决了工业发展中的动力问题。自此以后,只要有煤作燃料开动蒸汽机,就可根据需要建立工厂,不再受河流的限制。

根据材料3可知,万能蒸汽机也使得交通运输业发生了彻底变化,导致蒸汽机车出现,人们的交往更加方便,经济和文化联系也日益密切,也使世界日益成为一个整体。

师:很好。以上是基于什么视角对其进行评价的?

生:主要贡献。

师:正是以瓦特为代表的杰出历史人物,在前人发明创制的基础上坚持不懈改良创新,使得万能蒸汽机最终得以问世。万能蒸汽机的问世,又加快了工业革命的进程,推动机械化大生产,推动现代工厂、交通领域等飞跃发展,人类社会由此进入崭新的"蒸汽时代"。所以蒸汽机是工业革命时期最伟大的发明。

从联系与区别视角分析历史问题
——以《社会主义从空想到科学》为例

嘉定区中光高级中学　王　莹

目标内容：从联系与区别的视角，分析、综合、比较、归纳基本史实和相关问题。

一、从联系与区别的视角分析历史问题

历史认识，是人的主观意识对人类过去的客观存在的一种反映。历史认识的对象是人类的过去，而且是对这一特定认识对象的主观认识。历史认识所反映的对象是非常广泛的，涉及人类历史的各个领域和各个方面及其相互之间内在的联系。历史知识的内容所具有的这种复杂性和综合性，决定了历史认识必然，也需要有一定的系统性。只有探寻历史发展背后的必然逻辑和历史事件之间的内在关系，才能更加深刻地了解历史，形成较为客观的历史认识。

从联系与区别的视角，分析、综合、比较、归纳历史问题这一过程与方法，从时间角度讲，要求学生在学习历史中必须十分重视对历史现象的横向和纵向联系，揭示历史发展的阶段性特征。从学习宽度上讲，要求学生学会用联系与区别、全面的观点分析历史，重视政治、经济、社会、文化等各种不同历史现象的内在联系。从区域上讲，要注意不同国家、不同民族的历史现象之间的相互关系，避免把不同的历史现象割裂开来，孤立地进行学习。

此外，这里所讲的"从联系与区别的视角"，与我们常说的"历史比较法"，两者既有区别，又有联系。历史比较法是一种更强调把两种或两种以上事物放在一起，辨别异同，认识本质，揭示规律的思维方法。"在历史教学中，通过对不同时间、空间条件下的历史事件、历史现象及历史人物进行比较，找出异同，发现本质，探寻历史发展的共同规律和特殊规律，这就是历史比较法。"（荀瑾，《新课程理念下高中学生历史比较能力的培养》，南京师范大学 2007 年硕士论文）历史比较法是从历史

联系中考察历史现象的一种非常好的方法。马克思也曾说过："极为相似的事情，但在不同的历史环境中出现就引起了完全不同的结果。如果把这些发展过程中的每一个都分别加以研究，然后再把他们加以比较，我们就会很容易地找到理解这种现象的钥匙。"（马克思、恩格斯，《马克思恩格斯全集》）

科学地运用历史比较法进行教学，与本文所讲的"从联系与区别的角度看待历史问题"在作用上有相通之处。两者对于深化历史教学改革，对于培养学生历史知识分析、综合、比较、归纳能力和历史思维能力都具有重要的作用。同时，也有利于学生全面地认识、深刻地理解历史现象，发现和认识历史发展规律，掌握科学的思维方法，学会学习。

但两者又有着明显的区别，尤其是在比较的历史对象上。"历史比较法"也是从历史联系中考察历史现象的方法，但比较的对象往往是"不同时间、空间条件下的历史事件、历史现象及历史人物"。"历史比较法"比较的两种历史事件，可能本身两者就存在因果、传承等本质联系，也可能是完全不同时间、不同地点，原本毫无联系的两个历史事件。如比较西周分封制与中世纪西欧的采邑分封，两者之间并没有明显的相互作用、相互影响的互动关系，只是因为具有某种相似性，才被教师拿来进行比较，比较的目的是为了让学生在区别中加深对两者的认识。而这种类型的比较就明显不属于本文所指范畴。

"从联系与区别的视角看待历史问题"，是强调彼此本身就存在联系的事物。如《社会主义从空想到科学》一课中把"空想社会主义"与"科学社会主义"放在一起进行比较。这种比较不仅仅要去寻找到两者学说的相同之处与区别之处，更应关注引导学生在对两者的比较中，看到科学社会主义与空想社会主义学说之间的联系，从而让学生认识到科学社会主义学说正是在对空想社会主义吸取和批判中得以产生的。

可见，用联系与区别的视角，分析历史问题，让学生在比较中看到差异，同时更关注历史事物之间的肯定与批判、继承与发展的关系。这种比较的背后是史观的变化，即比较的目的不是为了让学生对空想社会主义指指点点，而是让学生感受到历史是不断发展的，一些历史学说由于时代原因而存在缺陷性是必然的。但正是在这些带有缺陷性的学说的不断改进与实践中，人类的认识才得以不断发展和完善。这样的教学设计，才能让学生真正体会到，空想社会主义与科学社会主义学说之间的联系与区别何在，并形成正确的史观，做拥有理性思维的历史理解者，而不是对历史持一味批判的态度。

教材在介绍"科学社会主义的诞生"这一目中，有这样一段文字："19世纪三四十年代，欧洲工人运动蓬勃展开，表明无产阶级已经独立登上了政治舞台。工人运动的发展,迫切需要革命理论的指导。马克思和恩格斯在总结工人运动经验,吸收人类优秀思想成果的基础上,创立了科学社会主义理论。"

这段文字强调了科学社会主义诞生在 19 世纪 40 年代的历史背景,而这种历史背景,既创造了产生科学社会主义的必然性,也为科学社会主义的产生提供了历史条件。除了这段文字以外,这节课在纲目的设置上,也埋下了伏笔。这节课课题是《社会主义从空想到科学》,分为两子目,第一目是"空想社会主义",第二目是"科学社会主义的诞生"。两目之间紧密相连,空想社会主义与科学社会主义之间的联系与区别不容忽视,应是突破本节课课程标准中所要求的"从联系与区别的视角,分析、综合、比较、归纳基本史实和相关问题"这一过程与方法的重要着手点。

二、从联系与区别的视角分析历史问题的重要性

中学历史课程是以人类发展历程的重要史实,基于唯物史观的立场、观点、方法,以及人们对历史的认识为学习内容,以接受、理解和自主地学习这些内容,收集并解读典型史料,发现和探索历史及有关问题为学习方式,帮助和促进学生在追寻文明足迹、知晓前人得失、体验历史发展、感受史学进步的过程中,习得了解、解释与评价历史的基本方法,汲取历史经验,增强民族精神,开拓国际视野,陶冶道德情操,成为有历史意识和社会责任的公民。

育人是历史学科课程的最终目的。中学历史课程育人价值的精髓就在于知真、求通与立德三个层面。其中"求通"是育人的重要途径,就是要让学生形成对历史事件的通感意识,认识到历史事件前后的关联性,从而可以宏观把握历史内在的发展脉络。培养学生运用联系与区别的视角,学会分析、综合、比较、归纳基本史实和相关问题,正是培养学生"求通"能力的主要途径。

从联系与区别的视角,分析、综合、比较、归纳历史问题,对于培养学生的思维能力,全面认识、深刻理解历史现象,在"求通"中探究历史发展规律都大有助益。更重要的是它把教授历史知识,转变为教授学生掌握一种科学的学习方法,实现了从"授之以鱼"到"授之以渔"的转变。

三、如何从联系与区别的视角分析历史问题

从联系与区别的视角分析历史问题,要求学生要有时序和时空意识,并学会把独立的历史事件放入历史长河的脉络中和历史宏观背景中去审视。

科学社会主义的诞生,这一历史事件是以 1848 年《共产党宣言》在伦敦发表为标志的,但其产生的背后却关联到工业革命后的西欧社会。放入历史大时空中来看,它是属于工业革命后西欧历史发展的一环。科学社会主义的产

生不仅与 19 世纪三四十年代,欧洲工人运动蓬勃开展,无产阶级独立登上政治舞台,迫切需要革命理论指导有关,更与工业革命后各种历史问题的长期积聚下,经济危机爆发等使资本主义社会的基本矛盾日益凸显有关。同时,从时空上来看,19 世纪以来人类各项优秀文化成果,如自然科学领域的新发现与英国古典政治经济学、德国古典哲学、英法空想社会主义等社会科学领域的新成果等,无一不为马克思主义诞生提供了理论条件。

因此,教师可以利用时间轴的形式,让学生对历史事件进行纵向梳理,并在纵向梳理过程中,让学生思考历史事件前后的联系和区别。在做纵向梳理的同时,还需要进行横向的梳理。正如 19 世纪三四十年代,发生在欧洲各地的工人运动,发生在法国和英国的空想社会主义学说,其影响力却不仅仅局限于产生它的历史地区,同样对科学社会主义的诞生产生了直接影响。

第一,进行纵向联系。纵向联系是按照历史时间的前后顺序,找出某一历史事件或现象的起因及影响。而进行纵向联系的有效方法是依照课文章节目录进行联系。历史教材往往都是以单元题目、标题、内容纲目为体系进行编排的,它们之间的联系不仅体现了历史事件之间的因果关系和内在逻辑,还往往体现了历史发展的进程和时代特征。

首先,要注意标题、内容纲目之间的联系。也就是一节课的标题和围绕这一标题设置的两三个内容纲目。正如前文所述,本节课标题为"社会主义从空想到科学",内容纲目分为两子目:"空想社会主义"和"科学社会主义的诞生",那么"空想社会主义"与"科学社会主义的诞生"两个历史事件之间的联系性就不言而喻了。

其次,还要注意单元题目、课与课之间的关系。从单元上看,前面一个单元是"工业革命的来临","社会主义从空想到科学"属于"社会主义运动和马克思主义",学生自然便可寻得"科学社会主义"诞生的时代大背景。

这一历史背景在《共产党宣言》中也有相关记载:

> 由于推广机器和分工,无产者的劳动已经失去了任何独立的性质,因而对工人也失去了任何吸引力。工人变成了机器的单纯的附属品……花在工人身上的费用,几乎只限于维持工人生活和延续工人后代所必需的生活资料。

从课与课之间的关系上看,"社会主义从空想到科学"前面一课为"工业时代初期的社会矛盾",后面一课为"巴黎公社","科学社会主义"诞生的起因及影响也一目了然。可见,单元题目之间的关系,课与课之间的关系,往往体现的是历史发展的进程和时代特征,是打开学生将历史事件置于宏观大视野来看待的思维方法的钥匙。

第二,进行横向联系。横向联系就是通过空间拓展的方式,对同一历史前后时期的类似或者相关的历史事件进行分析、综合、比较和归纳。以本课为例,进行横向联系就要去寻找各个区域的相关历史事件。标志着"科学社会主义"诞生的《共产党宣言》号召:"全世界无产者,联合起来!"正如马克思所言:"(无产阶级)反对资产阶级的斗争是和它的存在同时开始的。"无产者的斗争,在科学社会主义诞生之前就已在蓬勃开展了,如法国里昂丝织工人两次起义、英国宪章运动、德国西里西亚纺织工人起义。而马克思等人正是对欧洲的工人运动的失败总结中,创立了"科学社会主义"。

这在《共产党宣言》中也有大篇幅的论述:"(注:无产阶级反对资产阶级的斗争)最初是单个的工人,然后是某一工厂的工人,然后是某一地方的某一劳动部门的工人,同直接剥削他们的单个资产者作斗争。他们不仅仅攻击资产阶级的生产关系,而且攻击生产工具本身;他们毁坏那些来竞争的外国商品,捣毁机器,烧毁工厂,力图恢复已经失去的中世纪工人的地位。在这个阶段上,工人是分散在全国各地并为竞争所分裂的群众……随着工业的发展,无产阶级不仅人数增加了,而且它结合成更大的集体,它的力量日益增长,它越来越感觉到自己的力量……工人开始成立反对资产者的同盟……甚至建立了经常性的团体……有些地方,斗争爆发为起义。工人有时也得到胜利,但这种胜利只是暂时的……无产阶级,现今社会的最下层,如果不炸毁构成官方社会的整个上层,就不能抬起头来,挺起胸来。"

因此,我们在学习历史时,要重视历史前后事件、不同区域的历史事件之间的联系,用联系的方法将庞杂的历史知识进行梳理,使我们对同一历史事件的理解更为条理化、系统化、整体化,从而达到化繁为简、事半功倍的效果。

四、实施案例

目标1:从联系与区别的视角,分析、比较基本史实和相关问题。

师:1848年《共产党宣言》发表,标志着科学社会主义的诞生,也标志着社会主义学说从空想社会主义完成了向科学社会主义的质的转变。而这一切发生在19世纪40年代,绝非偶然。让我们一起重温《共产党宣言》,来找寻答案。

材料1:人们应当把自己的社会尽量组织得有益于大多数人,以最迅速和最圆满地改善人数最多阶级的精神和物质生活,作为自己的一切劳动和活动的目的……社会制度必须彻底改造,改造的需要已经成为燃眉之急,势在必行。

——圣西门著,《圣西门选集》,董果良、赵鸣远译,商务印书馆1985年版材料2:这些著作抨击现存社会的全部基础。因此,它们提供了启发工人觉悟的极为宝贵的材料。它们关于未来社会的积极的主张,例如消灭城乡对立……所有这些主张都只是表明要消灭阶级对立……但是,他们拒绝一切政治行动,特别是一切革命行动;他们想通过和平的途径达到自己的目的……因此,这些主张本身还带有纯粹空想的性质。

——马克思、恩格斯,《共产党宣言》

师:从这两段材料,可以看出空想社会主义与科学社会主义有怎样的联系,两者主张上有怎样的区别?

生:两者的共性是都看到了当时社会存在的社会问题。

生:两者都对社会现实和资本主义制度进行了抨击,启发了工人的觉悟。并且都主张要建立起维护大多数人利益的制度。

生:是的,两者都主张消灭阶级对立,但是从材料可以看出,两者对于消灭旧制度的方式却是不同的。空想社会主义是想"改造",只想通过和平的方式,而科学社会主义主张用暴力革命的方式。

目标2:从联系的视角,分析、综合、归纳基本史实和相关问题。

师:那么请大家来看这样一条19世纪西欧社会的时间轴,请思考这与科学社会主义的诞生有什么联系。

1825年　英国发生第一次经济危机

1825年　博物学家赫胥黎诞生

1831年　法国里昂工人起义(第一次)　"青年意大利党"成立

1834年　法国里昂工人起义(第二次)

1836年　英国"伦敦工人协会"成立

1836—1837年　欧洲经济危机

1836—1839年　英国宪章运动第一阶段

1840年　巴黎工人大罢工

1840—1842年　英国宪章运动第二阶段

1840年　德国社会民主党创始人倍倍尔诞生

1844年　德国西里西亚纺织工人起义

1844年　德国哲学家尼采诞生

1846年　"共产主义通讯委员会"成立

1847—1848年　欧洲经济危机

1848年3月　西西里起义(第一次)

1848年2月　《共产党宣言》出版　法国二月革命

1848 年 3 月　柏林起义　维也纳人民起义　米兰起义　布达佩斯起义

1848 年 4 月　英国宪章运动高潮(第三阶段)

1848 年 6 月　法国巴黎工人六月起义

1864 年 9 月　第一国际成立

1871 年 3 月　历史上第一个无产阶级政权——巴黎公社成立

生:从这个时间轴可以看出,当时的西欧社会非常动荡,工人起义和经济危机不断,这说明工业革命在带来生产力发展的同时,也带来许多社会问题。而这些社会问题的解决,需要有理论的支撑。

生:我觉得还可以看出,工人阶级除了不断起义外,也在组建自己的活动组织,为政党创建做了不少的努力,这应该也为科学社会主义的提出积累了不少经验。

师:那么,在 1848 年《共产党宣言》发表以后呢?

生:从时间轴可以看出,科学社会主义诞生后工人起义变得更加蓬勃开展了,而且成立了第一国际,工人阶级走向了联合,第一个无产阶级政权也最终诞生了,这说明科学社会主义的产生影响是非常大的。

师:很好。工业革命在创造了巨大财富的同时,也加剧了资本与劳动的对立。在这一历史大背景下,才有我们看到的层出不穷的工人起义和各种社会主义学说的诞生。同样,科学社会主义的影响,也从一个侧面印证了每一个思想理论都是时代的产物,而思想诞生后又将引领这个时代前行。

多视角评价历史人物的作用与影响

——以《资本主义世界体系的形成》为例

嘉定区第一中学　李桂华

目标内容：从政治、经济、文化、社会地位、思想认识等视角和具体处境，评价历史人物作用与影响。

一、多视角与客观公正

在历史学中，视角指观察问题的角度和观点。同样的事件从不同的视角看去就可能呈现出不同的面貌，在不同的人看来也会有不同的意义。评价一个历史人物，在不同历史发展阶段中，不同的人若从不同的立场和角度去分析，就可能得出不同的看法和结论。

陈旭麓在《评价历史人物与历史教学》一文中指出："历史人物的活动离不开错综复杂、迂回曲折的历史背景"，因此对历史人物的评价不能简单化，而"要以当时的历史条件来评价历史人物"，要看其"对历史社会起了推动进步的作用还是起了阻碍破坏的作用"。（陈旭麓，《陈旭麓文集》，华东师范大学出版社 1997 年版）

"错综复杂、迂回曲折的历史背景"和"当时的历史条件"，包含着当时社会发展的政治、经济、文化状况，涉及历史人物的社会地位及其思想认识水平，以及历史人物在历史发展中的具体处境。在评价历史人物作用与影响时，我们要综合考虑这些因素，才能比较客观地分析出当时历史人物的所作所为，对他们所起的作用和影响才能有较为深刻的认识和理解，才能正确评价历史人物。换言之，政治、经济、文化状况、社会地位、思想认识和具体处境等，是我们认识和评价历史人物的多视角，只有做到多视角，才能达到相对客观公正。

如林肯在 1856 年竞选总统时曾发表演说："我们为争取自由和废除奴隶制度而斗争，直到我国的宪法保证议论自由，直到整个辽阔的国土在阳光和雨露下劳动的只是自由的工人。"林肯认为当时黑人奴隶制度在政治、经济上阻碍了美国的发展,表达了主张废除奴隶制度的明显倾向。

1861 年,林肯在就职总统时说:"对于各蓄奴州内存在的奴隶制度,我无意进行直接或间接的干涉。我认为我既无这样做的合法权力,也没有这样做的意向。"这时,林肯出于对国家政治稳定考虑,对黑人奴隶制度不是主张废除,而是"无意干涉",较之前竞选总统时来说,态度发生了明显的变化。

1863 年,林肯签署了《解放黑人奴隶宣言》,主张所有美利坚联邦叛乱下的领土之黑奴应享有自由,不论在态度还是行为上坚决废除黑人奴隶制度,《解放黑人奴隶宣言》成为美国内战转折的重要关键。

从上述林肯对黑人奴隶态度的变化中,我们可以用当时美国政治、经济具体情况,林肯个人社会地位和思想认识等视角,来评价林肯前后身份和他立场态度变化的必然性,而不能仅局限于林肯竞选总统或就职时的话语评价林肯。所以,认识历史人物要知晓历史和历史人物不断变化的过程和结果,评价历史人物作用与影响要坚持唯物史观。多视角和具体处境给我们提供了客观公正评价历史人物的具体方法和途径。

二、多视角与培养学生能力

教师根据教学内容的需要,对一些重要历史人物的作用与影响进行评价,并引导学生从政治、经济、文化、社会地位、思想认识等视角去探究历史人物的历史价值,可以引发学生从政治、经济、文化、社会地位、思想认识等角度进行深入思考,激发学生的研究兴趣,在知真、求通中提高学生的历史意识和综合判断能力。

德国社会学家马克斯·韦伯认为:"价值是文化科学概念形成的先决条件,是表示人和实在的一种关系,抱有一定价值观念的人通常情况总是与一定的实在发生联系,这种联系的作用不是凭借概念把握对象,而是对具有独特性质的对象采取的一种态度,一种评价的态度,这就是价值判断。"([德]马克斯·韦伯著,《社会科学方法论》,韩水法译,中央编译出版社 2002 年版,第 9 页)价值判断是人们对价值观念的选择和判断,从多视角和具体处境评价历史人物作用与影响对提高学生的价值判断能力能起到积极作用。

如林肯出生于一个清贫的农民家庭,父母以种田和打猎为生。由于家境贫寒,林肯受教育程度不高。为维持生计,林肯少年时当过俄亥俄河上的摆渡工、种植园的工人、店员和木工。1832 年林肯应征入伍,退伍后,参加州议员竞选,但没有成功。25 岁以前,林肯没有固定的职业,四处谋生,后成为一名土地测绘员。艰苦劳作之余,林肯始终热爱读书,通读了莎士比亚的全部著作,读了《美国历史》以及其他许多历史和文学书籍。1834年林肯被选为州议员,开始了他的政治生涯。积累了州议员的经验后,1846年林肯当选为美国众议员。1847年林肯参加国会议员竞选,获得成功,第一次来到首都华盛顿。

在教学中,教师从政治、经济、文化、社会地位的视角,补充了林肯的成长经历,传达了一种正确的价值判断。梁启超说:"每一时代中须寻出代表的人物,把种种有关的事变都归纳到他身上。一方面看时势及环境如何影响到他的行为,一方面看他的行为又如何使时势和环境变化。""凡真能创造历史的人,就要仔细研究他,替他作很详尽的传。而且不但要留心他的大事,即小事亦当注意。大事看环境、社会、风俗、时代,小事看性格、家世、嗜好、平常的言语行动乃至小端末节,概不放松。最要紧的是看历史人物为甚么有那种力量。"(梁启超,《中国历史研究法》,湖南人民出版社2010年版,第158页)这种视角和判断既能激发学生学习历史的兴趣,又能通过林肯勤恳学习、不断努力,改变不利处境,最终成为美国著名领袖,实现了个人价值的历程,给予学生价值判断的示范,让学生得到历史学习和社会生涯的启示。

三、实施案例

目标1:从政治、经济视角,评价历史人物作用与影响。

教师在讲完废除农奴制的基本史实后出示系列材料,引导学生从政治、经济角度对亚历山大二世废除农奴制所产生的影响进行分析。

材料1:(克里米亚战争后,俄国人意识到)文明现正以它的力量反对我们,我们已为与文明的这场斗争做什么准备工作了吗?我们不能以我们所有广阔的领土和无数的人口来对付这场斗争。当我们谈论反对拿破仑的光荣战役时,我们忘记了自那时以来,欧洲一直在进步的道路上稳步前进,而我们却一直停步不前。我们不是在走向胜利,而是在走向失败,我们唯一得到的一点安慰是,俄国将通过这一经历学到今后对它的发展有用的一课。

——[美]斯塔夫里阿诺斯著,《全球通史》

材料2:农民亲吻贵族的脚背。

师:右图是1861年3月3日农民们在农庄里听到贵族宣读"二一九法令"时的情景。

农民亲吻贵族的脚背

材料3：19世纪六七十年代俄国机器制造业统计表。

时间	企业数	工人数量	产值(千卢布)
1860 年	99	11600	7954
1879 年	287	42000	51937

师：根据材料1，亚历山大二世是在什么情况下开展农奴制改革的？

生：内有农奴起义，外有克里木战争失败，是在内忧外患下进行的。

师：亚历山大二世改革的目的是什么？

生：维护其沙皇统治，避免国内革命。

师：这主要是从什么视角？

生：主要是从政治视角。

师：对。再看材料2、3，我们可以提取什么历史信息，又可以归入什么视角？

生：农奴制改革"解放"了农民，使农民获得了"自由"，农民对此表示感激。

生：农奴制改革使俄国自由劳动力数量迅速增加，机器企业数量增多，工业产值数倍增长。

生：是否可以归入到经济视角？

师：可以。

材料4：列宁说："如果总的看一看1861年俄国国家全部结构的改变，那么就必然会承认这种改变是封建君主制向资产阶级君主制转变道路上的一步。这不仅从经济观点来看是正确的，而且从政治观点来看也是正确的。"

然而到了19世纪60年代，它的弱点暴露无遗，内部很不稳定，对外则比想象中虚弱许多。其关键弱点既是政治的，又是经济的。亚历山大二世所推行的改革与其说是振衰起敝的灵丹妙药，不如说是暴露疾病的症状。

——[英]艾瑞克·霍布斯鲍姆，《资本的年代》，中信出版社2014年版

师：再看材料4，分析亚历山大二世的农奴制改革对俄国历史发展的影响。先提炼出视角，再作具体分析。

生：政治上，农民获得了人身自由，取得了一定的民主权利，提高了农民的政治地位，改变了农民的精神面貌，一定程度上缓和了社会矛盾。但是，保留了沙皇专制制度。

生：经济上，农奴获得人身自由，为资本主义发展提供了大量自由劳动力，农民为获得份地，缴纳大量赎金，为资本主义发展提供了大量资金，这些推动了俄国机器工业发展。同时，许多农民仍然受到地主的奴役和剥削，经济困难。

师:很好。总结来说,亚历山大二世作为俄国沙皇,不可能彻底完成资产阶级民主革命的任务,但其废除农奴制的改革,为俄国资本主义发展扫清了道路,促进了俄国的近代化发展进程,被誉为俄国近代史上的"解放者"。

目标2:审视历史人物的社会地位、思想认识和具体处境,评价其作用与影响。

教师讲完南北战争的基本史实后,出示系列材料,引导学生从国内形势、身份立场的变化,分析林肯对奴隶制度的不同态度,以及这些态度对美国历史所产生的影响。

材料1:我们为争取自由和废除奴隶制度而斗争,直到我国的宪法保证议论自由,直到整个辽阔的国土在阳光和雨露下劳动的只是自由的工人。

——林肯,总统候选人竞选演说(1856年)

材料2:对于各蓄奴州内存在的奴隶制度,我无意进行直接或间接的干涉。我认为我既无这样做的合法权力,也没有这样做的意向。

——林肯,总统就职演说(1861年)

材料3:我们要在这里下定最大的决心,不让这些死者白白牺牲;我们要使国家在上帝福佑下得到自由的新生,要使这个民有、民治、民享的政府永世长存。

——林肯,葛底斯堡演说(1863年)

师:上述材料中,林肯对待奴隶制度的态度分别是什么?

生:材料1中林肯主张废除奴隶制度。

生:材料2中林肯无意干涉奴隶制度。

生:材料3中林肯坚决反对奴隶制度。

师:很好,同学们对信息的提取非常准确。从材料中我们明显可以看出,林肯对待奴隶制度的态度前后是不同的。那么,林肯的主张是前后矛盾的吗?

生:应该不矛盾吧。

师:看来我们不能一下子非常明确地看出是不是矛盾,那么我们就要一步步来分析,林肯是在什么时候、什么情况下发表这些演说的,林肯为什么会提出这些主张。首先看材料1。

生:材料1的时间是1856年,林肯竞选总统的时候。

师:很好。一般来说,参加竞选,最主要的是要表达什么?

生:最主要应表达的是竞选者的态度、理想,以及切实的主张。林肯在竞选中就明确主张废除奴隶制度。

师:他为什么主张废除奴隶制度呢?

生:这应该跟林肯的人生经历或者政治派别有关吧?

师:的确如此。林肯自幼出身贫苦,甚至亲身在种植园里做过工,目睹黑人奴隶的悲惨境遇。作为一名民主主义者,他相信一切人生来平等。他当了议员之后,经常发表演讲,抨击蓄奴制,1854年加入主张废除奴隶制的共和党,成为北方资产阶级民主派的代表,两年后被提名为副总统候选人。可以说,废除奴隶制度正是林肯一直以来的政治诉求。那么材料2呢? 林肯为何又无意干涉奴隶制度?

生:材料2的时间是1861年,当时林肯已经当选为美国总统,这是他就职时候发表的演说。

师:不错。林肯当选总统并就职了,刚才我们分析了,废除奴隶制度是他一直以来的政治诉求,那么现在就职了,不正是大展宏图实现理想的时候吗? 为什么反而无意干涉奴隶制度呢? 出尔反尔了?

生:得看当时的实际情况。

师:当时的实际情况是指什么? 美国的国内形势如何?

生:林肯就职的时间是1861年3月4日,当时的美国,南卡罗来纳等南部蓄奴州已经宣布脱离联邦,成立"美国南部各州联盟",并选举了自己的总统,南北双方局势极为紧张。南部各州无外乎就是死守黑人奴隶制度不放,如果此时受到"废除黑人奴隶制"的刺激,内战将立即爆发。这应该不是林肯所希望的。

师:为什么不是林肯希望的? 废除奴隶制度不是他竞选时所表达的理想吗?

生:但现在林肯是总统了,而不是候选人。

师:有什么区别?

生:区别在于,候选人可以尽情地表达理想,但总统却要考虑国家的实际利益,平衡各方。

师:那么1861年林肯就职时美国至关重要的利益是什么?

生:不要刺激南方,避免内战导致国家分裂。

师:正确。此时林肯的最高政治目标是反对国家分裂、维护联邦统一。这里,我们既分析了当时美国国内形势,也考虑了林肯的身份。再看材料3。

生:材料3是1863年11月19日,葛底斯堡战役胜利后林肯发表的葛底斯堡演说。

师:葛底斯堡战役在美国南部战争中具有怎样的意义?

生:是南北战争的转折点,北方已经取得了决定性的胜利。

师:葛底斯堡战役之前扭转南北战争双方局势的重要举措是什么?

生:林肯政府先后颁布了《宅地法》和《解放黑人奴隶宣言》。

师:不错。《解放黑人奴隶宣言》使得大量黑人奴隶获得了自由,等于是宣告废除了奴隶制度。而葛底斯堡演说除了哀悼在长达五个半月的葛底斯堡之役中阵亡的将士之外,更突出强调了什么?材料3中的关键词是什么?

生:民有、民治、民享。

师:很好。这其实强调的是美国立国以来的什么精神?

生:平等、自由精神。

师:林肯在葛底斯堡演说中援引《独立宣言》所支持的"凡人生而平等"之原则,重新定义南部战争:不只是为联邦存续而奋斗,亦是"自由之新生",将真平等带给全体公民,这与《解放黑人奴隶宣言》的精神是一致的。那么我想问:林肯1862年为什么要颁布《解放黑人奴隶宣言》?1863年为什么要在葛底斯堡演说中强调自由、平等?1861年他就职总统时不是"无意干涉奴隶制度"吗?

生:国内形势又不一样了。1862年内战早已打响,为扭转联邦政府的不利局面,林肯政府颁布了《解放宣言》,废除了奴隶制度。1863年葛底斯堡战役取得决定性胜利之后,为了尽快结束分裂,重新统一,为了自由与民主,他强调了废除奴隶制度,保证公民自由平等的决心。

师:很好。看来你们已经抓住了分析问题的关键点,那就是,林肯对奴隶制度前后不同的主张缘于不同的国内形势和林肯身份的转变。现在我想再问大家一个问题:不同国内形势、不同身份下,林肯对奴隶制度不同的态度,对美国历史产生了什么影响?请大家思考并讨论一下,再回答。

生:林肯竞选总统时主张废除奴隶制度,符合当时众多被束缚在种植园中的黑人奴隶的政治诉求,也迎合了众多主张自由和平等的奴隶制度反对派的观点,体现并推动了美国独立战争以来追求自由、平等的立国精神。

生:林肯当选总统后,执政初期无意干涉奴隶制度,这是对奴隶制度的妥协,肯定伤害了一大批奴隶制度反对派以及拥戴林肯的人的心,也会使种植园中的黑人奴隶大失所望,这一定程度上违背了美国的立国精神,给国家发展造成了不利影响。

生:我们承认,这种对奴隶制度的妥协的确给联邦带来不利影响,但是,当时林肯主要是为了维护联邦统一,防止国家分裂,这一点是值得肯定的。作为总统,他必须首先把维护国家统一放在第一位,而且这种妥协只是暂时的,并非永久的。

生:的确,这种妥协的态度很快就发生了改变。当南北战争已经不可避免地发生了的情况下,林肯很快就废除了奴隶制度,既赢得了民心,又动摇了南方反叛各州赖以生存的种植园经济基础,推动了战争局势朝着有利于北方的方向发展,对迎来战争转折功不可没。

生:这虽然是事实,但我们可不可以说,当时林肯废除奴隶制度,完全是出于扭转战局考虑,而并非是出于真正自由、平等的人权考虑?

生:我们不否认 1862 年林肯废除奴隶制度,很大程度上是为了扭转战局,这是他作为一国总统,在国家遭受分裂战争之苦时必须做出的抉择。但我们也不能就此抹杀他对自由和平等的追求,1863 年的葛底斯堡演说不正证明了这一点吗?

生:是的。当时已经是取得葛底斯堡战役决定性胜利后四个多月了,林肯在演说中重申《独立宣言》的精神,强调追求真正平等的决心和价值,可见南部战争已经不仅仅是一场维护国家统一的战争,更是为追求真正的自由、平等而战,这是对美国发展来说更长远的意义。

师:同学们都说得非常好! 你们对林肯的解读很深入,对历史的理解很深刻,特别是最后一位同学,你对林肯的解读让我很感动!

林肯对奴隶制的态度前后不同,因为这些不同的态度对美国的历史发展产生不尽相同的影响,这主要是缘于林肯在不同时期的身份不同,所面临的国内形势也不同。你们能理解他不同时期的不同主张,认识到这些主张或在短时段内维护了美国联邦统一,或在长时段内彰显并推动了美国自由、平等的精神,从而都推动了美国的发展进程,我想这也正是林肯之所以赢得世界人民尊敬的原因所在。

从量变与质变的视角认识历史

——以《第一次世界大战》为例

嘉定区第二中学　沈淑雅

目标内容：从量变与质变的视角，分析、综合、比较、归纳基本史实和相关问题。

总体来看，目标内容在"从量变与质变的视角"的限定下，侧重分析、综合、比较、归纳基本史实和相关问题。可以理解为三层含义：一是"量变"和"质变"是什么；二是如何从量变与质变的视角认识理解历史；三是本目标与其他目标的关联。目标内容旨在从量变与质变的视角认识基本史实和相关问题间的联系，获得剖析历史根源的方法与能力和辩证的历史思维方式，由此构建整体历史观念。

一、"量变"与"质变"

量变与质变都是哲学范畴上的概念。唯物辩证法认为，物质世界是普遍联系和永恒发展的。质量互变规律是世界联系与发展的基本规律之一。量变和质变是事物发展变化的两种状态。

一切事物都具有一定的质和一定的量，都是质和量的统一体。质是指一事物区别于其他事物的内在规定性。世界上的事物之所以千差万别，正是因为各种事物都具有自身特定的质。

事物不仅有质的规定性，而且还有量的规定性。量是指事物存在和发展的规模、程度、速度等可以用数量表示的规定性，以及事物构成成分在空间上的排列组合。事物的量是多方面的，同一事物可以有不同的量，量的变化只要不超过一定范围，就不会改变事物的质。

度是指事物保持自己质的数量限度（或范围、幅度），它体现着质和量的统一。事物的量在度的范围内发生变化，事物的质保持不变；但若超出度的范围，事物的质就发生变化。

　　历史上某个历史现象、历史事件或历史人物,也拥有其自身的质、量和度。比如第一次世界大战,特指发生在 1914 年至 1918 年,德国、奥匈帝国等组成的同盟国与英、法、俄、美等国组成的协约国之间,帝国主义为了重新瓜分殖民地和争夺世界霸权而进行的第一次世界规模的,最终以同盟国战败为结果的战争。这是第一次世界大战这一历史事件的"质"。1914 年 7 月 28 日,奥匈帝国向塞尔维亚宣战,接着,俄、德、法、英相继投入战争,第一次世界大战全面爆发。在此之前的历史时期都不能称其为"第一次世界大战"。20 世纪初以来的帝国主义国家之间的殖民地争夺、商业利益冲突和民族国家间的竞争,导致列强矛盾不断升级,形成两大军事集团,这些"量"的发展变化,逐渐超出了"度"的范围,最终演化为一场世界规模的战争,从而形成从"和平"向"战争"的"质"的变化。

　　量变是指事物在数量上、程度上的变化,是一种逐渐的、不显著的变化。量的变化一般是相对微小的、不明显的变化,是在度的范围内的延续和渐进。在历史中,量变往往表现为历史事件、历史现象或历史人物在一定历史时期内的渐进的发展演变。

　　　　处于石器时代的远古人类,石质工具不断改进完善、生产效率不断提高的过程;工场手工业时期,手工场规模不断扩大、分工更加精细的过程;一战以后美国挑战英国世界霸主地位的过程,可以视作为量变的过程。

　　质变是指事物的根本性质的变化,是由一种性质向另一种性质的突变。质的变化是根本性的、显著的突变,是对原有度的突破,是事物渐进过程中的中断。在历史中,质变往往表现为历史事件、历史现象或历史人物在某个特定的时间点或时间段上突发性的、跨越性的变化。

　　　　远古人类从石器时代跨入青铜时代,从工场手工业时期经过工业革命跨入工业时代,二战后美国成为世界超级大国之一,诸如此类,这些跨越式的转变,可以视作为质变的过程。

　　辩证唯物法认为量变与质变是辩证统一的,在一定的条件下,量变、质变是可以相互转化的。量变是质变的准备,没有一定的量变,就不会发生质变。质变是量变的必然结果,质变又引起新的量变。同时,量变与质变又具有一定的复杂性,例如量变在形式上可以是数量的增减,也可以是构成事物的成分的变化。总的量变的过程中也会包含部分质变。

　　　　就第一次世界大战而言,20 世纪初帝国主义国家之间矛盾不断产生并激化的过程则是一个量变的过程。这个量变的过程又具有一定的复杂性。首先,在数量上,导致帝国主义国家之间发生矛盾的因素在不断增多,如帝国主义国家间殖民地冲突、法德之间因为普法战争而结下的仇怨、巴尔干地区冲突、民族主义的鼓吹、同盟国和协约国这两大军事集团之间的对抗、相互之间的军备竞赛等等。其次，在程度上，以上这些矛盾因素愈演愈烈，导致帝国主义国家之间矛盾冲突的尖锐程度不断加深。

在矛盾积累激化的量变过程中，又发生了阶段性的质变。例如德国、奥匈帝国和意大利结成三国同盟可视为一次阶段性的质变。这是在德国、奥匈帝国因为巴尔干问题针对俄国而走向联合，进而意大利因为突尼斯问题加入德奥军事同盟这一量变过程的基础上发生的。另一方面，英国、法国、俄国结成三国协约也可视为一次阶段性的质变。三国同盟和三国协约这两个军事集团之间的对抗则进一步恶化了当时本已不稳定的国际形势，成为把人类拖向第一次世界大战的量变因素。

第一次世界大战的爆发则是 20 世纪初国际冲突矛盾量变因素积累激化，突破了"度"，由此发生的质变。它使世界范围结束了此前相对和平的历史时期，陷入了长期的战争状态，使原有的世界格局发展演变。这一质变过程又开启了新一阶段的量变，人类在战后重新构建世界格局，形成"凡尔赛—华盛顿体系"，由此进入到一个新的历史阶段。

二、从量变与质变的视角认识、理解历史

历史教学的目标之一是要培养学生的思维品质。从量变与质变的视角认识、理解历史有助于学生形成历史"通感"，提升思维的广度和深度，提高思维的整体性和系统性，构建整体历史观念。

1. 从"长时段"整体把握历史

事物的运动变化总是通过量变和质变表现出来的，人类历史发展进程也不例外。某个重要历史现象、重大历史事件的发生，具有其一定的突发性，但也并不是凭空发生的，往往是在较长时间段中各种历史因素不断发展演变、逐渐积淀到一定程度而导致的。从量变和质变的视角认识历史，需要从较长时段上整体把握历史，分析重大历史事件背后广阔而深远的历史背景，掌握其"源流际会"，才能深刻系统地认识和理解历史，提高历史思维的宽广性和深刻性。

如第一次世界大战看似是由萨拉热窝事件引发，实质上有其深刻的历史背景。第一次世界大战根源于一种愈来愈恶化，而且逐渐超出各国政府所能控制的国际形势。（［英］艾瑞克·霍布斯鲍姆，《帝国的时代》，中信出版社2014 年版）

要全面正确理解第一次世界大战发生的历史背景，就要从把握 20 世纪初以来

的整体国际形势入手。

2. 从经济、政治、军事等方面来思考和分析历史事件发生的动因

量变是质变的必要准备,质变是量变的必然结果。在从量变与质变的视角认识历史的过程中,要能够从不同角度、不同方面去分析引发质变的量变因素有哪些,这些量变因素发生着怎样的发展变化,最终导致质变。即从政治、经济、文化、军事、民族关系,甚至个人心理等不同方面去分析、综合、比较、归纳基本史实和相关问题。

以第一次世界大战的历史背景为例,有史学家认为,引发 1914—1918 年战争的潜在因素有很多,包括强烈的民族主义、民族自信心的挫败和种族仇恨、对专有经济利益的追求、野蛮的殖民竞争以及为追求权力的平衡在欧洲乃至世界范围内展开的普遍竞争。1871—1914 年间,欧洲国家采取的外交政策,日益加剧了战争的危险。为了不使自己在这个充满敌意的世界中被孤立,国家领袖们寻求与其他国家的结盟。欧洲两个敌对的联盟——协约国和同盟国——的建立与维持使战争从巴尔干扩展开来。([美]杰里·本特利赫伯特·齐格勒著,《新全球史·文明的传承与交流:1750 年至今》,魏凤莲译,北京大学出版社 2014 年版,第 203 页)

当然,在分析、综合、比较、归纳这些基本史实和相关问题时,必须建立在"史由证来,论从史出"的基础上,切不可牵强附会,凭空臆断。

3. 在解决具体问题的过程中进行内化

目标内容在具体实施的过程中,需要教师对"量变"和"质变"这两个概念加以一定的解释说明。教师可以示范建模,在解决具体问题的过程中有机生成,再通过学生体验的方式进行内化。

同时,教师还需要根据学情对实施策略进行灵活调整。对于基础较薄弱的学生,可以以教师示范引导为主;对于基础较好的学生,则可以在教师示范建模的基础上,更多给予他们模仿体验的机会;对于学有余力的学生,则可以引导他们迁移运用,触类旁通,进而习得系统的历史辩证唯物主义的思维方法,形成整体历史观念。

三、实施案例

目标 1:从"长时段"整体把握历史。

教师讲述第一次世界大战的导火线"萨拉热窝事件",引出第一次世界大战缘何发生的话题。

师:真的是这两颗子弹、这场暗杀导致了第一次世界大战吗? 战争结束后,历

史学家对战争的根源进行了广泛的争论,但都把目光聚焦到了20世纪初的国际形势。20世纪初,资本主义世界政治经济体系已经形成。这是世界范围内资本主义国家和其他非资本主义国家通过它们之间的相互经济联系而形成的统一的经济整体。它既包含资产阶级征服世界的过程,又包含资产阶级按自己意愿改造世界的过程。它包括资本主义世界政治体系、经济体系和殖民体系。其中,资本主义世界经济体系是怎样的呢?

> 材料:欧洲是世界的工业工厂,工业总产量占世界工业总产量的一半左右。1913年,仅英、德、法三国的工业制成品的出口就占到世界出口的60%。同时,欧洲各国的海外投资伸向世界各地,伦敦保持了世界金融中心的地位。
>
> ——王斯德,《世界通史》(第二卷),华东师范大学出版社2009年版

> 20世纪初一位英国经济学家的描述:今天的伦敦在芝加哥有它的粮仓,在加拿大和波罗的海有它的森林,它的养羊场在澳大利亚,它的金矿和银矿在加利福尼亚和秘鲁,它喝从中国运来的茶叶、从东印度种植场弄来的咖啡。

生:资本主义国家占主导,其他非资本主义国家处于从属地位,成为资本主义国家的原料产地、商品市场和资本输出市场。它们之间通过相互的经济联系而形成统一的经济整体。

师:因此这是一个由欧美为主导,不公正、不合理、不平衡的资本主义世界经济体系。20世纪初的资本主义世界体系是不公正、不合理的,欧美工业国奴役亚、非、拉农业国,使亚、非、拉等国沦为它们的经济附庸、原料产地、商品与资本市场。20世纪初的资本主义世界体系是不平衡的,欧美列强发展不平衡,欧洲仍然保持优势在位,伦敦是金融中心,欧洲事务牵一发而动全身;美日迅速崛起,成为列强的竞争对手;欧洲内部,德国崛起,挑战欧洲霸主地位。

目标2:从经济、政治、军事等方面来思考和分析历史事件发生的动因。

教师在引导学生整体认识20世纪初的国际形势的基础上,从不同角度分析第一次世界大战发生的历史动因。

师:20世纪初形成的资本主义世界体系是不公正、不合理、不平衡的,由此导致国际形势不稳定。有一种观点认为,导致这个世界动荡的最重要的历史背景有如下四点:经济上的竞争、殖民地的掠夺、军事同盟和不可逆转的军事时间表。

首先,我们来看一段材料,分析一下从中能提供给我们哪些历史信息。

> 材料1:1888—1889年意大利和法国之间、1879—1894年俄国和德国之间,1906—1910年奥地利和塞尔维亚之间均爆发了关税战。由于19世纪后期德国工业化的速度异常迅速,英国和德国之间展开了最为激烈的经济竞争。1870年,英国的工业产量占世界工业总产量的31.8%,而德国仅占13.2%。到

1914年时,主要由于美国的产量从占世界总产量的23.3%猛增到35.8%,英国工业产量所占的比例下降到14%。不过,德国的产量却得到了充分的增长,以致它的比例略有上升,为14.3%,大于英国所占的比例。

——[美]斯塔夫里阿诺斯,《全球通史——1500年以后的世界》,上海社会科学院出版社1999年版

生:意大利、法国、俄国、德国、英国等西方资本主义国家间经济竞争激烈。

师:根据材料,西方资本主义国家间的实力对比发生了怎样的变化?

生:相比之前,到20世纪初,英国相对工业生产实力下降。美国和德国相对工业生产实力地位提升。在欧洲,德国超越了英国。

师:19世纪末到20世纪初的几十年间,当时欧洲大多数强国都卷入了关税战和对外国市场的竞争。德国工业产量的短时激增意味着它与英国在海外市场上的竞争十分激烈。此外,德国建造强大海军和最强陆军的决心,大大加剧了英德两国关系的紧张,这些都促成了战争的最终爆发。经济上的竞争是导致一战爆发的重要因素之一。

第二,争夺殖民地。为确保剩余资本与剩余产品的海外市场,欧洲列强竭力抢夺殖民地。当1871年刚刚统一的德国冲向世界寻找殖民地时,留给它的空白已经不多了。德皇威廉二世叫嚣着:德意志需要呼吸新鲜空气。他把目标对准了葡萄牙、荷兰、比利时这些具有富裕殖民地的小国。然而,德国却发现面前处处有广袤英国殖民地的阻隔。不仅是英、德,其他主要列强都参与了争夺殖民地。美国发动了美西战争,夺取了菲律宾。日本发动日俄战争,夺取中国东北地区利益。这些对殖民地的争夺造成了战前几十年的紧张气氛。

第三,军事同盟的建立。殖民地的争夺最终推动了列强在和平时期缔结军事同盟。同盟源于1879年德国宰相俾斯麦与奥匈帝国缔结的两国同盟条约。这是一个防御性条约,旨在保护德国免受法国人攻击。它也旨在保护奥匈帝国免受俄国人的攻击。1882年,两国同盟因意大利的加入而变成三国同盟。它的目的还是防御。

但是,从另一方的立场来看,三国同盟则完全是另外一回事情。在法国和俄国看来,它是一个控制欧洲,使法、俄孤立并易受攻击的势不可挡的集团。结果,1894年法俄同盟缔约成立,它的两个目的是反对三国同盟和抵制英国对殖民地的争夺。法俄同盟因1904年英法协约和1907年英俄协约的签订而成为三国协约。和平时期出现军事集团是世界历史上的新鲜事,而正是这种军事同盟使得各国无论是否愿意都会卷入战争。

第四,不可逆转的军事时间表。我们来看一则材料:

材料2:法国政府(1914年)备忘录:7月25日早晨阿尔萨斯和洛林的驻军全部归队。同日,前线的军事工事已经进入战备状态。26日,他们发布命令,要求铁路采取初步措施,集中力量运送军队。27日,必要的军事征用已经完成,军队已经就绪。

——海山·伊夫,《战争的缘由》

师:同学们,你们从这则材料中能得到什么信息?

生:这则材料中阿尔萨斯和洛林是德国的。普法战争后,这两处割让给了德国。所以法国是观察到了德国人的军队进入战争准备了。

师:这位同学回答得非常好,他联系我们之前学习的知识。还有吗?

生:从7月25日观察到敌军行动到7月27日法国军队准备就绪,感觉时间很短。

师:观察很仔细,的确一战前战争的准备和动员速度非常迅速。由于第二次工业革命,19世纪后期是欧洲军事技术通过科学和军事的结合获得大飞跃的时期。大国的军事领导人通过大量定购最新式武器来寻求安稳。然后,他们利用铁路网运输军队和物资,并准备详细动员计划。一旦战争动员计划启动,人员和物资就会按计划自动地、大规模地运输。不再可能撤销命令,因为人员和物资的流动将被堵塞,使国家在由此导致的混乱之中处于无防御状态。这种历史学家所谓的"军事时间表的紧急状态",已被证明是萨拉热窝事件后寻求和平的一种障碍。

凡此种种俱是战争发生前几十年所产生的广阔和深远的历史背景。由此可见第一次世界大战不是骤然而至的,而是由这些广阔而深远的历史背景最终促成的。

从背景与条件的视角，分析历史问题

——以《俄国十月革命的胜利》为例

嘉定区中光高级中学　姜芳芳

目标内容：从背景与条件的视角，分析、综合、比较、归纳基本史实和相关问题。

一、历史事件发生的背景和条件

梁启超说："史者何？人类社会赓续活动之体相，校其总成绩，求得因果关系，以为现代一般人活动之资鉴者也。"（梁启超，《中国历史研究法》，中华书局 2009 年版）这告诉我们，历史包含着两层含义：一是人类社会的演化，另一是探究其因果关系。而要理解历史的这两层含义，历史事件发生的背景和条件是我们需要关注的重点内容。作为历史事件的两个核心要素，背景和条件既有联系又有区别。

背景是指对人物、事件起作用的历史情况或环境。任何历史事件都有一定的历史背景，任何历史人物都活动在一定的历史背景之下。历史事件发生的背景为我们提供了某一历史事件发生时(前)社会经济、政治、军事、思想文化、阶级关系、民族关系等方面的状况，从中揭示某一历史事件发生的深刻社会根源，进而成为帮助我们认识历史人物、了解历史事件的依据之一。

从广义上说，条件是指历史人物、事件所处的时代、地域、国度、文化背景等历史环境条件。从狭义上说，条件是指制约、影响历史人物、事件产生、存在和发展变化的相关直接因素。条件有时和原因、背景可以通用。但严格来说，背景所包含的内容比条件和原因所包含的内容更加宽泛，覆盖的范围更广阔，原因和条件只是背景的组成部分。

《高中历史》教材(华东师范大学出版社出版)是这样描述 20 世纪初的俄国社会：20 世纪初的俄国正处于现代化进程的十字路口。一方面，农奴制改革后，资本主义生产方式不断发展；另一方面，沙皇专制制度却日益强化，资本主义工商业和传统农业发展失衡,社会经济与政治的结构性矛盾不断激化。俄国人民最关心的土地问题与民主问题始终没有得到解决。俄国在 1904 年日俄战争中的失败,激起了民众的强烈不满,从而引发"1905 年革命"。战争是革命的加速器。第一次世界大战中俄军的失利充分暴露了沙皇政府的昏庸无能。战争困境更使国内危机空前加剧。1917 年初,俄国经济已陷入全面崩溃的境地。"和平、面包和土地"成为俄国民众的共同呼声。

由此,我们可以知道十月革命在俄国的爆发绝非偶然,而是由其特殊的国情决定的。自 1861 年农奴制改革后,俄国不断向西方学习,但始终没有找到一条适合俄国国情的现代化发展之路,土地问题和民主问题没有得到解决。1904 年日俄战争和第一次世界大战则进一步激化了俄国人民对沙皇政府的敌对情绪。这些因素构成了 20 世纪初俄国有别于其他国家特殊的历史时代,酝酿着革命的爆发,也呼唤着能取代旧式沙皇政府而拯救俄国的英雄。因此,有了之后的二月革命和资产阶级临时政府的上台。

　　教材又进一步交代了十月革命爆发的背景:二月革命后,临时政府虽然实行了一些资产阶级民主改革,但对民众最关心的和平与土地等根本问题置若罔闻。前线继续在流血,后方依然面临饥荒。在这种情况下,新的革命形势又出现了。这一次,站在革命潮头的是列宁及其领导的布尔什维克党。

可见,在 20 世纪初复杂的社会背景下,俄国从二月革命向十月革命的过渡又有着具体的历史条件。一方面是临时政府拒绝正视俄国民众的呼声,继续战争的结果,另一方面是列宁及其领导的布尔什维克党顺应了形势,推进了革命的发展。

　　进一步思考本课所在单元"1917 年俄国革命与苏联的现代化道路"的其他内容,"从'战时共产主义'到新经济政策"和"苏联的工业化与农业集体化",它们可以概括为十月革命胜利后,布尔什维克党在艰难的国内外环境中不断摸索适合本国发展的迅速现代化道路。

我们可以发现,每一个历史事件都不是自我封闭的,每一个事件与前述事件都存在着必要的关联。因此历史事件的背景和条件不是单一的,而是相互交织的,这正是历史的复杂性所在。

二、从背景与条件的视角分析历史问题的重要性

1. 构建完整的史实逻辑

史实逻辑是以史实为对象的思维、思维规则和规律,它遵循的是历史与逻辑统一的原则。背景和条件作为历史人物、历史事件、历史现象的脉络中之首要,是构建史实逻辑的两个核心要素。我们要理解史实,必须将史实置于历史背景和条件

之中,即史实所在的那个时代。因为历史学以人为研究对象,而人都生活于自身的环境之中。正如英国历史学家卡尔在《历史是什么》这本书中说的,历史学"关心永远身在社会框架之中,他们是这些社会的成员""关心某个时代的这些社会中的人类成员,这时代也正取决于他们的发展演变"。

可见,没有背景和条件,任何历史事件都会失去赖以存在的时代情境,历史发展的逻辑链就会缺失,也就无法架构起完整的史实逻辑。从某种程度上说,历史背景和条件就是历史的起点。只有把背景和条件讲透,学生知道历史的起点在哪里,才会更清晰地明白历史究竟走了多远,才会更透彻地理解历史何以至此。

2. 学会历史主义地看问题

古人有云,学历史要"了解之同情",强调的是在研究和学习历史的过程中必须客观理性,以一种充满温情与敬意的心态走进历史。当今史学界也强调历史主义的方法,即在分析任何一个社会问题时,要把问题提到一定的历史范围之内。在评价历史人物时,必须把历史人物放在他所处的具体时代背景、历史条件下去考察,把人物作为其所处时代的社会诸条件的产物来分析,不能脱离当时的历史实际,也不能以今天的尺度衡量他们,不能脱离开一定的历史条件来谈论他们的进步性。因为离开具体的历史条件,就不能找到判断善恶、是非、功过的标准。高中历史课程标准也强调"历史学习是一个从感知历史到不断积累历史知识、进而不断加深对历史和现实的理解过程"。因此,历史教学也强调对学生历史意识的培养,本质上就是历史主义地看问题。而要培养历史意识就离不开对具体历史境况的分析与体验,需要认识主体深入到具体的历史情境中去仔细辨析。否则,在时代背景信息不全面的情况下,学生容易站在当代的立场上、并从自身的需要出发去认识,否定历史人物在当时条件下存在的理由和作用,也无法对历史事件进行理性的分析,从而导致认识上的误差,甚至陷入历史虚无主义的泥坑。因此,教师在课程实施中应从背景和条件入手,尽可能提供足够的信息,努力构建贴近历史时代背景的情境,引导学生理解历史事件产生与发展的条件,"知其然,知其所以然"。由此学生对历史进行反思,进而在对历史的思辨中学会历史主义地看问题。

3. 落实史学思想方法

历史学科的特质决定了历史教学的特色,即"史由证来,证史一致;论从史出,史论结合",必须借助史料再现历史、获取真知,绝不能以论带史、简单灌输。历史学科要培养创造性学习能力,必须让学生走进历史,移情体验当时人的言行及其价值观,然后才能做出比较客观的分析,从而认识历史事件之间的前因后果关系,探究历史的走向。

但由于受篇幅、课时、总体设计和具体编写诸多因素的影响,高中历史教材在内容设置上大多比较概括,有些地方还会出现密度过高、跳跃性过强、抽象概念多、现成结论多等问题。这容易导致课堂空泛,机械记忆,学生缺少对历史的体验和感悟,久而久之就会失去对历史事件为何发生、为何呈现此种特点等问题思考的兴趣和能力。

因此,高中历史课程标准在课程目标中强调:"掌握历史学习的基本方法。学习历史唯物主义的基本观点和方法,努力做到'论从史出、史论结合'。"可见史学思想方法受到了非常高的重视。在具体的方法内容中,"解释与评价的思想方法"是我们如何认识历史的思想方法,包括运用"背景与条件"概念和范畴,分析、综合、比较、归纳基本史实和相关问题的方法。其目标重在引导学生从背景和条件入手,进入历史情境。从当时人的思想和历史环境分析问题,做出合理推理和论证,并通过研究史实运动各个阶段的背景和条件的变化来理解史实的演变。由此,在复杂的历史背景和条件中,分析、揭示历史发展与演变的规律,形成正确的历史观。

三、如何从背景与条件的视角分析历史问题

从背景与条件的视角分析历史问题,教师要精选史料,尽可能多方面呈现历史发展的线索,帮助学生回到历史现场,理解历史人物和事件何以产生的时代风貌。首先要理出纵横的线索。横的线索是在当时的政治、经济、文化等社会各层面之间实现"横通",借助各历史事物之间的相互影响、因果关系来帮助学生理解历史发展原因的复杂性,避免历史认识的简单化。纵的线索是把历史上前后相关联的事物连成一条线,实现"纵贯",从历史发展的沿革中探寻历史事件的"所以然"。纵横线索交织,共同架构出一个庞大的关系网络。正如马克思主义唯物史观所认为的,一切事物的发展变化,正是由事物内部条件和外部条件互相交错形成合力的结果,历史合力是制约历史发展的动力。

值得注意的是,教学中在把握背景和条件时,往往存在若干误区,如将背景或条件演绎成一个直线发展的因果链;或是一个个孤立的事件罗列,呈现为先后发生的事情;或简单地按照政治、经济、社会、文化因素来排列,至于这些因素之间的互动关系、关联性等一概置之不理;或在思考"因果关系"时,忽略了人的动机和意图的重要性。事实上,历史事件的发生是多种因素汇集在一起而产生的结果,具有多重性、多向性和多面性。教师必须引导学生以具体的客观史实而非空洞的概念来解释历史事件的背景和条件。

十月革命的发生正是国际、国内背景;直接、间接条件;客观、主观原因等因素合力作用的结果。

从纵向线索来看,十月革命前的一百余年,是俄国急剧变革的时代:腐朽

151

没落的沙皇专制制度已经严重阻碍了俄国的现代化进程;而日益尖锐的阶级矛盾、民族矛盾和其他复杂的社会矛盾使国内局势动荡不定,曾经盛极一时的俄罗斯帝国风雨飘摇。当时,有血性、有理性的俄罗斯人都在摸索前进的道路。十二月党人、革命民主主义者和平民知识分子、民粹主义者,都曾为推动俄国社会的发展做过艰苦的努力,但是当时的各种努力都没有成功。当俄国人民已不再对各种改革寄予希望的时候,便将目光转向了资产阶级民主革命,希望在俄国建立西方式的民主制度。但他们的希望又一次落空了。

从横向线索来看,一是革命前夕,落后的俄国是各种矛盾的集合点,是帝国主义链条上最薄弱的环节。20世纪初,俄国虽然具备了帝国主义特征,但俄国的资本主义发展迟缓,仍然保留着大量封建农奴制残余,对外国资本的依赖性大,沙皇制度依然占统治地位,这使得俄国许多矛盾错综复杂地交织在一起,充满了动荡、危机,酝酿着革命。二是俄国无产阶级队伍的壮大和无产阶级政党的成熟为革命准备了阶级基础和领导核心。俄国无产阶级深受资本主义和封建主义双重压迫,人数虽不多,但相对集中,组织性、革命性、战斗性强,又有以列宁为领袖的布尔什维克党的正确领导,还有广大的农民作为革命同盟军,这一切使俄国成为20世纪初国际共产主义运动的前沿和中心。三是第一次世界大战为俄国革命造就了有利的国内外形势。第一次世界大战给俄国带来了惨重损失,不仅夺去了数百万人的生命,而且使俄国的经济陷入瘫痪,人民生活困苦不堪。沙皇政府的腐败无能更激起人民的强烈不满,士兵和群众的反战情绪和革命热情日益高涨。"战争引起革命"的条件已经成熟。

四、案例实施

目标1:从背景的视角,分析、归纳基本史实。

师:俄国爆发无产阶级革命不是偶然的,而是国内国际形势的历史必然,请看以下材料。

材料1:20世纪初的俄国正处于现代化进程的十字路口。1861年农奴制改革以来,俄国社会经历着深刻的结构性变动,一方面,资本主义生产方式获得相当发展,传统的村社体制趋于瓦解;另一方面,沙皇专制制度日益强化,落后的政治体制顽固地阻挠着村社的彻底瓦解和市民社会的形成。于是资本主义工商业和传统农业的发展失衡不断加剧,社会经济和政治的结构性矛盾不断深化,使其现代化进程面临危机。

俄国的工业发展存在严重的结构性危机。它是在不具备成熟的市场经济体制的条件下,通过政府部门推行的非均衡发展战略而使某些工业部门获得优先发展,从而使资源配置处于人为扭曲的状态,量的扩张和速度的提高是以经济效益的低下为代价的;严重依赖外资。

……

发展的不平衡和结构性矛盾首先是通过农业危机暴露出来的,农业危机的集中表现是接连发生的饥荒和愈演愈烈的暴动。每年都有局部饥荒,三年一中荒,五年一大荒。

——王斯德主编,余伟民、郑寅达著,《世界现代史——现代文明的发展与选择》,华东师范大学出版社 2001 年版,第 23—24 页

材料 2:19 世纪末 20 世纪初,俄国进入帝国主义阶段。第一次世界大战前,垄断组织已分布于各工业部门,在国家经济生活中起决定性作用……俄国是小农经济占优势的国家,农业人口占全国人口的 4/5,无产阶级在全国人口中占少数,工业产值占国民经济总产值的 42.1%。1913 年按人口计算,俄国的钢产量只及美国的 1/11,德国的 1/8,英国的 1/5,法国的 1/4。俄国在经济和政治生活中存在严重的封建农奴制残余,农村保留有贵族地主大土地所有制和封建剥削形式……1901 年,西欧资本家向俄国工业和银行投资约 10 亿卢布,控制了俄国工业中最重要的部门。

——吴恩远,《论十月革命发动的内在逻辑性》,《江汉论坛》2007 年第 9 期

师:从以上材料中,我们看到 19 世纪末 20 世纪初的俄国面临怎样的社会状况?

生:俄国是一个落后的帝国主义国家,已经进入垄断阶段,但资本主义经济实力不足,发展缓慢,远远落后于其他资本主义国家,并且经济发展在很大程度上依赖于西方列强;野蛮落后的沙皇专制制度和严重的封建农奴制残余依然存在。

目标 2:从背景与条件的视角,分析、综合、比较、归纳基本史实和相关问题。

师:20 世纪之初,俄国在社会和经济领域显著落后于欧洲和其他发达国家。改变俄国落后的面貌,尽快融入世界现代化发展的潮流,这是当时俄国社会生产力发展的要求。而为了适应生产力的发展,生产方式、社会关系必须做相应的改变。

材料 1:世纪之交的俄国农民的生活是十分贫苦的。1861 年获得解放以后,高额的地租和频繁的饥荒,许多农民的生活条件比以前恶化了,营业税,尤其是对酒类的税收简直成了令人窒息的重负,因为农民们就是靠饮酒才使自己得到点安慰的。俄国无产阶级受剥削、压迫特别严重,日工作时间一般长达

10 小时,但工资低微(1910 年俄国工人的工资相当于美国工人工资的 1/3)。

——《人类文明史图鉴丛书 19:战乱中的世界》,吉林美术出版社 2004年版

师:从这段材料中看出 20 世纪初俄国社会存在着哪些阶级矛盾?

生:广大农民同地主阶级、沙皇专制制度的矛盾;俄国工人阶级和资产阶级的矛盾尖锐,因此人民不得不奋起反抗,以求生存。

师:总结 20 世纪初处在现代化进程十字路口的俄国面临着如下社会问题:

一是保留下来的沙皇专制制度日益强化(政治的视角)。二是资本主义生产方式不断发展,但资本主义工商业与传统农业发展失衡(经济的视角)。三是人们的土地和民主问题没有解决(生活的视角)。

以上种种因素交织在一起,导致社会矛盾尖锐,加之俄国在 1904 年日俄战争中的失败,终于引发了"1905 年革命",成为革命的"总演习"。

1915 年夏,一位俄国将军对前线俄军这样描述:"想一想参加最近几次战斗的几个步兵团吧,他们中三分之一的人没有步枪! 这些可怜的家伙在暴风雨般的榴霰弹片中耐心等待,等待着拾起倒下的同伴的步枪。他们在这样的条件下居然毫不恐慌,这真是一个奇迹……这种磨难我们的士兵要忍受多久呢? 这种残杀太可怕了!"列宁说:"任何一个国家也没有像俄国那样严重地受到战争的磨难和痛苦……如果没有战争,俄国也许会过上几年甚至几十年而不发生反对资本家的革命。"这里所说的"战争"指的是哪场战争? 它给俄国带来什么影响?

生:第一次世界大战激化了各种社会矛盾,沙皇俄国的落后与腐朽充分暴露出来,加深了人民群众的痛苦和不满,为革命创造了有利时机。

师:第一次世界大战对十月革命的爆发带来了直接的影响。俄国国内:战争接连失利,国内经济濒于崩溃,激起全国各地不断爆发革命运动,革命潮流冲击着沙皇专制统治,革命时机成熟;而国际上正是第一次世界大战削弱了帝国主义,使无产阶级有可能在帝国主义链条上的薄弱环节突破而取得革命的成功。

材料 2:20 世纪初,500 人以上的 664 个大企业(占全国工厂总数的4%)集中了 80 万工人。此时,俄国工人阶级连同家属的总人数已达到 2200万人,占俄国人口的 18%,其中产业工人的人数为 300 万。

——赵士国,《论十月革命的必然性与偶然性因素》,《史学理论研究》2009 年第 3 期

师:根据材料,20 世纪初期俄国的这一现象对革命的爆发带来了什么影响? (结合前面材料综合分析)

生:随着资本主义的发展,俄国无产阶级队伍不断壮大;俄国无产阶级深受资

本主义和封建农奴制残余的双重压迫,革命性较强,还有革命的同盟军——占全国人口大多数的贫苦农民。工人集中程度高,大多数工人集中在几个大城市的大企业中,便于发挥战斗力,又有助于组织性和团结性的提高。

师:随着无产阶级的壮大,俄国产生了比较成熟的代表工人阶级的政党——布尔什维克党,而且以列宁为首的布尔什维克党能够根据具体情况制定正确的革命策略。这是促使俄国爆发无产阶级革命的主观条件。总之,十月革命爆发的背景和条件,我们可以从国际国内背景、直接间接条件、客观主观原因等因素立体多维地进行考察。

从传承与发展的视角解释历史问题

——以《印度"非暴力不合作运动"》为例

嘉定区朱桥学校　孙　建

目标内容：从传承与发展的视角，分析、综合、比较、归纳基本史实和相关问题

一、目标内容解析

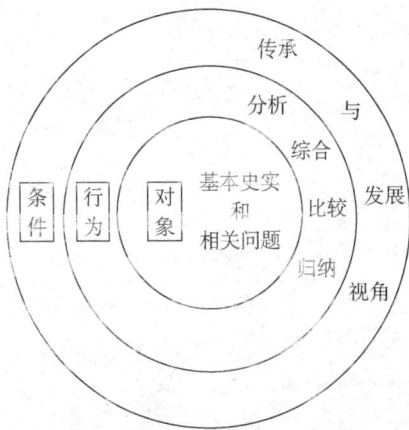

历史是基于证据和视角的解释。本目标即是基于视角解释历史的具体体现，其内容可分三个层次：目标对象、实施行为和限制条件。基本史实和相关问题，分析、综合、比较、归纳，传承与发展视角形成一个趋向目标对象的同心圆（如左图）。

1. 目标对象：基本史实和相关问题

英国历史学家 E.H.卡尔说过："历史由一大堆已经确定的事实构成。"（E.H.卡尔，《历史是什么》，商务印书馆 2010 年版，第 90 页）因此，基本史实就是指那些已经确定下来的，用以解释历史的最重要的事实，包括人物、事件以及与之相关的时间和地域等，它们构成了历史的基本框架。

这些基本史实往往有以下特点：

一是确定性。有一些基本的事实，对于历史的记载者和使用者来说都是相同的，无论人们如何进行选择和加工，组成这些史实的最基本要素是不易被改变的，具有确定性。

二是原始性。用于构建历史的原始材料，通常属于基本史实。"对于所有历史学家都一样的所谓基本事实，通常属于历史学家的那类原始材料。"（E.H.卡尔，

《历史是什么》，商务印书馆 2010 年版，第 92 页）。一些用于解释历史的基本史实具有原始性。

所谓相关问题，就是指理解基本史实时产生的需要研究讨论并加以解决的矛盾和疑难。这些矛盾和疑难是指向基本史实的具体内容，是人们解释和评价基本史实的关键之处和重要之点。

2. 实施行为：分析、综合、比较、归纳

这一层次的目标内容是针对目标对象的实施行为，是学生理解和应用基本史实的具体行动和解决问题的具体方法。在课堂教学中，教师可以根据具体史实和相关问题，以及教学内容主旨的需要等选择以下目标行为来实施训练。

分析，即分解辨析。就是把基本史实和相关问题分成各个部分，找出这些部分的本质属性和彼此之间的关系。属于"理解"层面的学习要求。

综合，与"分析"相对。就是把基本史实和相关问题的各个部分联结成一个整体加以考察，与其他知识、技能、方法或价值标准重新整合以解决问题的方法。属于"运用"层面的学习要求。

比较，根据一定标准，在两种或两种以上有某种联系的基本史实间，辨别其特点、属性、因果等的异同。属于"应用"层面的学习要求。

归纳，就是对具体的基本史实或相关问题进行有条理的归拢，并从中概括出基本史实的基本要素或特征等的方法。属于"理解"层面的学习要求。

3. 限制条件：传承与发展视角

传承是指传授和继承，一般指承接好的方面。发展是指更新和扩大，一般指变化进步的方面。从某种意义上看，人类文明史的进程是一个不断传承与发展的过程，因此传承与发展是我们解释和评价历史的视角之一。许多基本史实中包含着传承与发展的因素。

如 20 世纪二三十年代，土耳其凯末尔改革。这场改革是后发国家现代化道路探索过程中一个成功典范，它是"把西方的制度移植在亚洲的土壤上"的资产阶级民主改革，既有"保持自身不变"的传承，也有"接受现代思想"的发展（引号内容为凯末尔语），具有发展追求西化与保留继承土耳其民族特点并存的特点。比如凯末尔的文字改革，要求人们用土耳其语念《古兰经》，并在此基础上用拉丁字母拼写土耳其文字，既方便了人们学习本族的语言，降低了国内的文盲率，也为保存和继承民族文化创造了条件，加深了土耳其人对本民族的自我认同感。凯末尔的服饰改革（帽子革命）、采用公元历法、实行周末休息制、姓氏革命和提倡妇女接受教育等改革，有利于社会向世俗化和现代化方向发展。

因此,在解释历史时,我们可以从传承和发展的视角去分析、综合、比较、归纳基本史实和相关问题。

二、目标实施路径

1. 全面把握目标内容

要把握好目标对象的内涵,依据基本史实的确定性和原始性明确史实的表达,并抓住史实的关键之处生成需要解决的相关问题。明确解决目标问题的"分析、综合、比较、归纳"等具体方法,并依具体方法去解构基本史实及相关问题。最后,特别要把握好目标的限制条件,即"传承与发展"的视角。对目标对象的解构和具体方法的运用,都必须以此视角来思考,绝不能偏离此视角的要求。

2. "示范、模仿、迁移"的教学训练

首先是通过教师示范的方法进行"建模",示范时教师需要建立对学生的变式思考及引导。然后通过学生的模仿,让学生通过自身体验的方式将"模"内化,最后设置新的具体问题,让学生根据内化的经验迁移解决新问题,并建立新的解决问题的模型,从而促成本目标的有机生成。基于"示范、模仿、迁移"的教学训练,一般分解于各学习主题的教学之中,必要时也可分解于课堂教学的各环节之中。

3. 根据学情选择策略

"分析、综合、比较、归纳"属于不同层级的学习要求,其中"分析""归纳"属于"理解"层面;"比较"属于"一般应用"层面;"综合"属于"运用"层面。

在教学过程中,教师要根据具体的学情,选择相应的实施行为,设计相应的基于史实的相关问题,并在具体教学过程中根据学生学习掌握情况对预设目标进行适当调整。针对学习基础较薄弱的学生,可以重点选择"分析""归纳"等"理解"层面的行为提出需要解决的问题;对于学习基础较好的学生,则可以重点选择"比较"这一"一般应用"层面的行为提出需要解决的问题;对于学有余力的学生,则可以重点选择"归纳"这一"运用"层面的行为提出需要解决的问题。

三、实施案例

目标1:从传承的视角,分析相关问题。

师:阿姆利则惨案的发生使印度人民与印度当局决裂,印度各地不断出现暴力斗争的局面,那么,印度是否就会走向土耳其革命的道路呢?

生:印度没有走向土耳其革命的道路,他们选择了另一条道路:甘地的非暴力和平合法地反抗殖民统治,争取民族解放的道路。

师:对。为什么呢?

生:(思考)

师:好,解决这个问题,我们得从甘地年轻时的经历和他的非暴力思想中找寻答案。有哪位同学能给我们谈谈甘地的经历。

生:我看过《甘地自传》。

师:了不起。请给我们简要讲讲甘地早期的主要经历和故事。

生:甘地出生在印度西部卡提阿瓦半岛的波尔班土邦一个虔诚的印度教徒家庭。他从小就熟读印度教经典,把"逢恶报以善,用德报以怨"作为自己的处世原则。18岁那年,甘地前往英国留学,他在母亲面前立誓,保证在留学期间不吃荤,虽然遭到英国朋友们的反对,但是他仍然坚持素食。他在伦敦大学法学院期间,刻苦攻读法律,还如饥似渴地阅读罗金斯的《献给后来者》、托尔斯泰的《天国就在你心中》等书籍。他还加入了伦敦神智学社和素食主义社两个社团,加深了他对印度教的认识和对佛教与基督教的了解。

后来,他回到印度尝试律师的工作,但并不成功。之后不久,他接受一家印度人在南非开办的公司的聘请,担任该公司的法律顾问,从此在南非居住了21年。在南非生活期间,甘地经过一系列的内省、学习与研究,逐渐形成了自己的思想,并在南非领导印度侨民反对种族歧视斗争。

期间,他提出了"非暴力不合作"学说。他倡导所有人一律平等的理念,自我期许要坚持非暴力、追求真理,发愿自甘贫穷简朴,怀抱服务他人的理想。

师:讲得非常好。甘地的"非暴力不合作"思想就是反对"以暴制暴",主张用不合作运动团结民众,反对殖民统治,迫使当局让步。我们从他的经历中可以看出,甘地的这一思想是深受他家庭教育影响的。家庭的信仰,特别是他母亲的以身作则,对甘地影响很深,从他在南非坚持素食就可以看出,他继承了母亲的思想,这是他提倡"非暴力不合作"运动的最初思想来源。"非暴力"一词来源于古代梵文"阿希姆萨"(Ahimsa),是古代印度教和佛教经典中的一种宗教戒律或道德准则,具有两层含义:一是不杀生,即戒杀;二是不做伤害他人感情的事情。甘地传承了这一宗教思想。

目标2:从发展的视角,比较、归纳基本史实和相关问题。

师:那么,甘地真的就像耆那教或佛教那样主张绝对不杀生吗? 我们看以下材料:

材料1:捕捉生命可能是一种义务。我们可以毁坏一些我们认为维持自己身体所必需的生命。于是,我们拿一些生命,如植物或其他东西作为食物,我们为了健康常常使用杀虫剂杀死蚊虫等等,我们并不认为这样做是犯了亵渎信仰的罪过……为了人类的利益,我们可以杀死一些食肉动物……甚至人……屠杀,在这种情况下也是必要的。假如有一个人手中持刀,到处瞎闯,乱砍乱杀,杀死他遇到的任何人,而没有一个人敢于活捉他。在这种情况下,无论是谁杀死这个疯子,都会受到社会的赞许,并被看作是慈善的人。

——甘地,《通往神的道路》

师:在这段材料中看出甘地持什么样的主张?

生:可以杀生。

师:仅仅是可以杀生吗?

生:甘地在这里主张可以杀生,是有条件的。比如维持生命、为了人类的利益、防止坏人害人等。

师:很好。实际上在这里,甘地区别"杀生"与"不杀生",也就是区分"暴力"和"非暴力",主要是与人们的动机相联系的。凡是怀着邪恶目的的行为,才是"暴力";而怀着善良或爱的动机的行为,即使是伤害生命,也属于"非暴力"的范围。由此可见,甘地的"非暴力"中包含着不去做什么,即"不杀生"或"不伤害感情"消极方面的意义,也包含要求人们主动地、自觉地去爱,去爱一切人的积极方面的意义。因此甘地对传统思想的继承之中也有了发展。请同学们结合下列材料,谈谈甘地发展了的"非暴力不合作"的实质是什么。

材料2:非暴力不合作不是物质的力量。一个非暴力不合作者,并不对敌对者施加痛苦的打击;他不要消灭其敌对者。一个非暴力不合作者绝不使用武器,在开展非暴力不合作时,毫无恶意可言。非暴力不合作是纯粹的精神力量。真理就是精神的真正本质,这种力量之所以被称为非暴力不合作即在于此。精神靠知识而振奋,它从中燃烧起爱的火焰。假如有人因无知而对我们施加痛苦,那么我们就用爱去赢得他。"非暴力是最高的法",这就是爱的力量的验证……我们得以生存下来,唯一的原因就是爱。我们全靠自己来检验这个真理。由于受到现代西方文明的欺骗,我们早已忘却了我们的古老文明而去崇拜武器的威力。

——甘地,《印度民族主义运动(1885—1947年)文件选辑》,《世界史资料丛刊:一九一七——一九三九年的印度》,吴成平选译,商务印书馆1996年版,第44页

生:从甘地的话中,我们可以看出他反对以暴制暴,主张依靠精神的力量和爱来面对和感化暴力。

师:所以,甘地曾说过:"非暴力就是以积极的形式来对待一切生命的善良意志。非暴力就是纯粹的爱。"

师:那么,从同学们讲述的甘地的经历中,我们又可以看出他的思想还受哪些

影响？请结合下列两则材料，从传承与发展的视角，谈谈你的看法。

　　材料3：我告诉你们，不要与恶人作对。有人打你的右脸，连左脸也转过来由他打。如果有人想要拿你的内衣，连外衣也由他拿去。

——《圣经·马太福音》

　　材料4：只要通过"非暴力"的方式，即感化的方式，人们所希望得到的新时代就必定会到来。法国有一句名言——自由、平等、博爱……那些法国从未实现过的，将留待我们去实现。

——甘地，《哈里真》（甘地主办的报纸），1925年7月18日

生：甘地还受他求学生涯和经历的影响。比如他在求学期间，从加入的社团活动中了解了基督教，他的"非暴力不合作"中就吸收继承了基督教中"以善抑恶"的主张，正如材料3《圣经·马太福音》中讲的那样用善举来对待邪恶，用爱去感化它。

从甘地求学期间所受的法律教育及他的广泛的阅读，和材料4中他的话，我们也可以看出，甘地的"非暴力"学说除了承继一些宗教神秘主义色彩外，还吸收了欧洲启蒙主义思想，他的"非暴力不合作"中表现出他对西方自由、平等、博爱的人道主义思想的强烈追求，这是他思想中的重要发展。甘地的非暴力学说，传承了印度的传统宗教思想，发展了西方的"博爱"思想，将两者很好地结合起来。

师：同学们讲得非常好。甘地的这种传承与发展，形成他的"非暴力不合作"思想，为争取民族解放的人们，用正义的方式赢得斗争的胜利开辟了新的道路。那么，甘地回国后，将他的思想化为哪些具体的行动呢？

　　……

查证历史资料的可靠性，反思认识历史、解决问题的过程和方法

——以《罗斯福新政》为例

嘉定区中光高级中学　孙继珍

目标要求：通过查证历史资料的可靠性，反思自己认识历史、解决问题的过程和方法。

一、历史资料的概念及其分类

历史资料，是指研究历史的材料，即史料。史料是研究和学习历史的基本素材，因此研究和学习历史，必先从搜集和认识史料开始。面对浩瀚的史料，为了便于进行历史研究和学习，史家将史料按照不同的标准进行了分类。按照不同的存在形式，史料可以分为实物史料、文字史料和口传史料；按照不同的来源，史料可以分为直接史料和间接史料；按照不同的意图，史料可以分为有意史料和无意史料。（杜维运，《史学方法论》，北京大学出版社 2006 年版，第 103—115 页）

认清史料的类别及性质之后，需要进一步对史料进行处理，包括史料的考证、有用史料的萃取、史料来源的比较、史料中矛盾与偏见成分的识别等。其中对史料进行精密的考证（即查证历史资料的可靠性）又是首当其冲且最为重要的一环。

二、为什么要查证历史资料的可靠性

历史是一种解释，从这个角度出发，则任何一种史料，都不是完全可信的，因此考证工作对史学研究特别重要。如果史料的真伪、来源、作者及其动机没有鉴别清楚，史学就成为无稽之谈，或完全出现错误。

郭沫若指出："无论作任何研究，材料的鉴别是最必要的基础阶段。材料不够，固然大成问题，而材料的真伪或时代性如未规定清楚，那比缺乏材料还要更加危险。因为材料缺乏，顶多得不出结论而已，而材料不正确便会得出错误的结论。这

样的结论,比没有更要有害。"(赵爱国,《档案文献编纂学》,山东大学出版社 2001
年版)著名历史学者顾颉刚说:"治史学的人所凭藉的是史料。治史学的人对于史
料的真伪应该是最先着手审查的,要是不经过这番工作,对于史料毫不加以审查而
即应用,则其所著虽下笔万言,而一究内容,全属凭虚御空,那就失掉了存在的资
格。"(张革非、杨益茂、黄名长,《中国近代史料学稿》,中国人民大学出版社 1990
年版)

材料的正确性是一切科学研究的前提,达到材料正确性的唯一方法就是用科
学的方法去验证材料。有了史料以后,我们要做的就是对史料加以鉴定,也就是我
们所说的考证。考证的目的有三个:一是鉴别真伪,确定史料是不是真品;二是鉴
定史料的完整性,真的史料未必就是完整的;三是考证史料的可信度,完整的真品
史料,所记述的事实未必是真实的。只有经过鉴定为真的、完整的、记录内容为事
实的史料,才是我们最终想要的,才是能够最好地服务于历史学习和研究的历史
资料。

站在中学历史教学的角度看,历史资料的查证对于中学生求真精神的培养和
历史思维品质的提升至关重要。中学历史课程标准在"课程目标"中将"通过查证
史料的有效性、可靠性,检验思维逻辑的合理性,反思认识与解决问题过程的正确
性和准确性"作为高中生学习和教师教学的阶段目标。

三、如何查证历史资料的可靠性

基于高中生的生理和心理特征,对于目前高中学生和高中历史教学而言,史料
可靠性的查证主要包括两部分:一是辨别史料真伪,即学生能够根据所给史料结合
所学知识判断史料本身的真伪及史料反映的史实的真伪,并掌握辨伪的一般方法
和步骤。二是判断史料价值,即学生能够根据所给史料结合所学知识判断史料对
于研究所面临的问题的价值,并掌握判断史料价值的一般方法和步骤。在日常历
史教学活动中,教师可以分阶段引导学生在史料可靠性的查证方面进行尝试,以切
实培养学生的求真意识,提升学生思维品质。

1. 鉴定史料真伪

一是根据时间甄别。

如讲授《罗斯福新政》一课,有教师出示一幅照片(右
图),并将其命名为《饥饿的母子》,以此来说明 1929 年美国
经济大危机爆发时美国人民生活的窘境。这幅照片本身还
是能打动人的,学生自然而然地进入了教师设置的情境,逐
渐顺着教师的思路进一步学习罗斯福新政的相关内容。

但是按照"史由证来,论从史出"的历史学习规则,我们不难发现教师和学生在利用史料进行学习的过程中,都忘记了对史料的可靠性进行甄别。教师存在的问题有两个:一是没有注明照片的出处,没有说明照片拍摄的时间和地点;二是利用孤证证史。学生存在的问题在于缺乏批判意识。

经查证,这幅照片名为《加利福尼亚贫穷的摘豆工人》(参阅[英]彼得·伯克,《图像证史》,北京大学出版社 2008 年版,第 121 页),拍摄于 1936 年 2 月,拍摄者为多罗西亚·兰格,照片中的女性是七个孩子的母亲,32 岁。这幅照片拍摄的时间,正是罗斯福推行新政执行的第四个年头,因此这幅照片最多用于说明罗斯福推行新政时期的农民个体的生活状况,而不能用来说明经济大危机刚刚爆发时期的美国历史,更不能用个体的状况来推断群体的状况。教师比较恰当的做法应当是选取两到三则注明准确出处且类型多样的一手史料,进行互证来说明问题。

二是根据性质甄别。

史料的类型多种多样,有文献记载、实物遗存、口头传说、文学作品等。相对而言,实物遗存的可靠性更强一些;口头传说和文学作品用于论证问题时应具体辨析。但也要注意到实物史料的可靠性虽然较高,也应该结合其来源和流转情况进行考察。

如在讲授《罗斯福新政》一课时,有一位教师匠心独运地通过模拟参观美国罗斯福纪念公园,对公园内雕塑、铭文、图片等不同类型的史料进行解读和分析,引导学生掌握提取和归纳历史信息的方法。教师用幻灯片展示了公园内的雕塑《饥饿、绝望》(左图),用于说明经济大危机时期美国民众面临的饥饿问题,教师对雕塑的来源、作者、创作时间进行了准确的说明,并进一步补充:雕塑作为实物史料,是一手史料,价值较高。

表面上看,这位教师的证据意识似乎是比较强的,但其问题恰恰在于对雕塑的史料性质缺乏细致科学的认知,并在此基础上强化自己和学生对于史料运用的错误认知。雕塑是实物资料,但其属于艺术作品,是不能作为一手史料来使用的。教师在课堂上关于公园内雕塑史料价值的分析事实上犯了史料乱化的错误,即分不清史料的类型以及不同史料价值的差异。学生不仅没有得到科学的史学思想方法的训练,反而对史料的运用形成了错误的认识,求真更是无从谈起。

　　站在培养学生求真精神的角度,这位教师由模拟参观美国罗斯福纪念公园来引导学生学习罗斯福新政,可以直接引导学生判断公园内雕塑、铭文、照片等历史资料的可靠性,这样的教学会更加有效。

　　在引导学生甄别史料真伪的时候,还要着重培养他们勇于质疑的科学精神。"任何一种史料,都不是完全可信(无意史料的可信,则视史学家的眼光而定),里面可能有错误,可能有虚伪,可能有私人的爱憎,可能有地方及民族的成见,不经精密的考证,即笃信不疑,后患实无尽无穷。"(杜维运,《史学方法论》,北京大学出版社 2006 年版,第 118 页)只有在质疑的基础上,才能有效培养去伪存真、去粗取精的实证精神和实证能力。

2. 判断史料价值

　　简单说来,史料价值就是历史材料对于历史研究的价值,或者说是一定的历史材料对于说明一定的历史现象所具有的价值。

　　陈寅恪曾说:"然真伪者,不过相对问题,而最要在能审定伪材料之时代及作者而利用之。盖伪材料亦有时与真材料同一可贵。如某种伪材料,若径认为其所依托之时代及作者之真产物,固不可也;但能考出其作伪时代及作者,即据以说明此时代及作者之思想,则变为一真材料矣。"(陈寅恪,《中国哲学史》上册审查报告,冯友兰,《中国哲学史》,华东师范大学出版社 2000 年版)

　　那么,如何分析史料的价值呢? 应注意以下要点:

　　一是对于同一个问题,原始史料的史料价值比二手史料高。一般而言,历史事件、人物当时的相关文物和记载等原始史料价值较高。

　　　　当学生们读到悲伤的农民写给富兰克林·罗斯福总统的私人信件时,当他们看到公共事业振兴署的官员关于宾夕法尼亚和俄勒冈两州的经济状况的报告时,或是当他们听到由政府制作的广播剧的录音时,他们就会对学者研究的"当罗斯福入主白宫后面临的最紧迫的任务就是为数百万失去工作的、饥饿的、寒冷的和绝望的美国人民提供食物,衣物和住所"这种普遍性的认识产生不同看法,自然会对已有的历史结论进行批判性思考,他们会意识到教材的观点并不是不正确,而是这种观点也应该受到质疑。

　　原始史料的解读会促使学生认识到:对于过去的任何叙述,不管它看来是多么的公正、无偏见,但是从本质上来说都是带有主观性的。

　　二是文学、艺术作品的史料价值应结合具体问题作具体分析。小说、诗歌等文学作品以及绘画等艺术作品必然带有作者生活时代的痕迹,所以就反映某一时代社会生活而言,它们是一种难得而可靠的"无意史料",从这个意义上说,它们构成了特定时间段社会生活的"百科全书"的一部分。如罗斯福新政时期的讽刺漫画,虽不能直接印证当时的相关事实,但可以印证当时漫画作者的态度以及当时的一种漫画创作风格。

三是学者研究成果的史料价值。史料的价值要根据它所对应的历史问题作具体分析,孤立的历史材料是很难说明其史料价值的,学者的研究成果由于是学者在占有大量史料的基础上形成的,因此在某些特定问题的研究价值上未必比一手史料价值低。

例如,就《工业复兴法》的最终目的而言,由于受政治因素影响,富兰克林·罗斯福面对记者提问做出的回答未必比学者研究成果来得更可靠。

在历史教学中让学生对史料的可靠性进行查证,并不是期望将学生培养成历史学家,而是让学生借着运用史料的一些特定练习,学到历史学家的一些态度和方法。

四、通过查证历史资料的可靠性,反思自己认识历史、解决问题的过程和方法

以培养求真为中心的科学精神和科学态度是历史教育的应有之义,在戏说历史泛滥的今天,坚守"求真"的历史教学底线显得尤其重要。

由于历史的过往性特质,史料就成了知晓过去的重要桥梁。历史的本质不在于某年某月某日发生了某事,而在于对其发生、发展及其变化路径的揭示。这种揭示必须建立在可靠的史实基础上。在高中历史教学中,作为教师,我们有义务在和学生共同查证历史资料可靠性的过程中让学生懂得"历史的真伪比评价的高低来得更重要""'是什么'是'为什么'和'怎么样'的前提""史料的效度与信度,不是一成不变的""不同性质、类型、载体的史料,价值不一"。

作为中学历史教师,在运用史料进行历史教学的过程中,不仅要避免史料的泛化和伪化,更要避免对于史料的可靠性不加查证的简化和乱化。在日常的历史学习和探究活动中,要引导学生做到:每一条证据和每一份史料必须用怀疑和批判的眼光来观察与研究;每一条证据都不能只根据其表面价值或字面意义来判断理解,必须把创作者的个人观点考虑进去;每一份证据、史料必须反复核对、检查,并和与之相关的证据、史料做比较。

五、实施案例

目标 1:鉴定史料真伪。

师:面对经济大危机带来的各种问题,罗斯福总统采取了一系列反危机措施,今天我们将一起学习罗斯福新政的缘起、过程和影响。对于这段历史的探究,以下哪些资料可以作为研究的史料?(教师呈现史料)并说明你的理由。

材料1:照片《加利福尼亚贫穷的摘豆工人》

材料2:照片《经济损失》

材料3:壁画《城市生活》

材料4:喜剧电影《罗斯福(美国混蛋)》

材料5:纪录片《世界历史·罗斯福新政》

材料6:历史著作《美国十大总统传》

材料7:漫画《飞奔的蜗牛》

生：我觉得除了那部喜剧电影不可以用作研究资料，其他的都可以作为研究资料。理由是喜剧电影有较多虚构和搞怪成分，不符合历史事实。

生：我觉得都可以使用，两张照片和纪录片中的影像资料可以作为一手史料使用，其余的作为二手史料使用。

生：我觉得以上所有的史料都应该查清楚来源，即弄清楚创作的时间、出处等，才能谈得上是否可以使用。

师：很好，大家都很乐于思考，并能够准确表达自己的观点。作为教师，我更赞同第三位同学的观点。学习历史离不开史料，但运用史料的首要原则就是要对史料的可靠性进行精密的查证。材料不正确便会得出错误的结论，比没有材料更可怕。

经查证，以上 7 则材料中，照片《加利福尼亚贫穷的摘豆工人》拍摄于 1936 年 2 月，拍摄者为多罗西亚·兰格，照片中的女性是七个孩子的母亲，32 岁，照片来源于彼得·伯克《图像证史》一书。

照片《经济损失》拍摄于 1929 年 10 月美国纽约街头，作者不详，照片来源于乔治·布朗·廷德尔《美国史》。

壁画《城市生活》创作于 20 世纪 30 年代，描绘了繁忙的新政时代的街景，作者为公共事业振兴署艺术家维克托·阿绕恩托夫。

喜剧电影《罗斯福（美国混蛋）》于 2012 年由美国拍摄，讲述了一个虚构的恶搞罗斯福的喜剧。

纪录片《世界历史·罗斯福新政》由中央电视台制作播出。

历史著作《美国十大总统传》由王荣纲主编，东方出版社 1995 年出版。

漫画《飞奔的蜗牛》创作于 1933 年 3 月，描绘了精力充沛的罗斯福全力驱使国会行动起来，作者不详，刊登于《底特律新闻》。

经过来源和内容的查证，这 7 则材料中除了拍摄于 2012 年的喜剧电影《罗斯福（美国混蛋）》不能作为研究罗斯福新政的史料之外，其余的均可以使用。结果确实和刚才第一位同学的回答一样。第一位同学虽然回答的结果是正确的，但因为缺少了对历史资料可靠性的查证过程，所以不符合历史学习的规则，容易犯科学性错误，是不可取的。

目标 2：判断史料价值。

师：刚才我们对以上 7 则材料的来源进行了查证，其中 6 则材料可以用于研究罗斯福新政，那么这些材料到底可以印证哪些方面的内容呢？请同学们选择不同类型的史料谈谈自己的观点。

生：我选择照片，照片《加利福尼亚贫穷的摘豆工人》拍摄于 1936 年，可以用来证明罗斯福新政期间农民的生活状况;照片《经济损失》拍摄于 1929 年,可以印证经济大危机给美国人民生活带来的冲击。

师:回答得很好,这位同学在利用史料证史时关注到了照片的时间,值得肯定。但是老师要指出的是这两张照片只能印证当时照片中人物的状况,而不能证明他们所属的群体。

生:我选择艺术作品,创作于 20 世纪 30 年代的壁画《城市生活》,描绘了繁忙的新政时代的街景,可以用来印证罗斯福新政的成效显著;创作于 1933 年的漫画《飞奔的蜗牛》,可以用来印证罗斯福与国会的关系。

师:壁画《城市生活》虽然描绘了繁忙的新政时代的街景,但不能直接印证罗斯福新政的成效显著。作为艺术作品,它更多反映的是作者的观点,当然还可以证明当时的社会风貌,而如果要用于证明罗斯福新政的成效,还需要其他资料进行佐证;漫画也是同样的道理。

生:我选择剩下的两个,纪录片《世界历史·罗斯福新政》比较复杂,因为里面既有旁白,也有一手的影像资料,制作者也可能将并不相关的资料剪辑在一起,所以要区别对待;历史著作《美国十大总统传》则要选择其中与罗斯福相关的资料,且最好是一手史料,史家的评论可以作为参考。

师:回答得非常好。我们在运用任何史料进行历史学习时,都要有查证历史资料可靠性的意识,还要有"孤证不立"的意识。我们只有在历史学习的过程中逐步确立证据链意识,才能真正地在求真的过程中做到"知真"。

从原因与结果的视角分析历史问题

——以《第二次世界大战》为例

嘉定区第二中学　檀新林

目标内容:从原因与结果的视角,分析、综合、比较、归纳基本史实和相关问题。

一、历史归因分析和因果律

古希腊著名哲学家苏格拉底提出的"因果律"认为,每件事情的发生都有某个或多个理由,每个结果都有特定的原因。历史事件的发生、发展或人物的活动都离不开特定的历史条件。归因分析即是从原因的视角去探讨历史事件发生的原因,以便更深刻地揭示历史现象,认识历史,理解历史,从而把握历史发展的规律,总结经验教训。如何进行归因分析,涉及归因分析的方法和能力问题。

历史归因分析的方法包括背景分析、原因分析、矛盾分析、目的动机分析等。背景分析可以从历史背景、现实背景入手,现实背景包括经济背景、政治背景、思想文化背景,认识各要素在历史事件发生中的作用,有利于评估各要素对历史的影响。

原因分析可以从三个角度进行:一是历史原因、现实原因。二是主观原因与客观原因,即内因与外因。三是深度原因,即根本原因、主要原因、直接原因。通过原因分析,有助于理解历史事件发生的偶然性和必然性。矛盾分析可以从国内矛盾、国际矛盾、历史矛盾、宗教意识矛盾等不同具体矛盾寻找事件发生的原因,有利于揭示历史发展的规律。目的动机分析可以从直接目的、主要目的、根本目的等角度进行剖析,有利于认清历史现象与本质。

历史结果是指一定历史阶段在某种特定历史条件下,事物发展所达到的最后状态或结局。这种历史结果一定是某个时间段历史发展的一种阶段状态,它与当时的历史条件相关。这就需要把握直接结果和间接结果,区分历史结果与历史影响、历史意义与经验教训。从结果的视角看待历史可以准确把握历史的阶段特征，评估历史影响，总结历史经验教训，明确社会责任。

因果律认为，原因和结果是不断循环、永无休止的。即前一事件的果是后一事件的因。有一因一果、一因多果，也有多因一果。但在历史学习和研究中，对某一历史事件的因果分析则要适可而止，把握历史阶段特定的因果联系。

二、分析等能力在历史研究中的运用

"分析、综合、比较、归纳"是历史学科课程标准中学习能力水平的几个高级思维模式。

分析是运用一定的理论、知识和方法，将研究对象按其逻辑结构的各个部分、方面、因素和层次，分别加以考察的认识活动。分析在历史学科学习中的意义在于细致地寻找问题发生的原因、联系、过程及可能出现的结果或影响，以便揭示其规律或本质，发现问题并解决问题。

综合与分析相反，是把分析过的对象或历史现象的各个部分、各个要素及属性联合成一个统一的整体。其在历史学科学习和研究中的意义在于找出内在联系，形成对研究对象完整的认识，以揭示其规律和特性。

比较是指辨别不同事物属性的相同点和同类事物的相异点，其历史学意义在于发现本质属性和差异，以便归因分析、深度理解和学会取舍。

归纳是指由许多具体事实概括出一般原理的推理方法，与演绎法相对，属于逻辑学的范畴，是从特殊到一般的过程。其历史学意义在于从众多的历史现象或要素中概括出一般规律，揭示事物发展方向。

这一组能力研究方法，在分析、归纳、综合、比较基本史实的基础上，认识历史原因、过程、结果之间逻辑的合理性，认识历史发展的复杂性。其着眼点是：建立史料、史实与史论间的内在关联，从原因、结果的视角认识历史现象、结果与影响。

三、学科研究能力与本目知识的关联

"第二次世界大战"是高中基础型课程第 3 模块主题 10"第二次世界大战"单元的第 1 课，课程标准将 20 世纪 30 年代错综复杂的国际关系放在二战单元的第 1 课，是希望学习者理解"山雨欲来风满楼"的国际形势和战争危机。

第二次世界大战是人类命运与前途的大搏斗，是全球规模的战争。61 个国家和地区、20 亿以上的人口被卷入战争，付出了军民死亡 7000 余万人、直接战争费用 13500 亿美元、财产损失 4 万亿美元的惨重代价。

如此重大的历史事件，值得后人反思。对第二次世界大战历史的学习，因其历史史实的丰富性、国际关系的复杂性、原因的多样性,必须运用分析、综合、比较、归纳等多种思维能力,选择原因与结果的视角,解释、理解二战时期的历史现象和历史问题,思考人类解决危机时策略选择、方法选择及结果。

二战前大国以国家利益为核心的国际关系指导原则及其行为,导致国际社会未能有效地遏制法西斯势力的扩张,反而加快了法西斯集团战争的步伐。这种安排,有利于学生结合史料从原因、结果等视角去认识、归纳、分析、综合、比较历史史实,厘清史实之间的内在联系,进而思考在国际危机或灾难来临时,负责任的大国为维护国际和平与正义,应如何走出国际旧政治和历史的窠臼,学会取舍与坚持,担当历史责任,化解国际危机,谋求人类的福祉,而不是以邻为渊、以邻为壑。这种安排,也有利于学习者理解当战争真正来临时,国际社会又是如何联合起来,建立反法西斯统一战线,用正义来战胜邪恶,为人类赢得和平。通过这种安排,让学生铭记历史的代价和教训。也正是学习材料的这种安排,教学中学习能力的运用及视角的选择,按这一逻辑结构是高效的。

四、实施案例

目标 1:分析、综合、比较、归纳基本史实和相关问题。

师:20 世纪 30 年代的国际关系波诡云谲。请阅读教材,简要概括说明英、法外交政策调整过程。并说明法西斯集团、英法等国对外政策及其实质。

生:英国按传统大陆均势政策,推行"扶德抑法"的外交策略,对集体安全体系不感兴趣。法国力图建立欧洲集体安全体系,寻求与包括苏联在内的东欧国家结盟。波兰实行等距离外交。在集体安全政策受阻后,英法实行绥靖政策。

法西斯国家打着反对苏联的旗号,订立《反共产国际协定》,挑战"凡尔赛—华盛顿体系",在世界范围内扩张;英法实行绥靖政策,以达到避战自保、祸水东引的目的。

师:请看材料 1。20 世纪 30 年代初,社会主义苏联面对当时的国际形势,为反对法西斯扩张做了何种外交努力?

材料 1:1933 年 12 月 12 日,联共(布)中央通过了关于开展争取集体安全的决议,决议强调,"为防止战争,保卫和平,苏联考虑参加国际联盟,并和广大的欧洲国家缔结区域性的共同防御侵略协定"。

生:加入国联,与欧洲国家建立集体安全体系,以防止战争,保卫和平。

师:1934 年苏联加入国联,并与英法等欧洲国家进行双边谈判,力图建立集体安全体系,防止战争,保卫和平。

目标2：从原因的视角，运用分析等能力，解决历史问题。

师：请看材料1，归纳材料内容并说明实质。

材料1：我们形成了这样一个印象，（斯大林说）英国和法国政府并没有决心在波兰受到攻击的时候打仗。但是他们希望英国、法国和俄国在外交上的联合会吓退希特勒。我们肯定，这样做是达不到目的的。斯大林曾问过："法国动员起来以后，能拿出多少个师来对付德国？"答复是："大约100个。"他又问："英国能拿出多少个？"答复是："两个，以后还可以再加两个。""啊，两个，以后再加两个。"斯大林重复了一遍。然后他问道："你知道不知道，要是我们同意同德国打仗的话，我们得在俄国战场上投入多少个师？"停顿一下，他自己回答说："300个以上。"

　　　　　　　　——丘吉尔，《风暴来临》，学林出版社2008年版，第391页

师：从材料1看，英法与苏联的真实意图各是什么？说明了什么问题？

生：英法真实意图是外交联合吓退德国，而并非军事合作阻止德国；苏联的真实意图是军事合作，遏制德国。说明英法不愿保障苏联的安全，对构建集体安全缺乏诚意，仍然推行绥靖政策。

师：接着看材料2至材料5。思考苏联对英法和对德政策有何变化？结合材料2，分析说明变化的原因。

材料2：1938年德国吞并奥地利之后，形势逐渐危急，希特勒的野心已经充分暴露。苏联外长李维诺夫对报界的代表们说："事到明天，可能已经晚了，但是只要一切国家，特别是大国对集体拯救和平问题采取坚定的、毫不含糊的立场，那么今天还不算晚。"

　　　　　　　　——陈兼，《走向全球战争之路》，学林出版社1989年版，第218页

材料3：斯大林在1939年3月10日联共（布）第18次党代会上提出："我们拥护世界和平，加强同所有国家的事务联系，我们现在和将来都始终坚持这个立场，只要这些国家也对苏保持这种关系，只要他们不试图破坏我们国家的利益。""我们要保持谨慎态度，不让那些惯于从中渔利的战争挑拨者把我国卷入冲突中去。"

　　　　　　　　——《斯大林文选（1934—1952）》，人民出版社1962年版，第220页

材料4：苏联新任外交人民委员的莫洛托夫于1939年5月31日在最高苏维埃会议上说："即使同英国和法国进行谈判，我们认为也没有必要拒绝同德国、意大利这样的国家进行公事来往，早在去年初，根据德国政府的提议，贸易协定和新的贷款谈判就已经开始了。"（资料来源同上）

材料5：准备走英法在慕尼黑走过的老路——牺牲小国来换取和平以及

做好准备的时间,并把纳粹侵略的威胁暂时从自己身上引开到别处去。如果必要,它就准备让西方国家搬起石头砸自己的脚,使自己从姑息主义中取得比它们过去曾获得的更加客观的好处。

——惠勒-贝内特,《悲剧的序幕》,纽约1962年版,第409页,转引自孙红旗,《苏联与绥靖政策》,《社会科学战线》1995年第1期

生:从材料看,苏联没有放弃建立集体安全、保卫和平的努力和希望;材料3表明苏联对英法保持谨慎态度,不愿被卷入战争;材料4表明苏德之间已经进行接触;材料5表明苏联已准备与德国媾和,以其人之道还治其人之身。导致这种态度变化的原因是英法长期推行绥靖政策,挑动德国进攻苏联;同时在建立集体安全方面又缺乏诚意;战争危险日益临近,苏联更关心自己的国家利益。

师:1938年的慕尼黑协定,英法祸水东引的企图昭然若揭。由于英法绥靖政策,缺乏合作诚意,苏联建立集体安全的外交努力换来的是失望。1939年8月,苏德签订了《苏德互不侵犯条约》。这一结果的出现有其深刻的历史原因和现实原因,这一结果同样给整个世界带来了重大影响。

目标3:从结果的视角,运用分析等能力,分析相关问题。

师:材料1有关欧洲领土变更的秘密协定说明了什么问题?

材料1:《苏德互不侵犯条约》秘密附属协定内容:

1. 波罗的海国家的地区如发生领土和政治变动时,立陶宛的北部疆界将成为德国和苏联势力范围的界限……

2. 属于波兰国家的地区如发生领土和政治变动时,德国和苏联的势力范围将大体上以维斯杜拉河、纳雷夫河和桑河一线为界……

3. 在东南欧方面,苏联关心它在经萨拉比亚的利益。德方宣布它对该地区没有利害关系。

生:苏德通过秘密外交,划分了双方在中欧和东南欧的势力范围,是强权政治和秘密外交的体现,是大国沙文主义和民族利己主义的体现,损害了弱小国家的利益,是阴谋。

师:《苏德互不侵犯条约》签订后,苏联外长莫洛托夫是这样评价的。

材料2:苏联外长莫洛托夫说:"苏德互不侵犯条约意味着欧洲发展的转折,意味着欧洲两个最大的国家间相互关系开始向好的方向转折。这一条约不仅使我们取消了同德国发生战争的威胁,缩小了欧洲发生可能的军事冲突的范围,从而有利于普遍和平事业,而且它保障了我们有可能增长自己的力量,巩固自己的阵地,继续增长苏联对国际发展的影响。"

师:果真如莫洛托夫评价的那样,有利于普遍和平事业吗?让我们看看史学界

对《苏德互不侵犯条约》评价的四种研究成果。

● 全盘肯定,认为签约是苏外交的英明决策和重大胜利。

● 全盘否定,认为背离了无产阶级国际主义,是民族利己主义和扩张主义的表现,是强权政治和秘密外交的一个典型。

● 不是一个成功的范例和外交胜利,也不是一个错误,是在战争危险迫在眉睫的特殊历史条件下产生的非常性的自卫行动,是苏联当时不得不采取的唯一抉择,尽管给世界反法西斯斗争带来一些暂时的消极后果,但加强了苏联的战略地位,赢得了战略时间,从长远看积极作用是根本的、主导的。也不否认其消极作用,但认为功劳是第一位的,错误是次要的,不能求全责备。

● 得少失多,得不偿失。

师:是哪些因素导致对该条约的评价如此不一致? 你倾向于哪一种评价? 能否说明你的理由?

生:个人立场、时代环境、史料的限制、研究方法、研究者的视野和视角等。(学生评价的理由略)

师:史学界有两种评价:

第一种评价的主要理由一是使苏联摆脱了首先面临战争的危险境地,赢得了一年半的宝贵时间。二是打乱了绥靖主义者和一切反苏势力的战略部署,粉碎了绥靖主义者建立反苏神圣同盟和祸水东引的阴谋。三是打乱了日本侵略计划和战争部署,打破了德日两面夹击苏联的企图。四是苏联的安全有利于反法西斯力量的加强和组合,从全局看符合世界人民的根本利益。

第二种评价认为在缔约后的一定时期内实际上形成了"柏林—莫斯科体系",是真正的祸水西引,实行了比英法更甚的绥靖政策,使波兰再次被瓜分,在国际共产主义运动中引起了极大混乱,使世界各国共产党在反法西斯运动中威信扫地,受到很大损失,最大后果是引爆了第二次世界大战。

主要理由一是赢得了时间,但又束缚了自己的手脚。二是有利于苏联一时安全,却模糊了苏联人民和世界人民的认识,不利于推动反法西斯战争。三是德国是最大获利者,达到避免两线作战的目的,阻挠并推迟了英法与苏联之间的反德统一战线的建立。

师:评价《苏德互不侵犯条约》的历史影响,应从原因、结果及影响的视角去分析。史学界有一种新的评价,就是把签订条约和订立秘密协定分开评价。签约本身是对的,是迫不得已的。如不签订条约有可能腹背受敌,受到法西斯两面夹击。当时苏联东有日本、西有德国,面临两个大敌。签约则推迟战争爆发,赢得一年多备战时间。同时也迫使英法走上反法西斯道路,有利于后来反法西斯统一战线的形成和战争的胜利。当然条约在国际上也产生一些消极后果。但从反法西斯战争的长远利益来看,还是积极的。秘密协定是错误的,是和法西斯主义勾结划分势力范围,侵犯与破坏了弱小国家的主权与领土完整,是损人利己的大国沙文主义、民族利己主义的做法。秘密协定主要满足了苏联的要求,责任在苏联。没有秘密协定同样可以签约。

第四篇　中华民族的抗争与探索

天朝的危机:鸦片战争开始了中国丧权辱国、抗争转型的"千年变局";首当其冲的农民和小手工业者以其本能奋起喋血,加剧了清王朝的危局;统治者终于意识到必须依靠汉族精英,引进西方科技,着力工商经济和学习与列强打交道,才有可能重塑天朝,由此走上了崎岖的工业化之路。

救亡图存:近代民族工业和资产阶级的产生,以及随之萌生的早期维新思想,加速了中国社会的新陈代谢;甲午惨败惊怵中华,先进知识分子为变法孤注一掷却回天无力;义和团演绎了旧式农民战争的绝唱;经辛丑大辱,清王朝不得不仿行新政;辛亥革命打开了中国近代政治之闸。

新旧民主革命的转折:北洋军阀"充当了革命的遗嘱执行人";新文化运动第一次在中国吹响了民主与科学的号角;巴黎和会之辱使社会热点转向反帝爱国;十月革命给国人送来新的憧憬,催生了中国共产党,也使孙中山看到了希望,"以俄为师"遂成潮流;第一次国共合作推动了国民革命,从根本上动摇了北洋军阀的统治。

国共分裂与抗战开始:震惊中外的四一二政变后,国民党建立南京政府并完成统一,对外修约;中国共产党通过武装起义,建立农村革命根据地,开辟了"工农武装割据"的革命道路;日本发动九一八事变吞并东北,染指华北,也打破了国共对峙格局;中国共产党顺应抗日救亡大势,在艰苦卓绝的长征途中,找到了新的生机。

全民族抗日战争:西安事变和平解决结束了国共内战;七七事变后,全民族抗战拉开序幕,国共两党再度合作,共赴国难,在正面和敌后战场浴血奋战;八年抗战,中国人民以巨大牺牲为代价打败了日本帝国主义,取得了近代以来中华民族反抗外敌入侵的第一次完全胜利,为世界反法西斯战争做出了重要贡献。

两种命运的决战:抗战胜利后,和平民主、繁荣富强成为中华民族的共同愿望;在联合政府和一党训政等问题上,中国共产党与国民党蒋介石集团发生严重分歧,再次陷入内战;国统区政治腐败、经济崩溃造成民怨沸腾,民主运动风起云涌;中国共产党依靠人民群众,经辽沈、淮海、平津和渡江战役,结束了国民党在大陆的统治。

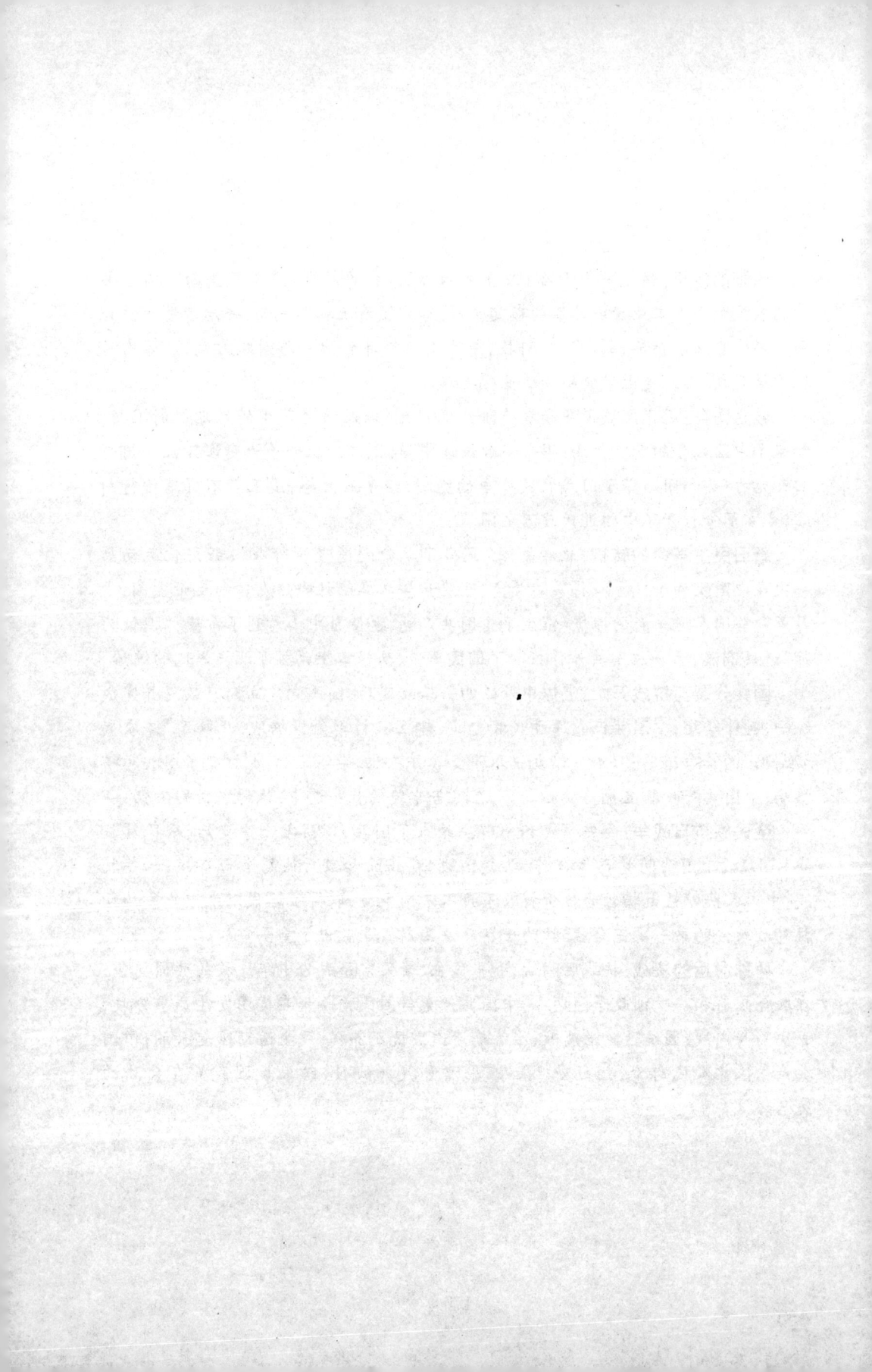

在质疑中求真

——以《洋务运动》为例

徐汇中学　姚　虹

目标内容：能根据一定的史实、史料，对明显不符合史实的历史叙述提出质疑和反驳。

一、历史叙述是对历史的记录和描述

意大利历史学家克罗齐有句名言："没有叙事，就没有历史学"，说明了历史离不开叙述，可见历史叙述之重要。历史叙述是对历史的记录和描述，它的重要功能在于"传递"历史，"传递"过去发生的事件。

历史叙述可以分为文字叙述和语言叙述。文字叙述出来的历史"记忆"是历史文献，语言叙述出来的历史"记忆"是口述历史文本。

历史学家通过历史叙述将自己对历史的认识传递给其他人，所以在历史文本创造的过程中同时包含对历史的理解。而阅读历史叙述文本既是接受他人历史认识的过程，也是生成历史认识的过程。

　　一般意义上的叙事，往往被等同为"讲故事"。二战以来，随着社会科学的迅猛发展，经济学、社会学、心理学、人口学和统计学等社会科学方法逐渐被引入历史研究领域，叙事作为传统史学而遭到如法国年鉴学派鼻祖布罗代尔等历史学家的质疑和排斥。所幸的是历史叙事并没有因此衰微，美国历史学家盖伊就认为："没有分析的历史叙事是琐碎的，而没有叙事的历史分析则是欠缺的。"

二、历史叙述兼具客观性和主观性

历史是客观存在，历史叙述"传递"历史，这种传递，既有历史事实的传递，也有历史叙述者个人意识的传递。后人根据所掌握的客观历史材料进行的叙述和解

释,这种叙述和解释是对所拥有的历史材料的主观理解。因此,我们所学习的历史是客观历史的主观反映,历史信息传递中,历史叙述的主、客观问题是难以避免的,历史叙述兼具客观性和主观性。

虽然大多数的历史叙述者们都认为自己撰写的文本反映了真实的历史,他们自信自己客观地再现了过去的事件。但是,无论是历史学家,还是历史事件当事人或者旁观者,都生活在一定的社会环境之下,都是具有情感和思维能力的人,在"传递"历史的过程中都不可避免地带有"传递"者本人对历史事件的看法、态度和情感价值观。当代英国历史哲学家沃尔什在《历史哲学导论》中把历史认识的主观因素概括为四个方面:"个人偏见、集团成见、历史观、世界观的原因。"(沃尔什,《历史哲学导论》,北京大学出版社2008年版)

历史叙事需要通过选择、想象、建构并利用各种文学技巧才能完成,不可能是对于历史实在的原原本本、不差分毫的再现,不可能完全去掉叙述主体的个人意识,但也不能就此认为渗透了创造性和想象力的历史叙述是游离于历史真实之外的。

对于历史叙述中存在的历史事实与个人意识、客观性与主观性问题,不同的学者各有看法和意见。强调史学科学性的人更看重历史事实、客观性,强调史学艺术性的人则更看重个人意识、主观性。如胡适就曾言史学一面是科学的,重在史料的搜集与整理;一面是艺术的,重在史实的叙述与解释。综合的叙述,可以见到作者的见解与天才。历史要这样做,方才有趣味,方才有精彩。

三、真实是历史的灵魂

对历史研究而言,真实客观的历史是历史学家永恒的追求,因为离开了真实客观,史学就没有任何价值。

历史叙述以真实地、完整地还原历史本来面目为最高准则,其最重要的目的是向读者传达真实的历史。

历史叙述以研究史料为基础,但是任何史料都不是纯粹客观的。当历史学家记述、整理史料时,又都会或多或少地掺进了自己的情趣和意向,带有一定的主观主义色彩。再加上有些史料历史久远,以讹传讹,这就难免使得历史事实和史料出现偏颇,历史叙述接近"历史真实"就失去了基本前提。

强调历史叙述的重要性并不意味着对历史叙述的无限"宽容",强调历史叙述中主观成分的不可排除也并不表示可以放弃对历史叙述的客观性追求。历史叙述要有血有肉,要最大限度地接近"历史真实",还有值得注意的地方:比如允许多元叙述,不同的视角、情感、价值观必然带来历史叙述的多元。对于同一事件或者人物的叙述不可能是绝对的、唯一的。多样声音、多个角度、多种观点下的历史叙述更有助于读者对历史的整体认识和研究，从而不断接近"历史真相"。

如科学选择史料，随着社会科学的进步、考古的不断发现，历史研究的史料可以说是汗牛充栋、浩如烟海，如何为历史叙述选择最"合适"的史料，本身就是一门学问。提升自身修养，尽可能多地占有史料，科学合理地运用史料，都是值得研究的命题。当然，包括文字记载、实物、遗址遗迹等的客观历史材料是不断发现和充实的，在这一过程中，后人对客观历史的认识也会随之发展和完善。

四、如何引导学生对明显不符史实的历史叙述进行质疑和反驳

历史课堂教学必须以求真为出发点，引导学生使用史学思想方法不断接近历史真相。学生学习历史也绝不是记诵事实，更重要的是要学会思考的方法和如何解决问题。在教学中，要鼓励和引导学生对于明显不符史实的历史叙述提出质疑和反驳。

质疑能力就是提出"疑问"的能力。教师在教学中引导学生对不符史实的历史叙述进行质疑和反驳，可以尝试以下做法：

首先是要给予学生质疑的机会。教师要精心设计和调控课堂，让学生形成大胆质疑的习惯；要有宽容的心态，允许学生质疑时的错误和不足，允许学生提出节外生枝的问题；要给学生充分的阅读文本和思考的时间，学生的质疑才能"深思熟虑"，避免随意和盲目。

其次是要教会学生质疑的方法。如可以引导学生思索历史叙述的结论，利用历史常识验证相关史实，形成质疑，提出反驳；可以对历史叙述中明显的逻辑和表述错误进行指正，通过去伪存真，最终提出新的结论；可以从同一事件的不同叙述中发现互相矛盾的表述，对已有的论点进行重新思考，提出自己的创新观点。

还要关注释疑过程。对于学生在课堂中的质疑，学生能够自己解答的，就要放手让学生自己解答；学生不能完全解答的，教师可以适当提示、点拨；学生不能解答时，教师可以进行示范；在学生的质疑游离于教学目标时，教师要适当加以干预。当然，在实际教学中，并不会严格按照以上三个阶段进行质疑能力的培养。但是在这一过程中，学生的质疑能力得到培养，史学方法得以掌握，理性精神、批判意识都会有相应的成长。

五、实施案例

目标 1:发现问题,提出疑问。

教师首先给予学生对洋务运动的不同评述,引导学生运用已有的史学方法认识到不同人物、不同时代,对同一事物的历史叙述是不一样的,要形成客观的认识,一定要依据一定的史实和史料。

师:通过之前的学习,我们已经了解了洋务运动的背景和目的。洋务运动可以说是在亡国危机刺激下,由当时地主阶级中的先进分子所领导的一场改良运动,它的目的很直接,就是如何挽救危亡之下的清政府的统治。请阅读教材,你能不能简单叙述一下洋务运动的起始时间?

生:洋务运动自 19 世纪 60 年代兴起后,历时三十余年,影响日益扩大,直至 1894 年甲午战争,北洋水师全军覆没,洋务运动失败。

师:其实就我个人而言,是不太喜欢用"失败"来形容洋务运动结局的。历史上不同人物对洋务运动的评述也不尽相同。以下就是其中一部分,你同意他们的观点吗?

顽固派(1883 年):"用夷变夏""败坏人心"。

牟安世(1956 年):"所谓洋务运动……这是一个反动的、卖国的、并以军事为中心的运动。"

陈旭麓(20 世纪 80 年代):"近代化一小步"。

生:有些观点似有道理,有些一看就不太可取。

师:不同人物对洋务运动的看法不尽相同,你认为导致这些不同评述的主要因素有哪些?

生:研究者所处的时代、个人的立场、其学识和能力以及掌握的史料或研究的方法都会影响对历史事物的评价。

师:那么要判断以上的评述是否真实客观,或是获得你自己对洋务运动的认识,你觉得可以从哪些角度入手了解洋务运动?

生:可以从洋务运动的过程、影响等角度进行研究。

师:我们可以从哪些途径获得相关的史实?

生:可以查阅档案、文献资料,实地考察遗址遗迹等。

目标 2:依据史料,分析问题。

教师事先选择不同来源、不同视角的史实供课堂讨论分析,引导学生依据教材和教师提供的史料,通过一系列的问题分析洋务运动的过程及其影响。

师:老师收集了一部分史料,请大家仔细阅读课前下发的材料,我们一起来探讨洋务运动的相关问题。

先来看第一组材料,你能得出哪些信息?

1867—1904 年江南制造总局生产产品情况(部分)

机器	制造刨床、开齿机汽锤、大锤机等母机型机器 117 台 机器零件及工具 110 万件
大炮	1906 年仿制成功法国 1897 年管退炮 "自紧法"造成不炸裂的坚固炮管,接近当时世界先进水平
枪支 弹药	1898 年仿制出当时最先进的德国 1888 年式毛瑟枪 19 世纪 90 年代每日造子弹 9 万颗,每月造地雷 2 百余枚,每年造无烟炸药 6 万余磅
钢铁	1890 年购进西门子—马丁炼钢炉,炼成优质镍钢,年均产量 500 吨
造船	1868 年,第一艘自造木壳轮船试航成功,至 1875 年共造小型船 7 艘

——夏东航,《洋务运动史》,华东师范大学出版社 1995 年版,第 80—85 页

同文馆毕业学生中有 28 人后来做了驻外公使一级的外交官。到甲午战争前,洋务派创办了大约 24 所各类学校。各级军事学堂至 1890 年,单为海军就培养了 1300 名水兵、军官和专业技术人员。福州船政局派学生赴欧学习驾驶、制造,其中包括严复、邓世昌、刘步蟾、林永升等人。

1872—1875 年先后派出四批留学生,每批三十名,先入中小学,后入耶鲁大学学习法律、工、矿、路、机。这批留学生回国后成为近代工业、技术和人文学术领域的第一批专家,著名的有詹天佑、唐绍仪等。(整理自洋务运动相关档案)

生:江南制造局的产品涉及多个领域,且多为机器、大炮、枪支弹药、炼钢及造船等,说明洋务派办军事工业的目的是求强。

生:江南制造局的机器生产数量不少,还有自行研制的炮管,能够在较短时间内仿造先进的武器、轮船,说明其规模较大。

生:单从钢铁和造船两项来看,缺乏原创技术,零星学习西方技术,不可能实现求强的目的。

师:洋务派的教育事业如何?

生:洋务派开办新式学堂,培养了不少外语人才和军事人才,也派遣留学生出国,接受西式教育,在建立新的教育体制方面有进步。

师:随着洋务运动的深入,洋务企业遇到不少困难,最棘手的困难是什么?

生：洋务事业不仅遭到顽固派的反对，更困难的是缺乏经费。

师：你得出这个结论的依据是什么？

生：第二组材料中有关"天津机器局历年收支表"和"总理衙门奏片"史实说明洋务事业资金紧张，急需大笔财富的投入。

天津机器局历年收支表

年代	收入（两）					支出（两）
	津东东海两关四成洋税	户部拨边防饷银	北洋海防经费协款	各省划还军火等价银	共计	
1874	584287			330	584617	575494
1878	338910		122632		461542	482538
1884	369000			29067	398067	454468

——摘录自《中国近代工业史资料》第1辑上册，第367页

师：洋务派对此如何认识？

生：他们的思想发生了转变，认识到西方国家的强大，除了船坚炮利，还在于雄厚的经济实力。

师：很好。这也是洋务派由"求强"到"求富"转变的重要原因。那么怎么"求富"呢？

生：创办民用企业。根据第二组材料，李鸿章认为："欲自强，必先裕饷；欲浚饷源，莫如振兴商务。"

师：不错，第二组材料中还列举了李鸿章分析如能夺回英国呢布在中国的市场份额的话，将是军国之大利。

"即不能禁洋货之不来，又不能禁华民之不用。英国呢布运至中国，每岁售银三千余万两……设机器自为制造……我利日兴，则彼利自薄……榷其余利，并可养船、练兵，此军国之大利也。"

——李鸿章，《筹议海防折》附件，《李文忠公全书》奏稿卷24，第20—21页

师：洋务派创办的民用企业有哪些？

生：教材中列举的有上海轮船招商局，开平矿务局，汉阳铁厂等。

师：效果如何？

生：解决了一些军事工业的困难，在一定程度上抵御了外国资本主义的经济侵略。

师：还有第三组材料，你怎么看待这组材料中提到的问题？

19世纪70年代初，江南制造局只有40个官员领导管理；到70年代末，就

有80个官员吃拿卡要了。德国克虏伯进入中国不久,就学会在合同金中划出专门比例送回扣。痛心疾首的李鸿章专门出台规定:所有采购都要经总办(总负责人)以及采买、支应、会计三个有关部门共同签字才能生效,但见效甚微。

——凤凰网·历史频道

张之洞创办的汉阳铁厂,向英国梯赛特机器厂订购机炉等物。英国厂商提出先化验铁石、焦炭的质地如何,而后始可配备与之相适应的机炉的要求时,张之洞答复:"以中国之大,何所不有,岂必先觅煤、铁而后购机炉?但照英国所用者购办一分可耳。"英国厂商闻之愕然,胡乱配了一座贝色麻炼钢炉和一座小马丁炼钢炉,铸成大错。

——夏东航,《洋务运动史》,华东师范大学出版社1995年版,第290页

生:江南制造局官员吃拿卡要、德国公司送回扣的史实说明洋务企业在经营管理上存在很多弊端。

生:汉阳铁厂的故事说明即使是洋务派们,作为当时清王朝比较先进的人物,其本身也有极大的局限性,也会在一定程度上影响洋务事业的进程。

目标3:质疑和反驳,形成新的认识。

教师引导学生对明显不符史实的两个观点提出质疑和反驳,形成自身对洋务运动比较客观的认识,培养学生的求真意识。

师:现在我们再来看看刚才的几段评述,你认为哪一个比较客观?

生:陈旭麓的。

师:你能对其他学者的评述做出合理的解释吗?

生:顽固派反对向西方学习,所以必然排斥洋务运动,认为它"用夷变夏,败坏人心"。

生:牟安世的评述是在1956年,带有很明显的时代烙印,洋务派向西方学习的目的是巩固清政府的统治,用卖国显然不符史实,不客观。

师:新中国成立后,曾有一段时间全面否定洋务运动和洋务派,牟安世的观点就是在这样的背景下出台的,显然忽略了洋务运动的进步方面。

通过刚才的学习,你能对洋务运动做出自己的评价吗?

生:洋务运动确实未使当时的清政府富强起来。但历时三十余年的自强运动迈出了中国现代化的一小步,奠定了中国近代工业文明的初步基础。

师:虽然历经三十余年洋务运动,中国仍不足以与西方列强抗衡,但中国追求近代化所做的努力,阻止或延缓了殖民地化的进程,不断提高了中国与列强较量的水平与能力。洋务运动也使国人广开眼界,越来越深刻地认识到改革的必要性。对西方工业文明的态度从"耻言西学"阶段进入"渐知西学,而肯讲求"的阶段。

著作、笔记、回忆资料等具有不同的历史特点和证据价值

——以《救亡图存》为例

普陀区教育学院　鲍丽倩

目标内容:懂得对著作、笔记、回忆资料的检索是获得史料的基本途径,以及这些史料不同的历史特点和证据价值。

一、著作、笔记、回忆资料都是我们了解历史的依据

历史归根到底是人们对于过去的一种留存和认识。笔记、回忆资料、著作等正是这种留存和认识的记录。因此,通过笔记和回忆资料,有助于我们走近历史中的人,去感悟他们的心路历程,以更好地触碰历史、感知历史和理解历史;而通过历史著作,有助于我们了解后世研究者对历史的解读,以更好地理解历史本身和历史与现实的融通,也进一步理解历史是一种解释。

笔记,既是我们了解记载者所记述的历史事件的重要依据,也是我们了解记载者,即作为历史事件发生时的人的所思所想的重要依据,具有极其重要的史料价值。我们可以通过将其与同时代其他人的笔记,或与其他历史记载相比较或联系,以获取当时历史发展和社会形态的诸多信息。

回忆资料,提供了一种当事人或当时人在数年之后回看过去的历史视角。这一方面丰富了历史资料,使历史事件的面貌进一步清晰起来,另一方面丰富了历史视角,使历史事件在回忆者不同的人生阶段被重新咀嚼。

如齐如山在回忆录中写道:"同文馆于同治元年(1862)成立。馆学最初只有英文、法文……同文馆是成立了,但招不到学生,因为风气未开,无人肯入,大家以为学了洋文,便是降了外国。"(齐如山,《齐如山回忆录》,辽宁教育出版社2001年版)从中,我们既可以了解同文馆创立的时间、课程设置以及招生情况,还可以感知回忆者在数年后对同文馆招生艰难的理性分析,认为是

"风气未开"。因此,回忆资料既有助于我们了解回忆者所回忆的历史事件,也有助于我们了解回忆者的所思所想,还有助于我们了解历史事件及此后的历史演变对回忆者及民众的潜在影响等。因此,回忆资料是研究社会演变的重要依据。

著作,通常是指历史学家针对某一历史领域的研究成果。著作大多采用由史及论的叙事手法,逻辑相对较为严密。我们可以通过多部著作去了解同一阶段的历史,并了解创作者对历史的多元认识,我们也可以通过著作去获取当时的一些历史信息,甚至其中可能保存有一些一手史料。作为中学历史教师,阅读著作,不仅在于拓宽史实、史观和史识,更在于了解其分析历史的方法。

二、著作、笔记、回忆资料等具有不同的历史特点和证据价值

如果从历史特点来看,笔记一般记录的是当时人的所见、所思及所想,在发生时间上相对另外两种资料更接近其所记载的历史事件本身,因此,相对而言是三者中最原始的史料。基于时间要素,其证据价值相对较高。但需要注意的是,笔记是个人所书,无疑会因为记载者个人的情感、态度、价值观等,而对所记载的历史事件打下个人的印记,其主观性也是显而易见的。

清代李慈铭在《越缦堂日记》中写道:"鬼本多端,使小朝廷设同文之馆;军机无远略,诱佳弟子拜异类为师"。(李慈铭,《越缦堂日记》,国家清史编纂委员会,《文献丛刊》,广陵书社 2004 年版)从中,一方面我们可以看到同文馆设立这一历史事件,另一方面,我们可以感受到记载者对同文馆的个人态度,这实际上也反映出同文馆设立之初的部分社会舆论倾向,是洋务运动艰难推进的写照。所以说,时人笔记,从证据价值来说,是兼具客观性和主观性的。

回忆则是当时人在事后回想起来的事情,处于原始和非原始史料之间。回忆资料的主要留存方式有两种,一种是当事人自己写或委托他人写的回忆录,另外一种是以口述史料的方式留存。随着现代影音记录技术的发展,不仅能将一些重要人物的口述记录保存下来,更重要的是,普通人也越来越成为口述史料的贡献者。因此,口述史的发展,不仅丰富了史料类型,更重要的是对于构建一个普通民众参与书写的历史有着重要价值。尽管从梁启超时就提出为"国民"书写历史,但那终归还是历史学家在书写,只有有了技术保障,普通民众得以自己参与书写历史,"国民"历史时代才真正到来。当然,从证据价值来看,回忆资料的价值与风险并存。回忆资料在丰富历史以及推动书写者范围下移的同时,也存在着风险。这种风险主要受制于回忆者的个人因素,时间久远、回忆者的立场态度与记忆能力等等,都可能会对回忆者所回忆的历史事实的客观真实性产生影响。因此,在利用回忆资

料时,必须怀着审慎的态度。

著作则是后世学者对历史问题的研究成果,通常属于非原始史料。著作一般是指后人的研究成果,但也不排除有些著作的作者兼具时人的成分,如《史记》的作者司马迁,就曾记载了一些当时的事情。从叙事手法来看,著作相对重证据、重逻辑,说理性较强,因此其结论也较容易得到阅读者的认同。值得注意的是,正因为历史著作有较强的史论意识,通常会围绕核心观点进行论述,因此,有时著作并不一定能反映历史的全貌。

> 如李喜所在《中国最早的外语学校——同文馆》中写道:"同文馆的学生并不多,1862 年入学的仅 10 人,后增为 30 人,最多时也只有 125 人,1901 年,该馆并入京师大学堂……同文馆完全按正规的学校来办,入校学生不仅学外语,还学中文和自然科学,学制严格,八年毕业……考试制度也很严格,月有月考,季有季考,岁有岁考,三年一大考……总体来看,同文馆作为中国最早的近代新式学堂,其开一代风气之先的拓荒作用是不可低估的。"(文史知识编辑部编,《中国礼制风俗漫谈》,中华书局 1997 年版)从行文看,作者重点介绍了同文馆的运作情况,最终得出了"开一代风气之先的拓荒作用"的结论。这一点如今已是共识,但对于同文馆创立之初的艰难,是基本被忽略的。

另外我们发现,有时对于相同的历史,不同的著作有不同的记录及相异的观点,这实际上是体现了历史认识的多元性。而导致多元性的原因很多,创作者自身的因素就不可忽视,其历史素养的高低、占有史料的多寡、研究方法的不同、立场观点的差异等等,都可能对历史认识产生影响。因此,著作对历史的反映也体现出客观性与主观性兼具的特征。所以,我们对著作也不能盲从,而应该通过比对阅读,以进一步了解历史的全貌。

基于以上分析,如果从产生时间为依据来判断证据价值的话,显然笔记价值最高,回忆资料其次,著作最次。但又不能如此绝对,因为我们发现,三者都兼具客观性及主观性。因此,我们在教学中要审慎运用。一方面,要区别不同史料的证据价值,并尽量做到多重互证;另一方面,要避免"只信不疑"的态度和"以论代史"的现象,即将著作中的观点结论等同于历史本身。我们应带着"疑而后信"的求真态度来达成内容目标,培养学生对史料集证辨据的能力。

三、实施案例

"戊戌变法"的内容主旨可以确立为:维新派积极倡导西方社会政治学说,宣扬进化论和资产阶级民权思想,加速了中国社会的新陈代谢;而多种因素合力导致了新政的戛然而止,令人在扼腕中反思。在本课教学中,将"变法过程"设为重点,将"失败原因"设为难点。本案例就是展现难点的解决过程。意图通过著作、笔记、回忆等多种史料的比较、关联去激疑和解疑。

目标1：著作的历史特点和证据价值。

师：对于变法失败的原因，我们先来看看不同历史著作中的论述。

材料1：失败的理由是明显的。运动是康有为和皇帝两个人的创作，一个是空中楼阁的幻想家，一个是毫无经验的懦弱者；他们只获得在北京和在本省的广东人的积极支持……维新的金字塔是倒置的，帝国所有的力量，对于这个运动都消极地或积极地严阵以待……凭着这样的支持并遭到这样的反对，任何维新运动，不论宗旨怎样美好，原则怎样崇高，是一定要归于失败的。

——[美]马士，《中华帝国对外关系史》，上海书店出版社2006年版

材料2：在这百天之内，康有为及其同志推行了不少的新政。其中最要紧的有二件事。第一，以后政府的考试不用八股文，都用政治、经济的策论。第二，调整行政机构……这两件大政，在我们今日看起来，都是应该早办的，但在戊戌年间，虽然国难那样严重，反对的人居大多数。为什么呢？一句话，打破了他们的饭碗……康有为既然抓住皇帝来行新政，反对新政的人就包围西太后，求"太后保全，收回成命"。

——蒋廷黻，《中国近代史》，江苏教育出版社2006年版

依据材料1，作者认为变法失败的主要原因是什么？

生：是康有为和皇帝的性格缺陷导致的。

师：是的，作者认为是他们的性格缺陷，招致了多种力量的反对，变法最终失败，尽管维新的宗旨可能是美好的。

师：综合来看，这段话，言语之间体现出作者对维新运动怎样的情感？

生：惋惜失败，但肯定变法方向。

师：依据材料2，作者认为变法失败的主要原因是什么？

生：是变法中的两项大政触动了很多人的利益，遭到多数人的反对，因而失败。

师：对于这样两项大政，作者的态度是什么？

生：作者认为，"在我们今日看起来，都是应该早办的"，可见，作者总体是肯定的。

师：比较材料1和材料2，作者的观点有何异同？

生：都认为变法方向正确，都认为变法遭到多数力量反对而失败，但对于导致失败的原因说法不同，前者认为是领导者性格缺陷，后者认为是政策触动利益。

师：很好。可见，两位作者对变法失败原因的解释是有所不同的，所以说，著作所提供的观点只是一种解释，体现了作者对这个问题的看法。不同的著作对同一

问题的解释是不尽相同的。它们的意义是为我们提供了看问题的不同视角,但我们不能将其简单等同于真实,我们要进一步走近历史,获取更多的史料以了解真相,然后再返回来理解著作者的观点。

目标2:笔记、回忆资料的历史特点和证据价值。

师:要了解变法失败的真正原因,走近当时的人、去倾听他们的想法是重要的方法。

材料1:同为维新志士的黄仲弢,在戊戌年批评康党主持的维新,称其:"以荡检逾闲为才气,以奔竞招摇为作用。试之以事,则敛怨纷腾;假之以权,则营私狼藉;迹其心术,则借本朝之荣宠以为号召徒党之资;按其学术,则袭西国之皮毛以开空疏剽窃之习。"

师:依据这则材料,黄仲弢怎样评价康有为?

生:认为康有为没有真才实学,而且心术不正,手段不当。

师:这是康有为身边同为维新志士说的话,我们再看看其胞弟康广仁的说法。

材料2:胞弟康广仁曾在给友人的信中如此描述康有为:"伯兄规模太广,志气太锐,包揽太多,同志太孤,举行太大,当此排者、忌者、挤者、谤者盈衢塞巷,而上又无权,安能有成?"

师:依据这则材料,康广仁怎么评价康有为?

生:自恃孤傲,树敌太多。

师:康广仁觉得变法的结果会怎样?

生:康有为个人的性格原因,加上皇帝无权,不可能成功。

师:我们把材料1、材料2和之前的材料1结合起来看,你能得出什么结论?

生:材料1、2可以证实之前材料中康有为性格缺陷的观点。

师:很好。刚才我们看的是一同参与变法的人的看法,接下来,我们再看一位旁观者的说法。

材料3:曾任直隶总督兼北洋大臣的陈夔龙亲历了戊戌年的朝局大动荡。他后来在《梦蕉亭杂记》中回忆政变的起因,称:"戊戌政变,首先起源于裁官。京城闲散衙门被裁撤者不下十余处,连带着因此而失业的人有近万人,朝野震骇。"

师:在这则材料中,陈夔龙提及的是哪项改革措施?

生:裁官。

师:回忆者用了哪个词以体现当时人对这件事的态度?

生:朝野震骇。

师:这是一种怎样的情绪?

生：震惊,害怕。

师：我们可以想象,这样的大动作会导致官场怎样的反应?

生：反对变法,仇恨变法人士。

师：这则材料可以与上面的哪则材料相互印证?

生：大政触动了不少人的根本利益,以致遭到反对。

师：综上所述,你如何看待变法失败的原因?

生：我觉得变法失败是多种因素共同作用的结果,既有领导者的个性缺陷,也有变法激进的问题,还有旧势力的顽固等。

师：你觉得就刚才我们所提供的这些材料而言,是否足以完全解决这个问题?

生：当然不能,我们还需要获取更多的一手史料以了解历史真实。

师：是的。所以,从这个意义上说,我们掌握研究历史的方法是更为重要的,因为史料是不能穷尽的。就这节课而言,我们要懂得对著作、笔记、回忆资料的检索是获得史料的基本途径,以及这些史料不同的历史特点和证据价值。

目标3：多重互证是获取历史真实的重要路径。

师：哪位同学能根据以上分析,和大家交流一下,我们应该如何运用著作、时人笔记(包括信件、日记等)和回忆录等来认识和理解历史?

生：我们应理性地看待著作观点,它为我们提供了分析问题的视角,但我们要有"疑而后信"的态度和行动。

生：我们要善于通过检索笔记、回忆录等史料,以走近历史中的人,了解他们的内心世界,在触摸历史中感悟历史真实。

生：是的,不仅如此,我们还要善于将不同史料进行互证,以发现其中的异同,进而在分析比较中获取真实历史。

师：同学们都说得非常好。通过今天的学习,大家都懂得了著作观点的主观性本质和笔记、回忆录等一手史料的重要证据价值。当然,著作中有时也会引用一些一手史料,而笔记、回忆录在反映客观历史的同时也蕴含着主观情感,这些都是需要我们在运用时加以鉴别的。另外,孤证不立、多重互证也是我们必须具备的意识。

史料的效度和信度

——以《中国民主革命的转折》为例

大同中学　邵　清

目标内容:懂得因研究的对象和问题不同,历史材料的有效性与可靠性会发生变化。

一、关注历史材料的有效性和可靠性

目标内容指向的是学生在开展搜集整理史料、辨析史料真伪、提取有效信息等寻找历史证据的过程中应该掌握的基本思维过程与思维方法,旨在让学生认识到史料是人类历史发展过程中遗留的痕迹,是人们了解过去、探究历史真相的基本依据;初步掌握史料搜集和考证的基本方法和途径;逐渐形成"史由证来,论从史出"的史学意识和证据意识;充分感受和体验历史学科的科学性和严谨性。

目标内容包含以下三个方面的问题:其一,为什么要关注历史材料的有效性和可靠性;其二,哪些因素会影响历史材料的有效性和可靠性;其三,怎样确保历史材料的有效性和可靠性。

历史是历史学家根据历史事实写成的,历史知识的一个重要特质是其研究对象早已消失,也不可能再现,所以难以被直接观察,建立历史知识所需要的"证据"也都是间接来自于过去所遗留下来的史料。没有史料就没有历史。

蔡元培说:"史学本是史料学,坚实的事实,只能得之于最下层的史料中。"傅斯年说:"近代的历史学,只是史料学。"梁启超也认为:"史料为史之组织细胞,史料不具或不确,则无复史之可言。"可见,史料是史学的基础,是历史研究的原料。当代史学家胡厚宣在强调"史料"对于"史学"的重要意义时说:"史学若是房屋,那么,史观是工程师,史料是木材砖瓦。只有工程师而没有木材砖瓦,和只有木材砖瓦而没有工程师,是同样盖不成房子的。只有正确的史观,没有正确的史料,和只有正确的史料,没有正确的史观,是同样写不出正确

的历史来的。"可以说,没有史料一定不会有史学。

历史是从史料所提供的"证据"中建构关于过去人和事的论述,可以说是一种推理学问。教师是通过史料为已有的历史事实提供例证,传输历史事件的真实感,使学生神入历史,感觉当时的历史环境,触摸到历史人物的脉搏,从而真实地、近距离地感知历史,把握历史的本质。教师也是通过推动学生运用史料作为证据来进行历史的研究活动,引导学生在读懂读通史料的基础上对史料进行分析,最大限度地从史料中获取有效信息,从而掌握了解、研究历史的一般方法。

史料是我们个体和史实的中介,史料也是我们认知史实的"证据"。"证据"原本是一个法律术语,是在司法裁判中认定过去发生事实存在的重要依据,在法律上,作为有效的证据必须具备三点:即客观真实、证据关联和证据合法。历史研究的目的是探索人类社会发展规律,求真求实是前提和基础。

因此,作为认知史实的证据,有价值的史料首先应该真实反映历史事件,其次也应与要证明的史实之间存在逻辑上的联系,即所谓真实性和可靠性。郭沫若先生曾言:"无论作任何研究,材料的鉴别是最必要的基础阶段。材料不够用固然成大问题,而材料的真伪或时代性如未规定清楚,那么比缺乏材料还要更加危险,因为缺乏材料顶多得不出结论而已,而材料不正确便会得出错误的结论。这样的结论比没有更要有害。"陈寅恪强调史学方法,也认为是在尽可能多地占有"正确史料"的前提下,历史研究者要运用"神游冥想,与立说之古人,出于同一境界",并做到"神理相接"——似有精神相通之处。

如本单元的主题是中国民主革命的转折,"转折"是关键词,核心内容是新文化运动和五四运动。辛亥革命所唤起的中国社会的希望,同民国初年中国社会的黑暗之间形成一种巨大的落差,巨大的落差产生了巨大的波潮,先进的中国人在黑暗中继续寻求真理,于是就有了新文化运动和五四运动。

陈旭麓先生说:"新文化运动用民主和科学来概括欧美工业文明的精神的时候,(他们)已经越出了仿效某个具体国家的具体建制的轨迹……于是,他们的认识开始由器物和制度层面楔入到文化心理层面……"(陈旭麓,《近代中国社会的新陈代谢》,上海社会科学院出版社2006年版)中国思想界出现了大转变的契机。另一方面,作为一次反帝反封建的爱国运动,五四运动开启了新民主革命的先河,是新旧民主革命的转折点。因此本单元涉及的历史内容很多,但都围绕新文化运动和五四运动这个核心展开。

新文化运动倡导民主与科学,陈独秀、李大钊、鲁迅、胡适是新文化运动的主要代表。教学中,教师要引导学生通过阅读陈独秀等人的重要著作来领会陈独秀等人的思想,认识他们在新文化运动中的地位。

"近代欧洲之所以优越他族者,科学之兴,其功不在人权说下,若舟车之有两轮焉……国人而欲脱蒙昧时代,羞为浅化之民也,即急起直追,当以科学与人权并重。"(陈独秀,《敬告青年》)

"上述八事(言之有物、不摹仿古人、须讲求文法、不作无病呻吟、务去滥调套语、不用典、不讲对仗、不避俗语俗字),乃吾年来研思此一大问题之结果。远在异国,既无读书之暇晷,又不得就国中先生长者质疑问题,其所主张容有矫枉过正之处。然此八事皆文学上根本问题,有研究之价值。故草成此论,以为海内外留心此问题者作一草案。谓之刍议,犹云未定草也。伏惟国人同志有以匡纠是正之。"(胡适,《文学改良刍议》)

"我翻开历史一查,这历史没有年代,歪歪斜斜的每页上都写着'仁义道德'几个字。我横竖睡不着,仔细看了半夜,才从字缝里看出字来,满本都写着两个字是'吃人'!"(鲁迅,《狂人日记》)

"民主主义劳工主义既然占了胜利,今后世界的人人都成了庶民,也就都成了工人。我们对于这等世界的新潮流,应该有几个觉悟:第一,须知一个新命的诞生,必经一番苦痛,必冒许多危险。有了母亲诞孕的劳苦痛楚,才能有儿子的生命。这新纪元的创造,也是一样的艰难。这等艰难,是进化途中所必须经过的,不要恐怕,不要逃避的。第二,须知这种潮流,是只能迎,不可拒的。我们应该准备怎么能适应这个潮流,不可抵抗这个潮流。人类的历史,是共同心理表现的记录。一个人心的变动,是全世界人心变动的征兆。一个事件的发生,是世界风云发生的先兆。"(李大钊,《庶民的胜利》)

教师也可以把近代以来,各个时期主要的观点一一列出,让学生在比较中,认识新文化运动的先进所在。

材料1:魏源在《海国图志序》中指出:"不善师外夷者,外夷制之。""夷之长技三:一战舰,二火器,三养兵练兵之法。"又说:"是书何以作?曰为以夷攻夷而作,为以夷款夷而作,为师夷长技以制夷而作。"

材料2:1898年,张之洞的《劝学篇》中说道:"中国之祸不在四海之外,而在九州之内",宣传"民权之说,无一益而有百害?"他提倡:"中学为体,西学为用。"

材料3:新文化运动期间,陈独秀等人号召人们"冲决过去历史之网罗,破坏陈腐学说的囹圄",提出"德先生"和"赛先生"的口号。他指出:"要拥护那德先生,便不得不反对孔教、礼法、贞节、旧伦理、旧政治。要拥护那赛先生,便不得不反对旧艺术、旧宗教。要拥护德先生又要拥护赛先生,便不得不反对国粹和旧文学。"

材料4:李大钊指出:俄国(十月)革命,"是立于社会主义上之革命","是世界人类全体的新曙光"。他号召人民向俄国学习。

二、影响历史材料的有效性和可靠性的主要因素

史料按照来源途径,一般可以分为原始资料与非原始资料,一手资料与转手资料。

原始资料系指历史事实发生时产生的资料,而且是该历史事实的组成部分或直接记录。非原始资料系指客观历史以外或以后产生的反映该客观历史的资料。

一手资料系指某历史事实发生时产生的资料,有些本身就是该历史事实的组成部分,有些可能是亲历者或见证人的记录。转手资料系指相对于一手资料而言的反映该历史事实的转载或复制品。当然,按照史料与结论之间的关系,史料又有直接证据与间接证据、有效证据与无效证据等分类。但是,从根本上来说,真正客观的历史是一去不复返了,史料并不等于所记录的事实本身,而只是对历史事实的一种透视或观察,任何一种史料都是带有主观色彩的诠释。

有两个方面因素会影响历史材料的有效性和可靠性,一方面,记录者个人立场、视野、道德品性、所处的时代局限,会影响史料的客观性,会制约史料的全面性。另一方面,史料与史实若建立不起客观、实质的关联,围绕史实,若形成不了相互印证的证据链,即便是真实的材料,同样也会影响史料的价值。

如1920年1月,孙中山曾有一个关于五四运动的讲话,他说:"自北京大学发动五四运动以来,一般爱国青年无不以革新思想为将来革新事业之预备。于是蓬蓬勃勃,发抒言论。各种新出版物,为热心青年所举办者,纷纷应时而出,扬葩吐艳,各极其致,社会遂蒙绝大影响。虽以顽劣伪政府,犹且不敢撄其锋,推其原始,不过由于出版界之一二觉悟者从事提倡,遂弥漫全国。人皆激发天良,誓死为国家爱国之运动。"这段材料据考证确实为孙中山所言,作为五四运动的见证者,孙先生又处于当时代,因此这是一段一手史料。这段史料对研究孙中山晚年思想观念、政治立场转变,具有重要的史料价值,但是如果把它作为研究五四运动发展扩大的原因,显然史料价值并不高。

三、怎样确保历史材料的有效性和可靠性

任何史料都是一种记载,无论是"当时之简",还是"后来之笔",都不可避免带有主观因素,因此绝对真实的历史是不存在的,但"真实的历史依然是历史学家永恒的追求",尽可能复原历史事实,探寻人类社会发展规律,是历史研究的主要目的,于是考证史料成为历史研究的主要手段。教师要引导学生在读懂读通史料的基础上,对

史料进行分析,通过考证,尽可能地选取真实可信的史料,同时也要选取与史实密切关联、能形成相互印证的史料,最大限度地从史料中获取有效信息,推动学生形成"证据"与"史实"之间的逻辑意识,从而掌握了解、研究历史的一般方法。

史料考证通常分为"外部考证"和"内部考证"两个方面。所谓"外部考证"就是从"史料外表衡量史料,以决定其真伪及其产生的时间、空间等问题"(杜维运,《史学方法论》,北京大学出版社 2006 年版),主要在于确定史料的编撰者,其所属的时代,是原本还是抄本,如果是抄本,有没有被刻意加工的痕迹,目的在于判断其真实性,确定史料的真伪。所谓"内部考证"就是"考证史料的内容,从内容衡量其是否与客观的史实相符合,或它们间符合的程度"(杜维运,《史学方法论》,北京大学出版社 2006 年版),主要在于鉴定史料所提供信息的性质,以确定它们的相对可靠性,这主要是从史料编撰者的时代背景或其他角度去审查客观形势在编撰者思想中的反映,以确定史料所包含信息的可靠程度。

具体做法上也可以从以下几方面着手,一是查询史料的来源判断真伪。二是围绕同一个问题,查询同时代其他著作或者人物言论中是否提到或引用过,辨其真伪。三是后世人的著述或言论中是否提到或引用过。四是所用文字、语词是否当时文体。五是所叙述的史实是否合于历史实际。

四、实施案例

目标 1:研究的对象和问题不同,历史材料也会不同。

师:火烧赵家楼是"五四"期间非常重要的一个历史事件,以下四段材料都是当事人关于这一事件的回忆。

材料 1:匡济(即匡互生)从西院窗口将铁栅扭弯了两根,打开了一个缺口,他从缺口爬进去,摔开守卫的警察,将大门打开,群众便蜂拥而入。

——夏明钢,《五四运动亲历记》

材料 2:我身材较高,就踩在高师同学匡互生的肩上,爬上墙头,打破天窗,第一批跳入曹贼院内。我和同学把大门门锁砸碎,打开大门,于是,外面的同学一拥而入。

——陈荩民,《回忆我在五四运动的战斗行列里》

材料 3:当时与警察争执之际,竟将电灯打碎,电线走火,遂肇焚如。

——英文《字林西报周刊》,1919 年 5 月 10 日

材料 4:群众找不着曹汝霖更加气愤,有人在汽车房里找到一桶汽油,大家高喊"烧掉这个贼窝"。汽油泼在小火炉上,当时火就烧起来了。

——范云,《五四那天》

生：以上四段材料都是当事人记载，都属于一手史料，为怎么会有差别？

师：是的。由于当事人对事件参与程度不一，记忆能力和所处的立场更不同，因此对谁第一个进入曹宅和赵家楼着火原因的记载便截然不同。这也就说明研究的对象和问题不同，历史材料也会不同。我们要进一步了解这一事件，厘清这些不同，就必须尽可能运用一手材料，尽可能选取叙述态度较为客观的材料，获取尽可能多的材料并且对材料的真实性和可靠性进行鉴别。

目标2：研究的对象和问题不同，历史材料的有效性与可靠性会发生变化。

师：五四运动是一场彻底的反帝反封建的爱国运动，它开启了中国新民主主义革命的序幕，那么是什么力量在革命中起决定性作用，推动了革命深入发展呢？作为五四运动的一位旁观者，孙中山先生目睹了运动的整个过程，他对于五四运动从北京扩展到全国的原因，做出了以下分析，经过考证这个材料确实出自孙中山之口，是真实的一手资料。同学们阅读材料，分析在孙中山先生看来五四运动不断扩大的原因是什么。

> 材料1：自北京大学发动五四运动以来，一般爱国青年无不以革新思想为将来革新事业之预备。于是蓬蓬勃勃，发抒言论。各种新出版物，为热心青年所举办者，纷纷应时而出，扬葩吐艳，各极其致，社会遂蒙绝大影响。虽以顽劣伪政府，犹且不敢撄其锋，推其原始，不过由于出版界之一二觉悟者从事提倡，遂弥漫全国。人皆激发天良，誓死为国家爱国之运动。
>
> ——孙中山，《关于五四运动》，1920年1月

生：在孙中山看来，青年的热情和媒体的觉悟是推动运动深入发展的主要力量。

师：那么事实真的是如此吗？再请看以下材料，综合分析一下，这些材料提供的信息说明五四运动扩大的原因是什么。

> 材料2：学生罢课半月，政府不惟不理，且对待日益严厉，乃商界罢市不及一日，而北京被捕之学生释；工界罢工不及五日，而曹、章、陆去。
>
> ——《上海学联告同胞书》，1919年6月12日

> 材料3：此次参加罢工的：纺织厂方面，有内外棉第三、四、五厂，日华纱厂，上海纱厂及叉袋角日本纱厂数家。金属业方面，有祥生船厂，船坞铜匠铁匠，江南船坞，铜铁机器工人，浦东和平铁厂，锐利机器厂，札新机器厂等。运输业方面，有沪宁沪杭两路机师工人，浦口各轮船水手，沪南商轮公司等。市政工人方面，有南市电车，英美公司电车，全埠汽车夫，全埠马车夫，华洋德律风公司（属英国）接线员，中国电报局，公共租界清道夫。其他工人，有亚细亚美孚煤油栈……商务印书馆印刷工人，英美烟草公司烟厂，查礼饭店工人，总

共人数无确实统计,大概有六七万人。京奉路的唐山和京汉铁路的长辛店是加入了的,他们不仅仅有过大示威游行,而且还组织了团体,当然还只限于爱国的意义。

——邓中夏,《中国职工运动简史》

材料4:本日仅准曹汝霖辞职,似此可以谢国人乎? ……查栖息于津埠之劳动者数十万众,现已发生不稳之象,倘迁延不决,其危厄之局,痛苦有过于罢市者,市面欲收拾而不能矣。津埠商民处此水深火热,已有不可终日之势,请钧座推之人道,俯顺舆情,急以明令惩免曹、陆、章及保护学生,以谢国人,而救目前。

——1919 年 6 月 10 日,天津总商会致电北京政府加急电报

生:综合这些材料我们可以看到,在五四运动关键时刻,工人阶级作为独立的政治力量登上历史舞台,显示其巨大力量,推动五四运动发展,运动中心从北京扩展到了上海。

师:为什么他们和孙中山先生的分析不一样?

生:以上三段材料,分别是组织领导学生运动的上海学联、工人运动领袖邓中夏和天津商会关于当时形势的介绍,他们所处的立场和孙中山先生不同。

生:这些人有些是五四运动的亲历者,有些是五四运动的组织者,而孙中山先生是一个旁观者。

师:通过这个事例我们可以看到,即便是同时代人的一手真实材料,由于所处的地位不同、参与事件程度不同,所作的记载也会与事实不符,从而影响其史料价值。那么,就此而言,孙中山先生的这段论述是不是就没有史料价值了呢? 作为中国民主革命的先行者,孙中山一生致力于改造中国,晚年更是完成了一生的转变,接受苏俄和中共的帮助,把旧三民主义发展成为新三民主义,实行"联俄、联共、扶助农工"三大政策。那么推动他转变的主要因素有哪些呢?

材料5:盖俄国革命之能成功,全由于党员之奋斗,一方面党员奋斗,一方面又有兵力帮助,故能成功。故吾等欲革命成功,要学俄国的方法组织及训练,方有成功的希望。

——《孙中山全集》第 8 卷,中华书局 1986 年版

材料6:1923 年 5 月 23 日,孙中山致函达夫谦、越飞:"我将立即开始改组党,在广州、上海、哈尔滨办日报;在北京、上海办周报;在上海设立通讯社,在广州办月刊;在北方士兵中尽快开展宣传。"

——《孙中山集外集补编》,上海人民出版社 1994 年版

材料7:孙中山在见到这样的客人(李大钊等共产党员)后常常说,他认为

200

这些人是他的真正的革命同志。他知道,在斗争中他们能依靠他的明确的思想和无畏的勇气。

　　——宋庆龄,《孙中山和他同中国共产党的合作》,《人民日报》1962 年 11 月 12 日

　　材料 8:孙中山到上海后:"审查当时国际之局势,本党革命失败之症结,国内青年思想之变动,与民众对于政治改革之要求,八月间苏俄代表越飞亦派员(引者注:指马林)来沪晋谒,商讨中俄新关系,遂下改组本党决心。"

　　　　　　　　　　　　　　　　　　——《中国国民党十三年改组史料》

生:从材料中我们看到,俄国革命的军事经验以及重视舆论宣传的工作经验,给予孙中山很大影响,促成了他联俄主张的形成。

生:从材料中我们看到,中国共产党对孙中山的影响和帮助,促成了他晚年的伟大转变,形成了联俄、联共、扶助农工的三大政策。

师:同学们说得很好! 是十月革命、五四运动的影响与中国共产党、共产国际、苏俄的帮助推动孙中山晚年思想转型。而这个结论刚才同学们是从材料中提取信息、综合分析得出的。因此,我们可以看到,在分析"五四运动不断扩大的原因是什么"这个问题时,材料 1 价值并不高,但在分析"是什么因素推动孙中山晚年实现伟大转变"时,材料 1 又具备了一定的史料价值。通过这个案例,我们应该认识到,在历史研究过程中,因研究的对象和问题不同,历史材料的有效性与可靠性会发生变化。

历史解释的客观性与多样性

——以《国共分裂与抗战开始》为例

华东师大三附中　李代友

目标内容：根据一定的史实、史料或视角，对明显不符合史实的历史解释提出质疑或反驳。

一、基于视角看待历史事件

视角是指认识和分析历史问题的角度。由于在历史研究的过程中，客观历史史料的选取离不开研究者的主观意识，因此"历史研究的客观性，往往基于历史学家的主观性……每个历史学家都是带着自己的理论视角去观察历史事件、探索历史活动的意义的"。（俞吾金，《自觉的当代意识是理解历史的钥匙》，《文汇报》2014 年 5 月 6 日）

然而，历史唯物主义告诉我们，人类历史的发展与演进，是"有无数互相交错的力量，有无数个力的平行四边形"构成一个合力的结果。（《马克思恩格斯选集》（第四卷），人民出版社 2012 年版，第 478 页）要避免在对历史事件进行分析、评价时，出现一己之见、以偏概全的现象，就需要我们多方选取视角，基于不同的立场来进行多方位的分析与研究，尽量减少在评价过程中的主观性，提高客观性。只有这样，才能运用历史唯物主义与辩证唯物主义的观点，去伪存真，由此及彼，由表及里，提炼出历史事件的本质，进而做出全面、客观的评价。

二、史实、史料、历史解释

《大英百科全书》对历史这样解释："历史一词在使用中有两种完全不同的含义：第一，指构成人类往事的事件和行动；第二，指对此种往事的记述及其研究模式。前者是实际发生的事情，后者是对发生的事件进行的研究和描述。"

从中我们可以看出历史概念的两重性：一方面，历史是指人类过往曾经发生过、存在过的事实,这就是所谓的史实,它是客观的,不以人的主观意志为转移的。

如1927年8月1日,周恩来、贺龙、叶挺、朱德和刘伯承等领导了南昌起义;1935年1月,中共中央在遵义召开政治局扩大会议等,就是客观历史事实。

另一方面,历史又是指后人对过往事实的记述、研究和解释,是人们根据客观史实和材料而做出的主观理解。人类过往发生的历史事实庞杂、丰富,但得以记载、保存下来的历史事实是极其有限的、碎片化的。

那么我们所看到的历史究竟是什么呢?它仅仅是历史学家利用记载和保存下来的历史事实,通过碎片连接和联想出来的人类过往的画面,也就是说,我们学习的历史,是历史学家写出来的历史,是客观历史的主观反映。

同样以上面的"南昌起义""遵义会议"为例。教材在写到南昌起义时,认为南昌起义"打响了武装反抗国民党反动派的第一枪。这是中国共产党独立领导革命战争、创建人民军队和武装夺取政权的开始"。在写到遵义会议时,认为"遵义会议在极其危急的情况下挽救了党,挽救了红军,挽救了中国革命,是党的历史上一个生死攸关的转折点"。这些都属于对客观历史的历史解释。

通过辨析,我们可以看到,历史具有客观性,即客观历史事实(史实),同时又具有主观性,即对历史的解释和认识。史实是历史存在的基础,是一切认识和解释的出发点。

史实是通过史料而存在的。史料,即历史研究的材料,它是历史研究的基础和出发点。历史学家研究历史,总是从搜集、甄别、分析史料开始,去追寻客观真实的历史(史实),并以此为基础,对历史进行描述和解释。"没有史料,就没有历史",可见史料在历史研究中的重要性。

三、历史解释的客观性与多样性

"历史解释,就是在搜集、考证、消化史料后对历史的描述和解释,是阐明历史发展的轨迹及其意义所在。"(杜维运,《史学方法论》,北京大学出版社2006年版)历史的出发点是"求真",发现客观史实,历史的价值在于追寻"意义",从先人的经验中汲取智慧,施惠于"现在"。英国历史学家卡尔认为"历史事实微不足道,解释代表一切",反映了史学家对历史解释的重视。

因为历史的"求真"客观属性,历史解释最大的要求就是客观性。历史研究是还原历史真相的学术实践,以史料的搜集、发掘和辨析为主要手段和途径,以呈现无限接近真实的历史解释为主要归旨。可见,任何历史的解释,都应以客观的史实、史料为基础,在追寻真实的基础上进行历史的解释。偏离了历史的客观性,历史解释将毫无意义。

另外,历史解释还具有多样性的特征。造成历史解释多样性的原因比较复杂。首先,历史事件存在客观复杂性。历史事件是多种条件和因素的复合体,不宜从单一角度,用简单方法去解释。其次,研究者受主观因素影响。不同研究过程存在观念、理论、研究角度的差异性,事件解释自然呈现多样性结果。除此以外,因技术条件及手段限制,研究结果还存在研究层次上的差异。这也是构成历史解释多样性的一个来源。(郑翠斌、逯慧娟,《历史解释与历史虚无》,《石家庄学院学报》2012 年 3 月)

> 如 1928 年 12 月,张学良宣布东北易帜,有人认为张学良东北易帜是形式上的,实质是东北地方保护主义。有人认为张学良进行东北易帜只是顺应了历史潮流,他是不得已而为之。还有人认为东北易帜对结束军阀混战、挫败日本企图分裂东北的阴谋、维护祖国领土完整有着进步意义,应予以肯定。但也有人认为张学良东北易帜是打着反共口号,统一在国民党新军阀蒋介石手下,不符合共产党的利益,不值得称颂。(钱进,《张学良与东北易帜新释》,《民国档案》2000 年第 4 期)

这充分体现出,对同一历史事件,不同的研究者,由于搜集到的史料不同,或站在不同的立场,或处于不同的时代,或选择不同的视角等,从而得出不同的历史解释。这是历史多样性的真实反映。不过,任何历史解释,不论其中卷入怎样的因素,在体现多样性的同时,都不能离开历史真实这一基本点。

理解和把握历史解释的客观性与多样性,对于明显不符合历史事实的历史解释,我们就能进行针对性的质疑和反驳了。

> 如 2005 年日本新编历史教科书对"满洲国"的描述是这样的:"'满洲国'以'五族协和'、建设'王道乐土'为口号,由于日本重工业的迁入,促进了经济发展,大量吸引包括来自中国等地人口的移入。"难道日本殖民统治下的东北真是"五族协和""王道乐土"的"民族协和的理想之国"吗?

> "九一八"事变发生后不久,日本以武力占领东北制造了傀儡政权伪"满洲国",表面上俨然一个"独立国家"的样子,而实质上是日本的殖民地。日本侵略者打着"民族协和"的口号,把本来不属于东北民族的日本民族硬塞进了东北,且位居之首。将"满洲国"的主要民族划分为日本、朝鲜、满、蒙古和汉等五族,并美其名曰"五族协和"。同时极力鼓吹日本民族核心论,自诩其为世界上"最优秀"的民族,以"五族协和"之名,行"分而治之"、离间其他民族之实。

> 日本帝国主义宣扬"满洲国是王道乐土",那么它究竟是谁的"乐土"呢?

> 伪"满洲国"存在期间,日本侵略者在东北犯下了烧、杀、淫、掠等种种罪

行,"九一八"事变后,日本侵略者以武力镇压东北抗日武装,实施残酷的大"讨伐"。为了隔断抗日武装与人民群众的联系,实施"匪"民分离政策,采取了烧光、杀光和抢光的"三光"政策,制造"集团部落"和"无人区"。"万人坑"是埋葬着成千上万名死难者的大规模的丛葬地,遍布东北的日军军事工程和各大煤矿,劳工受到非人的待遇而大批死亡,或被集体秘密杀害。日军在哈尔滨和长春设立了用中国人进行细菌实验和活体解剖的细菌部队。大"讨伐"、大屠杀、大逮捕和野蛮的"三光"政策以及东北地区的"万人坑"说明,"满洲国"是日本侵略者为所欲为、施淫取乐的"乐土",它是魔鬼的乐园。(车霁虹,《用事实说话:看日本右翼教科书如何美化侵略》,《北方文物》2005 年第 3 期)

可见,2005 年日本新编历史教科书中对东北"满洲国"所谓"五族协和""王道乐土"的历史解释是完全背离历史事实的,是赤裸裸地美化日本的殖民统治。也反映出当今日本右翼势力否认侵略战争,美化侵略历史,企图为军国主义侵略翻案,值得国际社会高度警惕!

四、实施案例

目标 1：区分史实、史料、历史解释。

师:刚才我们学习了"九一八"事变,知道这是日本军国主义分子蓄意谋划的侵略事变,但长期以来,日本右翼势力否定自己的侵略罪行,指责是中国方面的原因引发了"九一八"事变。我们要对日本篡改和歪曲历史的观点进行质疑或反驳,必须理解清楚几个历史学方面的核心概念:史实、史料、历史解释。

师:什么是"史实"?

生:就是曾经发生过、存在过的事实。

师:很好。确切地说,史实就是指人类过往曾经发生过、存在过的事实,它是客观的,不以人的主观意志为转移的。能不能举两个例子说明一下呢?

生:如 1840 年,中英双方爆发了鸦片战争;1921 年 7 月,中国共产党第一次全国代表大会在上海召开,这些历史事件都是客观发生过的。

师:是的。这就是史实,而且刚才这位同学的表达也是比较准确的史实表述。那么,什么是史料呢?

生:历史事件、历史人物遗留下来的材料。

师:基本正确。史料就是过去历史活动遗留下来的材料,是我们进行历史研究的基本材料。人类历史的发展过程中,产生了类别多样、数量浩如烟海的史料。研究历史,就是从搜集、甄别、分析史料开始的。

还有一个核心概念——历史解释。所谓历史解释，就是在搜集、考证、消化史料后对历史的描述和解释，是阐明历史发展的轨迹及其意义所在。诸如，历史事件发生的背景、原因、作用、后果等的分析，皆属于历史的解释。下面我们就以教材上的一段材料为例来区分一下史实、史料、历史解释：

> 1927 年 4 月，日本军部首领田中义一受命组阁，出任首相兼外相，推行对华的"强硬外交"。同年的七八月间，田中义一召开了具有决策意义的东方会议，制定《对华政策纲领》，宣称："万一动乱波及满蒙，治安紊乱，对我在该地区之特殊地位权益有发生侵害压迫之虞时，不问其来自任何方面，帝国为加以防护并保持其为国内外人士安居发展之地，必须有不失机宜而出之以适当措置之决心。"这预示着大规模武力侵华行动即将开始。
>
> ——《高中历史》第五分册，第116页

师：请同学们根据刚才所学的，把材料中的史实、史料、历史解释找出来。

生：我觉得材料中"1927 年 4 月，日本军部首领田中义一受命组阁出任首相兼外相，推行对华的'强硬外交'。同年的七八月间，田中义一召开了具有决策意义的东方会议，制定《对华政策纲领》"应该是史实的叙述。

师：那史料呢？

生：应该是《对华政策纲领》中引用出来的那一段话："万一动乱波及满蒙，治安紊乱，对我在该地区之特殊地位权益有发生侵害压迫之虞时，不问其来自任何方面，帝国为加以防护并保持其为国内外人士安居发展之地，必须有不失机宜而出之以适当措置之决心。"

师：材料中有历史解释吗？

生：最后那句应该是。"这预示着大规模武力侵华行动即将开始"，这是作者对前面《对华政策纲领》史料的分析和解释，从对华政策纲领中看出日本对华侵略的野心和计划。

师：很好，看来大家对"史实、史料、历史解释"都有了很好的理解。但同时我提醒大家还应注意这三个概念之间的关系。即史实是通过史料而存在的。历史学家研究历史，总是从搜集、甄别、分析史料开始，去追寻客观真实的历史（史实）。任何历史的解释，都应以客观的史实、史料为基础，在追寻真实的基础上进行历史的解释。偏离了历史的客观性，历史解释将毫无意义。

目标2：对明显不符合史实的历史解释提出质疑或反驳。

在学习完"九一八"事变后，教师举出 2005 年日本新版历史教科书送审本（简称"送审本"）中对于"九一八"事变的描述：

材料1：随着国民党统一中国的逼近，中国人的反日运动激化，不断发生

妨碍列车运行和迫害日本学童的事件。此外,对日本来说,北面有苏联的威胁,南面有国民党的力量不断逼近。

师:同学们,这是日本2005年新版历史教科书送审本(简称"送审本")中对于"九一八"事变的描述,关于"九一八"事变爆发的原因,日本教科书是怎么认为的?

生:是"国民党统一中国的逼近""中国人的反日运动激化""北面有苏联的威胁,南面有国民党的力量不断逼近"。

师:很好。根据这本教科书的描述,"九一八"事变爆发的原因,完全就是中国"国民党的统一""反日运动"及苏联的威胁引起的,有日本方面的因素吗?

生:没有。

师:日本的教科书把引起"九一八"事变的原因推向中国,与日本军国主义毫无关系。事实果真如此吗?大家来看下面两段材料:

材料2:"惟欲征服支那,必先征服满蒙。如欲征服世界,必先征服支那。倘支那完全可被我国征服,则其他如小中亚细亚及印度南洋等,异服之民族必畏我敬我而降于我,是世界知东亚为我国之东亚,永不敢向我侵犯。"

——《帝国对满蒙之积极根本政策》(1927年)

材料3:"万一动乱波及满蒙,治安混乱,我国在该地之特殊地位与权益有受侵害之虞时,不问来自何方,均将予以防护;而且为了保护这块国内外人士安居、发展之地,应当有不失时机地采取适当措施的思想准备。"

——1927年东方会议《对华政策纲领》

师:从以上两段关于日本军国主义的材料来看,在1931年以前,日本把侵略矛头指向哪里?

生:满蒙。

师:是的。满蒙即东北和内蒙古地区。日本国土狭小,面对面积辽阔、资源丰富的东北、内蒙古,日本军国主义早已垂涎于此,蓄谋侵略、占领。1928年,日本阻止国民党北伐统一中国,制造了"济南惨案",为了控制东北,制造了皇姑屯事件,炸死张作霖。后来张学良东北易帜,服从国民政府,使日本愿望落空。下面再看一段材料:

材料4:1929—1933年资本主义国家的工业生产下降值

平均值	美国	德国	法国	英国	日本
37.2%	46.2%	40.6%	28.4%	16.5%	32.5%

——黄德禄编译,《1917—1939年美国》

师:1929—1933年,资本主义国家爆发了经济危机,从表格中我们可以看到什么信息?

生:经济危机使资本主义国家的工业生产大幅下降。其中美国、德国、日本下降幅度较大。

师:这种经济的大萧条,对以上哪个国家来说,带来的危害更大?

生:应该是日本吧。

师:是的。因为日本国土面积狭小,资源有限,对经济危机的承受能力就更小。1931 年日本迫切发动对中国的"九一八"事变,占领东北,其实是为了转嫁经济危机的打击,转移国内的矛盾,这才是日本发动"九一八"事变的动因。1931 年 9 月 18 日,日本关东军故意炸毁沈阳北郊柳条湖附近的一段铁路,反诬是东北军所为,突然袭击东北军,挑起事变,这是日本军国主义长期谋划,借经济"大萧条"之机而发动侵华事变。

同学们,历史的解释需要以客观史实为依据。日本教科书关于"九一八"事变原因的解释完全罔顾基本的史实,把"九一八"事变爆发的原因推卸到中国身上,其实是在掩盖日本军国主义侵略事实,推卸其对华侵略的责任。

汲取"直接证据"与"间接证据"的主要信息

——以《中国人民抗日战争》为例

崇明县城桥中学　高兴华

目标内容:懂得"直接证据"与"间接证据"的主要区别,能汲取它们蕴含的主要信息。

一、"直接证据"和"间接证据"的主要区别

证据是"能够证明某事物的真实性的有关事实和材料"。"直接证据"就是能够不经过中间事物而可以直接证明待证对象的证据;"间接证据"是指不能单独直接证明,而需要通过其他证据或者与其他证据结合起来才能证明待证对象的证据。

"直接证据"和"间接证据"是根据证据与证明对象的关系来划分的,两者的主要区别在于证明方式不同。"直接证据"与待证的历史事实间的证明关系是直接的,单独一个"直接证据"可以不依赖于其他证据,以直接证明的方式对主要历史事实起到证明作用。"间接证据"与待证的历史事实间的证明关系是间接的,必须与其他证据结合起来,以推论的方式即间接证明的方式起证明作用。单独一个"间接证据"不能直接证明主要历史事实,它只能证明历史事实的某一情节片断,同其他证据结合起来才能证明主要历史事实。

在"直接证据"和"间接证据"都是真实可靠的情况下,前者的证明力或证明价值优于后者。

除此之外,一般情况下,"直接证据"表现形式多为言词证据、书证、视听资料证据,"直接证据"的数量少,且不容易获取。"间接证据"表现形式多样,有物证、勘验笔录、鉴定结论等,范围广、种类多、数量较大、获取难度不大。但是上述区别不是绝对的,而是相对的。

在历史教学中,懂得"直接证据"与"间接证据"主要区别的意义在于明确待证明的主要事实或史实是什么,并对从"直接证据"和"间接证据"中汲取到的信息保

持足够的警惕性,以便使自己汲取的信息或结论不超越证据的证明范围。(何家弘、刘品新,《证据法学》,法律出版社 2007 年版,第 139 页)

二、从"直接证据"与"间接证据"汲取信息

在具体的历史教学过程中,我们应该怎样从证据中汲取信息,使用"直接证据"和"间接证据"来为教学服务呢?

1. 围绕待证明的主要史实来汲取信息

每一个证据中可以汲取的信息都是很丰富的,如果不明确要证明的主要史实,就会导致汲取信息时目的性不强,无法下手;如果不确定待证明的主要史实,就不能确定这些证据是"直接证据"还是"间接证据"。因为"直接证据"和"间接证据"的区分是根据与证明对象的关系来划分的,不确定待证明的主要史实,就无法区分是"直接证据"还是"间接证据"。

2. 确保从真实可靠的证据中汲取信息

无论是"直接证据"还是"间接证据",证据本身并不保证自身的真实可靠,必须依靠其他的证据给予证明,才能确保自身的证明效力。

单独一个"直接证据"即使能够全面地描述案件的主要情况,也无法据此认定其反映的内容是真实的。因而,不能仅仅依靠一个"直接证据"认定主要的历史史实。相反,"直接证据"也必须有其他证据的印证,并经查证属实后才能作为认定历史史实的根据。

3. 汲取的信息应该构成一个完整的证据链

从"直接证据"和"间接证据"汲取到的信息在证明待证的主要历史史实时,它们之间必须无矛盾,能够逻辑自洽;如果有矛盾,则必须进一步勘验、鉴证,排除矛盾,使汲取到的信息在证明待证的主要历史史实时能够形成一个完整的证据链,共同完成对主要历史史实的证明。

三、实施案例

目标 1:懂得"直接证据"与"间接证据"的主要区别。

师:南京大屠杀是日本侵华战争初期日本军国主义在南京犯下的大规模屠杀、强奸以及纵火、抢劫等战争罪行与反人类罪行。

2012 年 2 月 22 日,日本名古屋市长河村隆之在东京发表演讲,否认"南京大屠杀",其依据是:"欧美媒体报道日本人屠杀是传说信息。我认为没有目击者。"

师:同学们,你们是怎样看待河村隆之的言论的?

生1:他在否定历史!

生2:这是日本战后右翼势力在极力掩盖日本侵华的暴行!

……

师:除了表示愤怒,我们能不能用有力的证据来驳斥河村隆之的言论呢?

生:南京草鞋峡的"万人坑"和日本人自己拍摄的南京暴行照片可以证明。

师:万人坑和南京暴行照片从本质上说都是实物证据。"实物证据所提供的孤立、静止的照片"(何家弘、刘品新,《证据法学》,法律出版社2007年版,第125页),经过鉴定勘验真实性后可以作为证据使用,但不是直接证明南京大屠杀的史实,而是间接、推定证明,所以对于证明南京大屠杀而言,它们是"间接证据"。

生:既然河村隆之的依据是"没有目击者",那我们只要找到目击者的证据就可以了。我们可以用《侵华日军南京大屠杀幸存者证言集》中的大量幸存者证言加以证明。该书中收录了大量的南京大屠杀幸存者关于日军集体屠杀暴行、零散屠杀暴行、奸淫妇女暴行、抢劫暴行、焚烧暴行等的证言。

师:对。这些证人证言是中国方面受害者的证人证言,可以直接证明南京大屠杀的主要史实,对证明南京大屠杀来说是"直接证据"。

目标2:"直接证据"与"间接证据"互证,汲取主要信息。

师:除了中国方面的证人证言外,还有其他方面的证人证言吗?

生:还有战争第三方的证人证言。

材料1:《拉贝日记》记载:

1937年12月14日:开车经过市区,我们才晓得破坏的巨大程度。车子每经一二百米就会压过尸首,那些都是平民的尸首。我检查过,子弹是从背后射进去的,很可能是老百姓在逃跑时从后面被打死的。

1937年12月22日:在清理安全区时,我们发现有许多平民被射杀于水塘中,其中一个池塘里就有30具尸体,大多数双手被绑,有些人的颈上还绑着石块。

1937年12月24日:我到放尸首的地下室……一个老百姓眼珠都烧出来了……整个头给烧焦了……日本兵把汽油倒在他头上。

1938年1月1日:一个漂亮女子的母亲向我奔过来,双膝跪下,不断哭泣着,哀求我帮她一个忙。当我走进一所房内,我看见一个日军全身赤裸裸地趴在一个哭得声嘶力竭的少女身上。我立即喝住那个下流无耻的日军,并用任何能够让人明白的语言向他呼喝。他丢下一句"新年快乐"就逃走了。他逃走时,仍然是全身赤裸,手中只拿着一条裤子。

1938年1月3日:这些城陷后放下武器的中国兵当中,恐怕有2000人被日本人刺杀,这是非常残忍的,而且绝对违反国际法;在攻城的时候,大约2000

平民被打死。

1938年1月6日:克罗格看见汉中门边的干渠里大约有3000具尸首,都是被机枪扫射或是别的方法弄死的百姓。

师:这些证据是第三方言词证据,能直接证明南京大屠杀的史实。但是,估计河村隆之听到后,又要怀疑这是伪造的证据了,你们怎么办?

生:我们可以使用《魏特琳日记》来佐证《拉贝日记》的真实性。

材料2:在南京大屠杀期间,她积极营救中国难民,利用金陵女子文理学院保护了上万名中国妇孺难民,她在1937年8月12日到1940年4月的日记中,详细记载了日本占领南京的情形,并邮寄给金陵女子文理学院在美国纽约校董会的校友。

生:我们也可以使用日本方面的加害者的言词证据,如《东史郎日记》,这样的证明效果会更好。

东史郎,1912年4月27日生,日本京都府竹野郡丹后町人。1937年8月,25岁的东史郎奉天皇之命应召入伍,系日军第十六师团步兵二十联兵队上等兵,参与了1937年12月开始的南京大屠杀暴行。

生:我们也可以使用一些当时冒险偷拍下来的影像资料来加以证明。影像视频资料具有直观可视的特点,也是证明南京大屠杀的"直接证据"。

师:不错,这些证据都可以直接证明南京大屠杀的主要史实,它们之间还形成互勘互证的关系,使得南京大屠杀的史实无可辩驳。

但是,"直接证据"不能自证其真实,除了"直接证据"与"间接证据"互证外,我们也可以使用大量的"间接证据",如物证、勘验笔录等来证明"直接证据"的真实,并与"直接证据"互相支持强化对历史史实的证据链。

材料3:东史郎在1937年12月21日的日记中,记述了西本(桥本光治)在南京最高法院门前,将一个中国人装入邮袋,浇上汽油点火燃烧,最后系上手榴弹,投入池塘将其炸死的暴行。

师:在日记出版后长达六年的时间里,桥本没有提出异议。

1993年4月,在一些原日军将校的精心策划下,桥本以"日记记述不实、毁损名誉"为由,状告东史郎、青木书店和该书编辑下里正树,诉讼至东京地方法院,要求被告登报公开道歉并支付损害赔偿金两百万日元。日本右翼势力企图以为桥本恢复名誉为突破口,全盘否定南京大屠杀史实。东京地方法院经过三年的审理,迎合右翼势力的意图,鼓吹"南京大屠杀未定"论,并于1996年4月26日做出判决,认定《东史郎日记》中的有关"水塘""邮袋""手榴弹"等记述为虚构,判处揭露南京大屠杀暴行的东史郎等被告败诉,各向桥本赔偿五十万日元。

那么,《东史郎日记》中的"水塘""邮袋""手榴弹"等记述是真实的吗? 这就不能由其自身加以证明,必须由其他证据加以证明。

我们来看一看这一证明的过程:

1996 年 4 月 26 日,《东史郎日记》案在日本东京地方法院一审败诉后,日本友人专程来宁,主要就一审涉及的"一九三七年时的邮袋能否装下一个人、最高法院门前的马路对面当年是否有水塘和手榴弹绑在装有中国人的邮袋上扔进水塘,爆炸后是否对岸上加害者构成威胁"三个问题调查取证,得到社会各界的极大支持,人们纷纷举证,为上述三个问题提供了有力的证据。

侵华日军南京大屠杀遇难同胞纪念馆将这些证词证物,一一转交东史郎案律师团,成为《东史郎日记》案的佐证。

位于南京市中山北路 101 号的原最高法院旧址(现江苏省商业厅),就是《东史郎日记》记述的当年的惨案发生地。从 1996 年 8 月至今,南京市民共提供 33 种 42 件当年地图以及历史上的两张航拍照片,均证明原最高法院门前的马路对面确有水塘。1996 年 8 月 15 日,江苏省和南京市邮袋调拨局出具的关于邮袋尺寸、质地和字样的证明书,证明当时的邮袋确能装下一个人。南京理工大学徐云庚教授,是我国手榴弹研制专家。1939 年,他曾在汉口兵工厂改制了攻防两用木柄小型手榴弹。他证明,在此之前,中国军队使用的手榴弹均为老式木柄手榴弹,其引爆时间为五秒至七秒,杀伤半径为五米至七米,并提供了当年手榴弹的构造图和技术资料。1998 年 3 月 6 日,侵华日军南京大屠杀遇难同胞纪念馆委托南京工程爆破设计研究所,在江宁县上峰地区进行了手榴弹爆炸试验。主持这次手榴弹试验的爆破专家吴腾芳教授说试验的结果完全与《东史郎日记》中的有关记述相吻合,"对加害者不会构成威胁"。1998 年 7 月 20 日,南京工程爆破设计研究所再次为《东史郎日记》案进行手榴弹水下定点爆炸试验,试验结果验证了《东史郎日记》记载的真实性。南京市公证处公证员刘庆宁、李巧宝对手榴弹爆炸试验做现场公证,并出具《公证书》。

师:这样,大量的"间接证据"如地图、航拍照片、试验、证明书、公证书等就证明了"直接证据"的真实性,并与"直接证据"一起完成了对"南京大屠杀"主要史实的证明。

纵使日本右翼分子巧舌如簧,也推翻不了由大量的"直接证据"和"间接证据"共同组建的证据链,在南京犯下滔天罪行的日本侵略者将永远被钉在历史的耻辱柱上。

从动机与后果的视角看逻辑方法
在历史认识上的应用

——以《国民党统治危机》为例

格致中学　陶世华

目标内容:从动机与后果的视角,分析、综合、比较、归纳基本史实和相关问题。

一、动机与后果

1. 动机的定义与历史学上的价值

动机是指"引起个体活动,维持已引起的活动,并促使该活动朝向某一目标进行的内在历程。动机和行为是两个相对的概念,行为是个体表现于外的活动,动机是促使个体表现行为的内在历程"。(张春兴,《张氏心理学词典》,上海辞书出版社 1992 年版,第 655 页)

动机是激起人从事某种活动的内部驱动力。历史是记载和解释人类过去活动的一门学科,而人从事任何活动都受一定的动机支配,因而从动机的视角分析、解释人类过去的活动是认识历史的一条重要途径。动机是人的主观愿望,由特定需要引起,是人为达到一定目的而行动的原因,因而从动机视角解释历史可以揭示某些历史事件的原因。

如 1945 年 8 月 14 日,蒋介石向毛泽东发出第一份邀请。电称:"倭寇投降,世界永久和平局面,可期实现,举凡国际国内各种重要问题,亟待解决,特请先生克日惠临陪都,共同商讨。"从这份电文内容看蒋介石发起重庆谈判的直接动机和原因是存在与毛泽东商讨解决"国际国内各种重要问题"的需要。但仔细分析会发现电文内容有些空泛,具体什么国际国内问题以及商讨解决的基础和条件是什么,电文中都没有言明,由此推断可能商讨解决国际国内重要问题只是蒋介石发起重庆谈判的原因和动机之一,也有可能是电报文字不宜过多或保密需要而在电文中不做详细说明。

从动机的视角认识历史不仅有助于分析历史事件的原因、认清事情的本质,有时还可作为历史评价的思考角度。

> 如评价毛泽东同意涉险赴渝与蒋介石谈判可以从动机角度考虑,称这一行为是值得称颂的,因为他为的是"尽可能争取和平"。(苏智良主编,《中国历史》七年级第二学期,华东师范大学出版社 2011 年版,第 98 页)

从动机的视角评价历史人物或历史事件,不仅能够对具体的历史事件或历史人物给予是非、善恶判断,而且有助于匡扶正义,弘扬良好的社会道德风尚。

但是,历史学不能只根据动机的善良与否评价行为的好坏,认为人的动机或出发点是好的,无论行为结果怎么样都是好的。因为单纯从动机角度评价而不考虑行为的效果,容易陷入纯粹主观臆断,甚至把道德评价引向脱离社会发展的客观要求与客观标准。仅有善良的动机而没有善行,不能带来良好的效果。而没有良好的效果则无从检验其动机是否是真的本着善意;且没有一定的社会价值,也就无所谓善与不善。况且善良的动机可能引起不合理的甚至错误的行为,带来严重后果。

> 如国民政府发行金圆券的动机之一是恢复经济秩序、抑制通货膨胀。结果由于金圆券的滥发造成通货膨胀更加恶化,大量工商业者破产,人民生活困难。这样的结果绝不能给金圆券的发行以肯定评价。

科学的历史评价方法是将主观动机与客观效果结合起来,既要考虑人的动机的善恶,也要考虑行为的社会价值和效果,单从动机或单从效果评价都有欠客观公正。

2. 探寻动机的方法和影响动机产生的因素

动机是一种内部心理过程,不能直接观察,只能通过人的活动选取、努力程度、言语表示、坚持长久等行为方面的表现进行推断。而且采用因果关系推论的方法从人的行为中探寻内在动力因素即动机,只能得到或然性结论而非必然性结果。

> 如根据蒋介石三次电邀毛泽东赴渝谈判这一行为推断蒋介石对于通过和谈解决国际国内重大问题很有诚意,但"毛泽东到达重庆时,国民党毫无准备,只能按照共产党的方案谈判"(苏智良主编,《中国历史》七年级第二学期,华东师范大学出版社 2011 年版,第 98 页),这一现象表明蒋介石并未对通过和谈解决国内外重要问题寄予厚望,其动机并不强烈,由此推断蒋介石发起重庆谈判的动机就不仅仅是商讨解决国际国内重要问题那么简单,它可能只是动机之一,且不是主导动机。

动机分主导动机和辅助动机,同一行为可出自不同的动机,同一动机可带来不同的行为。蒋介石有解决国际国内重要问题的动机,但行为会截然不同。一是发起重庆谈判,二是挑起国共内战。动机皆有目标,目标引导个体行为的方向,并且提供原动力。动机的产生受内外因素的影响。历史学往往结合行为者的目标,从人的内在需要和外部环境考察动机的产生,揭示人的真实动机。

　　如抗战胜利后,蒋介石需要"解决国际国内各种重要问题",但从国民党及蒋介石的行为分析中推测这只是发起重庆谈判的辅助动机,还需要从时代环境中寻求更深层次的主导动机。抗战胜利初期人民渴望和平、民主,而蒋介石坚持国民党一党独裁,企图实现军令、政令统一,延长训政期,共产党及其领导下的解放区民主政权和人民军队成为主要绊脚石。早在1927年开始,蒋介石就不断围剿共产党和红军,只是囿于日本侵华,中华民族面临亡国危机,才暂时搁置了剿共计划。如今日本宣布投降,首要敌人淡出,共产党及其领导下的解放区和人民军队自然成为蒋介石要解决的"国内重要问题"。但受抗战格局影响,国民政府及其军队主要驻扎在西南大后方,立即发动内战的条件不成熟,于是一面积极准备进攻解放区,一面三次电邀毛泽东赴渝谈判。蒋介石发起重庆谈判的主导动机是"应付舆论""赢得准备内战的时间"。(苏智良主编,《中国历史》七年级第二学期,华东师范大学出版社2011年版,第98页)由此可见,错误的动机有时被外表积极的行为所掩盖。

3. 从后果的视角考察历史的价值和策略

动机是激发和维持人的行为的内部驱动力,后果是人的行为、活动造成的结果。历史学是对人类过去活动的记录和诠释,无论是叙述史实还是解释、评价,都绕不开人类活动的后果。叙述历史事件需要讲述事件的后果;评价历史人物、历史事件需要根据该人物活动或历史事件的后果来展开;比较历史现象、历史人物、历史事件等,后果也是重要的比较项。总之,从后果的视角认识历史是史学研究和历史学习必备、常用的方法。

考察历史事件的后果时首先要比较该事件发生前后的社会现象、事件,查找该历史事件与新的社会现象、事件的关系,然后将筛选后的某些新的社会现象、事件作为该事件的结果,采用关系判断的形式加以叙述,同时注意以活动目标或历史问题为参照,记录已解决或遗留下来的问题和问题解决的程度。

　　如重庆谈判的后果既要记载《双十协定》的签订及政协会议的召开,也要以人民渴望和平民主这一时代课题为参照,考察重庆谈判以后发生的历史,应该把"《双十协定》墨迹未干,国民党就公然对解放区发动全面进攻,使全国人民和平民主建国的希望破灭了"(苏智良主编,《中国历史》七年级第二学期,华东师范大学出版社2011年版,第98页),作为重庆谈判的后果加以叙述。

从后果的视角考察历史事件时,需要对历史事件的后果进行全面客观的利弊、得失分析,既要分析当事方各自的得与失,也要概括该事件对整个历史进程的影响,避免凭个人好恶随意取舍、以偏概全。

如考察重庆谈判的后果时,既要分析国共双方的各自得失,也要观察该事件对中国历史进程的影响。国民党压低伪币兑换法币一事的后果,既要看到国民政府因此而掠夺了大量财富,也要看到因此而失去了民心,成为国民党统治出现危机的原因之一。

从后果的视角评价历史事件时,要避免完全以成败论英雄、只凭后果不顾其他的情况。因为事情的成败受主客观多重因素的制约,从主观方面来说,它要受到当事人的身份立场、认识能力、思维方式、个人经历和知识水平等制约;从客观方面来说,它要受到国情、历史传统、社会实践和认识水平、科技发展程度、社会基础、国际环境等制约。从哲学角度看,"结果是被某种现象引起的现象"(冯契,《哲学大辞典》,上海辞书出版社 1992 年版,第 1333 页)。人的主观努力只能影响行为结果而不能决定行为结果。

如有人因重庆谈判之后中国依旧发生了国共内战而声称重庆谈判没有任何历史意义,就有些欠妥。虽然重庆谈判是国共实现历史和解的一次重要机遇,最终未能阻止中国内战的爆发,但毕竟签署了《双十协定》,召开了政治协商会议,取得了一定的历史成果,不能一笔抹杀。无论是政治谈判还是战争,都只是解决政治问题的手段,不能对政治谈判的效果要求过高,关键是政治分歧能否调和。为尽量争取和平,毛泽东去重庆谈判,力促谈判解决问题的诚意不能全然不顾。此外考察评价结果时要注意评价者的立场、史观、情感、身份、学识等问题,这些因素会影响评价的公正性。

二、逻辑方法

逻辑方法是人们认识客观现实常用的逻辑思维的方法,即根据事实材料,遵守逻辑规律、规则,形成概念,做出判断,进行推理的方法,如比较、分析、综合、抽象、概括、定义、划分、演绎、归纳等。(逻辑学辞典编辑委员会,《逻辑学辞典》,吉林人民出版社 1983 年版,第 91 页)历史是纷繁复杂、丰富多彩的,它呈现在人们面前的是大量生动具体的历史事件,活动着的各具特色的历史人物,各式各样的风土人情、典章制度、文化成果等等,从直观上难以判别各种事件、现象之间的内在联系、本质特征及历史发展趋势,需要借用逻辑方法在分析大量史料的基础上实现。这里主要从动机和后果的视角介绍分析、综合、比较、归纳等逻辑方法在历史认识上的运用。

1. 分析与综合

分析法是指"在思维中把对象分解为各个部分,逐一加以考察研究的逻辑方法"。（逻辑学辞典编辑委员会,《逻辑学辞典》,吉林人民出版社1983年版,第91页）在分析过程中,需要暂时忽略历史对象各部分之间的联系,而逐个研究各个部分自身的特有情况。

如认识重庆谈判,可以将重庆谈判分解为谈判背景、参与人物、谈判主题、谈判过程、谈判结果,逐个加以研究。通过分析,可以从错综复杂的历史现象中,从考察对象的诸多属性中,发现本质属性和问题的主要方面,理解历史现象的前因后果、内在联系和历史发展趋势。通过分析重庆谈判的背景和主要人物活动可以得知,蒋介石发起重庆谈判的主导动机不是和平解决国际国内某些重要问题,而是"应付舆论""赢得准备内战的时间",这也是导致重庆谈判成果有限,最终爆发国共内战的重要原因。

分析法可分为定性分析、定量分析和因果分析。这些分析法在历史学的研究与学习中都得到广泛应用。如国民党军政人员在"大接收"过程中哪些行为属贪污、受贿;哪些行为属敲诈勒索;哪些行为属倒卖资产,就是定性分析。定性分析首先要分析历史对象所具有的性质,并把它与其他的对象区别开来,因而定性分析是为了确定研究对象是否具有某种性质的分析,主要解决"有没有……""是不是……""属不属于……"的问题,这种分析一般以某原理、理论、概念为前提。如对"大接收"中的行为作定性分析,先要确定贪污受贿、敲诈勒索等概念的内涵,然后分析各种行为性质的归属。定性分析是最基本和最重要的分析。"大接收"中发生的贪污受贿、敲诈勒索、你争我夺等乱象是属个别情况还是普遍现象,需要定量分析。定量分析是为了确定历史认识对象各种成分的数量的分析,主要解决"有多少""程度如何"的问题。历史现象不仅具有质的差异,还有量的区别,在定量分析时,历史研究不仅需要逻辑方法,还要使用历史方法,考察随着时间的推移,事物数量变化的轨迹。"大接收"为什么会演化为"大劫收"需要因果分析。因果分析是为了确定引起历史现象发生变化的原因的分析,主要解决"为什么"的问题。

综合法是在分析的基础上,把事物的各个方面在思维中结合成一个统一整体进行考察的逻辑方法。（逻辑学辞典编辑委员会,《逻辑学辞典》,吉林人民出版社1983年版,第91页）综合法不是将历史对象各要素进行简单拼凑,而是要按照历史对象本身所具有的本质的联系来综合。综合法的特点就是探求历史对象的各个组成要素、各个方面、各个层次之间相互联系的方式,即结构的机理与功能,由此形成一种新的整体性的认识。如对在"大接收"过程中出现的种种渎职行为进行定性、定量分析的基础上进行综合:"大接收"实质上是对沦陷区的一场"大劫收"。

分析与综合这两种研究方法,既对立又统一。分析是思维把事物分解为各个部分加以考察的方法,综合是思维把事物的各个部分联结成一个整体加以考察的方法。在认识历史现象、历史事件的本质,探索历史发展规律、历史发展趋势的过程中,二者相辅相成。任何综合都必须以分析为基础,任何分析又都要以综合着的现象为对象或归宿。每一概念的形成、每一论断的确立,从提出问题到问题的解决,都应是分析与综合方法综合运用的结果。科学的历史认识过程是一个分析与综合相互渗透、相互转化的过程。

2. 从动机与后果的视角考察分析与综合在历史认识中的应用策略

一是从分析、综合历史对象的内在结构入手认识历史。历史学是记载和解释人类过去的活动的学科,既具有丰富性、具体性,又有整体性、综合性的特点。历史研究和学习可以从历史对象内在结构的分析、综合中整体而又具体地认识历史。如果考察历史人物,可以从时代环境、个人经历与所受教育、主要活动、身份立场、历史影响及评价等方面分析。如果考察历史事件,可以把历史事件在结构上分解为事件原因、主要人物、事件的过程、事件的结果、事件的影响等元素,进行分析与综合。或者就历史事件的某个方面深入分析与综合,如历史事件的后果可以分解为直接后果、间接后果;积极后果、消极后果;经济后果、政治后果乃至思想文化领域的后果等,再进行分析、综合,这样考察历史就不再是浮光掠影、雾里看花、湮没在史料堆中,获得的历史认识则更为全面客观并深入到事物的本质。以下是以后果的视角从分析、综合历史对象的内在结构入手认识历史的案例。

如分析抗战后国民政府将江苏地区的法币对伪币的比价强行定为1∶200,后果是明显低于价格。可把它分解为几个层面:

从财政层面看它使国民政府掠夺了大量财富;从经济发展层面看它影响了抗战后国民经济的恢复。当时的《大公报》就指出,目前的汇率相当于直接没收人民的财产,让江苏和浙江的所有中产阶级破产。该报认为,在不到 3 个月的时间里,国民党政府的政策和行为将国家最富庶的地区推到了经济崩溃的边缘。(重庆《大公报》,1945 年 10 月 24 日,转引自胡素珊,《中国的内战》,当代中国出版社 2014 年版,第 32 页)

从政治层面看,它有损政府的声望,使国民政府失去了民心。国民党要人陈立夫后来回忆说,这样兑换伪币,“把有钱的人也变成没有钱了,没有钱的人,更是一无所有了”“弄得老百姓痛恨我们”。

再在深入分析的基础上进行综合:国民政府这一行为短期内缓解了财政困难,但长期来看损害了执政根基,造成经济恶化、民心丧失。

二是从分析、综合历史对象的发展变化入手从不同时段的考察中认识历史。

强调时序性是历史学科的显著特征。任何事物在历史的长河中都不是一成不变的,往往都要经历一个起源、发展、转化的演变过程。人的目标、行为也会随着时代环境的变换而发生改变。以发展的眼光动态分析历史对象而非凝固静止地考察,所获得的历史认识往往更加接近历史本来面貌。分析历史对象的时间焦距拉得长或短,会影响对事物的判断与评价,从长时段审视某一历史现象、历史事件和从短时段审视的结果有时会存在差异。

如从动机的视角采用不同的时段看金圆券的发行,结论会有所不同。动机分主导动机和辅助动机。1948 年 8 月 19 日国民政府发行金圆券是政府经济改革的内容之一,其初始主导动机可能是推进经济改革、稳定经济秩序、恢复公众信心,辅助动机可能是聚敛财富。"除了这次改革,政府已经没有其他可以稳定经济、恢复公众信心的手段了。"(司徒雷登,《在华五十年》,转引自胡素珊,《中国的内战》,当代中国出版社 2014 年版,第 105 页)当时政府将金圆券的发行量限定为 20 亿金圆券,并采取了冻结物价和工资、增加商品税、上调金圆券对外币的官方汇率、信贷控制、降低利率、打击囤积居奇等其他经济改革措施。但是政府其他经济改革措施未得到有力执行,到 11 月底金圆券印发总量远远突破最初宣布的 20 亿元上限,达到 34 亿,金圆券的滥发使得通货膨胀愈演愈烈,经济秩序混乱不堪。这时再看发行金圆券的主导动机,不可能是稳定经济秩序了,更可能是为支撑内战聚敛财富弥补财政赤字。

三是从分析、综合历史对象的各种关系入手认识历史。关系是客观存在的,任何事物总是处在和其他事物的一定关系中,它的特性才能表现出来。亚里士多德说:"如果他根本不知道此物与什么东西有关,他就不会知道此物是否是相对的东西。""有些东西由于它是别的东西的,或者以任何方式与别的东西有关,因此不能离开这别的东西而加以说明。"(亚里士多德,《范畴篇》,转引自冯契,《哲学大辞典》,上海辞书出版社 1992 年版,第 661 页)关系有多种,如直接关系和间接关系,外在关系和内在关系,一般关系和本质关系。"关系逻辑的理论认为由于事物之间存在着各种各样的关系,命题不仅可以表达……隶属与非隶属关系,也可以表达其他一些关系,如同一关系、属于关系、包含关系、自反关系、对称关系、传递关系、连通关系等。"(冯契,《哲学大辞典》,上海辞书出版社 1992 年版,第 662 页)历史认识的任务是通过探寻历史对象之间的相互关系发现它们的本质和规律。分析、综合历史对象的各种关系有助于把握认识对象的基本特征。

如从结果的视角看金圆券的发行与其他事物的关系,可以更深刻地了解"金圆券"这一概念。

首先看金圆券的发行与国民政府经济改革的关系——发行金圆券是 1948

年国民政府紧急经济改革措施之一。因各种原因政府经济改革失败,发行金圆券以稳定经济秩序的目标也化为泡影。"人们在米店门口排起长队,但一粒米也买不到。上海周围的农民在上一年获得了丰收,但他们担心金圆券马上会变得一文不值,因此拒绝出售自己的大米。"(胡素珊,《中国的内战》,当代中国出版社 2014 年版,第 109 页)

再看金圆券的发行与通货膨胀、国家财政金融的关系——为支付内战军费,弥补财政赤字,金圆券的发行不断突破原定的 20 亿元上限,造成通货膨胀愈演愈烈,经济秩序混乱不堪。"11 月 8 日清晨,猪肉价格还是 6 金圆券每斤,到上午 11 点,已经涨到每斤 12 金圆券。一天之内,餐馆将价格上调了 2 倍到 3 倍。"(胡素珊,《中国的内战》,当代中国出版社 2014 年版,第 109 页)国民政府的财政金融完全破产。

总结说来,金圆券的发行与政府敛财的关系:金圆券的发行使政府从民众那里得到了价值 1.7 亿美元的金银以及外币。金圆券的发行与民心向背的关系:金圆券的发行加剧通货膨胀和经济混乱,政府的执政能力遭到严重质疑,有人称政府为"庸医",工人运动兴起,政府与工商界的关系恶化。

总之,金圆券的发行加剧了国民党统治的危机。

3. 比较与归纳

比较是"确定对象之间差异点和共同点的逻辑方法。是人类认识事物的一种基本思维方法。是人们根据一定的需要和标准,把彼此有某种联系的事物加以分析、对比,从而找出它们的内在联系、共同规律和特殊本质的方法"。(冯契,《哲学大辞典》,上海辞书出版社 1992 年版,第 184 页)历史现象是既相互联系又相互区别的,彼此之间既有共同之处也有不同之处,这种异同点是在历史学使用比较法的基础。

比较法的形式有多种,如定性比较、定量比较、同类比较、分阶段比较、分领域比较等,这些形式在历史学领域都有广泛应用。如对两次国共谈判的比较用的就是同类比较;对内战期间国共军队数量变化的对比用的就是定量比较;对"大接收"中出现的种种乱象的比较就属定性比较;把内战期间国民党与共产党在经济领域、政治领域、军事领域里的政策、作为进行比较用的就是分领域比较;把新民主主义革命期间国共关系与国民革命时期、抗日战争时期、解放战争时期进行比较,用的就是分阶段比较。

4. 从后果的视角看比较法在历史认识上的应用

比较法使用极为普遍,几乎各门学科或多或少都要用到比较法,马克思称它为"理解现象的钥匙"。(冯契,《哲学大辞典》,上海辞书出版社 1992 年版,184

页)历史学同样离不开比较法,只有通过比较才能在诸多人类活动及成果中找出事物的本质特征,才能将各种历史现象、历史事件、历史人物等进行归类并确定同类事物的本质属性,形成历史概念。但比较法也不能随意使用,只有历史现象、历史事件、历史人物等事物之间确实存在较直接的内在逻辑联系,才可比较,也就是必须要有可比性,而且不能把偶然出现的历史现象当作一种普遍现象并以此为依据进行比较。使用比较法必须先确立比较的对象和标准后才能进行比较。

下面是从后果的视角看比较法在历史认识上的应用的案例。把抗战胜利初期国民政府几项政策的舆论后果进行比较,找出其异同点,就能理解教材标题"国民党统治的危机"。

比较1:在接收日伪政权期间国民政府对汉奸惩处过于宽大带来的舆论后果。北平一家报纸的一篇评论反映了大多数人的看法,"我们无法掩饰对这样一个严重问题的轻蔑和愤怒"。这篇社论认为,数千名伪军对击败共产党起不到任何决定性作用。使用他们反而是对国家纪律和道德的一个重大打击。(北平《世界日报》,1947年1月29日)

针对这一问题,一家重庆报纸做出了类似的评论:"让更多人感到失望的是惩处汉奸的问题。的确,到目前为止,已经逮捕了一批汉奸,但平津地区的全部汉奸和叛国者几乎都没有受到惩处。大部分伪军都在"改编"后"恢复正常",伪政府中的大部分人员也仍然担任原来的职位。南京和上海的许多叛国者脱下了原来的制服,很快就在其他政府机关找到了新的职位。要知道,这些叛徒一直受到人们强烈的憎恨。现在,胜利终于到来了,政府却没有马上给予他们应有的惩罚。人们怎么能相信这个社会有公正可言呢?"(胡素珊,《中国的内战》,当代中国出版社2014年版,第15页)

比较2:在接收日伪资产期间国民政府对贪污腐败行为惩处不力带来的舆论后果。左翼《文汇报》指出,如果政府进行一次真正彻底的调查并纠正以前的所有错误,仍可能重新赢得人民的信任。然而,三个星期之后,政府宣布调查任务已经完成,调查组可以撤销了。《大公报》的评论认为,调查组的工作对恢复公众的信心几乎毫无帮助。"从整个接收过程以及随后的调查中,我们可以清楚地看到,一个由官僚统治的国家是无法制止腐败的,"该报社论写道,"如果我们仍然想要廉政的政府,我们应该发展人民的力量……并让人民将他们的力量运用在政治上。"(胡素珊,《中国的内战》,当代中国出版社2014年版,第26页)

比较3:国民政府将伪币兑换法币的比价定得过低带来的舆论后果。《大公报》指出,"目前的汇率相当于直接没收人民的财产,让江苏和浙江的所有中产阶级破产。"该报认为,"在不到 3 个月的时间里,国民党政府的政策和行为将国家最富庶的地区推到了经济崩溃的边缘。"(胡素珊,《中国的内战》,当代中国出版社 2014 年版,第 32 页)

比较 4:国民政府的接收政策加剧物价飞涨却无平抑措施的舆论后果。在战争结束的初期,造成光复地区经济停滞的主要原因是政府的接受政策,这一政策要求关闭所有日伪工业企业,并禁止调用日伪仓库中的所有原材料、食品和其他商品。这样,在经历了战后初期的价格下降之后,伴随着各种商品的大幅减产,物价开始飞涨,黑市活动日益猖獗。从 9 月 9 日到 10 月 19 日,有记录的商品价格上涨了 100% 到 200%。(胡素珊,《中国的内战》,当代中国出版社 2014 年版,第 26 页)

一家民盟报纸的评论代表了当时大部分人的态度:国民政府在民众中声誉明显下降,令人悲叹。何至如此? 回答下列问题便可使之迎刃而解,缘何扰乱民生之政府官员……未受惩办? 何以物价扶摇直上而无任何平抑举措? 为何公民自由屡遭践踏? 恕吾辈坦直言之,毁政府之社会威望者乃政府之官员也。故解铃还须系铃人。(胡素珊,《中国的内战》,当代中国出版社 2014 年版,第 37 页)

如果把以上四则材料进行比较,会发现它们具有比较的共同基础,它们都是抗战胜利初期国民政府的政策措施带来的舆论后果,具有可比性。从舆论的内容分析看,它们都对政府的政策提出了批评或质疑,都对政策后果做了负面评估,都站在民众的立场进行评论,大多从民心的视角审视政治后果,认为政策会带来民心的丧失、政府威信的受损。不同之处是针对的问题不同,批评的激烈程度不同,有的在批评的同时还提出了建设性建议等。

5. 从结果的视角看归纳法在历史认识上的应用

归纳法是从个别的或特殊的经验事实出发而概括得出一般性原理、原则的思维方法。主要包括完全归纳法、枚举归纳法、排除归纳法(求因果五法)以及观察、实验、比较、分类、分析、综合、统计中选样、求平均数等收集和整理材料的方法。(冯契,《哲学大辞典》,上海辞书出版社 1992 年版,第 371 页)传统意义上的归纳法主要是归纳推理。

历史学是记载和解释人类活动历程的学科。人类的活动历程由一个个既相对独立又有一定联系的历史事件、历史人物、历史现象、活动成果等构成,因而需要采用归纳法研究碎片化的一则又一则史料,探求人类历史的发展规律、本质特征。历史学离不开归纳法,论从史出、史由证来、孤证不立、二重论证法这些历史学的基本原则、方法都是建立在归纳法的基础上的。无论是历史背景、历史过程、历史影响的分析综合都可能用到归纳法。缺少归纳法,历史学就变成众多史料的堆砌。

下面是从结果的视角看归纳法在历史认识上的运用案例。如在列举国民党军政官员在接收过程中的种种行为之后用简单判断予以归纳,更能深刻清晰地反映这些行为带来的严重后果。

事件1:一个著名的案件涉及经济部派驻上海的特派员张兹闿,据说张接受了1000盎司黄金的贿赂,作为交换,他掩饰了某个匿名的政府官员对一家纺织厂的非法接收。

事件2:一个案件的嫌疑人是海军专驻北平办事处主任刘乃沂,经查实,他送给自己3个情人超过100盎司黄金、1万美元、15斤珍珠以及150件名贵皮草。

事件3:广东省代表韩汉藩说,湖南的接收工作完全是一片混乱。空军官员占据了许多农场,海军则得到了国营招商局。一群军官占据了所有加油站,另一群军官夺走了所有汽车。结果"有汽油的人没有汽车,有车的人没有油"。

归纳:张兹闿、刘乃沂、空军与海军等军官可归纳为国民党接收官员,他们的行为可归纳为贪污受贿、你抢我夺,整个材料可归纳为国民党接收官员的贪污受贿、你抢我夺等腐败行为激起民众的痛恨与控诉。

从上述案例中可以看出归纳推理的前提是一些个别现象、个别事件,推理得出结论需要使用将个别现象、事件囊括其内的类别概念或判断对问题的本质属性来综合。这样也带来了归纳推理的严密性、科学性问题。若归纳推理的结论超出了前提范围,通过归纳推理得出的结论只具有或然性,而不是必然性,这个结论有可能是科学的,也可能是有漏洞的。正因如此,历史学经常出现某个问题众说纷纭的现象,历史解释存在多样性的特征。

三、实施案例

目标1:从动机的视角,分析、综合、归纳基本史实。

师:根据材料我们已经发现在"大接收"过程中,国民党出现了贪污受贿等不法行为,那我们如何分析这些腐败现象呢?请同学们看材料回答:

材料1:河北、察哈尔、热河、绥远地区、湖南、湖北、江西,当然还有上海地区的调查小组查出了许多新的渎职案件。

材料2:从上海一地看,根据(上海)市民提供的情报,敌伪资产监督委员会在成立后的第一个月,即10月29日至11月底,仅在上海地区就处理了超过500件试图隐瞒敌人资产的案件。这些案件中涉及的资产包括400万吨铜和铁、500多台机器、80卷新闻用纸、5家工厂以及大量布匹、大米、面粉和白酒。

材料3：湖南爆发著名的车辆案件，战时运输管理局驻湘办公室负责接收了敌伪车辆3500辆，交给湖南公路局的1000辆不仅没有如数移交，而且都是"精心挑选"过的，没有一辆可以上路。公路局不得不将这些旧车拆开，把能用的零件卖给湖南的各家汽车修理店和五金店。同时湖南总共只有60到70辆汽车维持全省的交通运输。

材料4：上海市政府的官员被指控非法出售价值40亿法币敌伪商品。人们先得知了一起较小的案件，有市政府官员被指控非法出售了130辆汽车。此后，市政府的一个前雇员透露了上述数额惊人的倒卖敌伪资产的信息。

材料5：一个案件的嫌疑人是海军专驻北平办事处主任刘乃沂，经查实，他送给自己3个情人超过100盎司黄金、1万美元、15斤珍珠以及150件名贵皮草。

材料6：另一个著名的案件涉及经济部派驻上海的特派员张兹闿，据说张接受了1000盎司黄金的贿赂，作为交换，他掩饰了某个匿名的政府官员对一家纺织厂的非法接收。

材料7：1946年8月到9月，上海媒体报道和披露了大量这样的腐败行为。例如：8月28日的《和平日报》、8月30日的《申报》、9月4日的《大公报》、9月28日的《文汇报》。

材料8：另一位当时在沈阳，目睹这一切的记者这样评论贪污可能导致的后果："我担心，我们不仅将失去东北，还将失去民心。"

　　——以上材料均引自胡素珊，《中国的内战》，当代中国出版社2014年版

生：很多地方都发生腐败行为。

师：有道理。从地域分布看，腐败现象分布广泛，遍及日占区大多数省份。

生：贪污受贿的钱和物品数量很大。

师：很准确。从作案金额看，贪污受贿数额惊人，钱、财、物无所不贪。

生：遭到媒体的批评和揭露。

师：很好。从媒体反应看，贪污受贿遭到谴责。

生：贪污受贿的案件很多。

师：正确。从案件数量看，贪污受贿等渎职案件众多。

生：会失去东北和民心。

师：对了。从造成的影响看，贪污腐败、你争我夺会丧失民心，使国民政府的声誉受损。所以我们可以将接收中的贪污腐败现象分解成几个方面和维度，从不同的方面、维度切入分析各自的特点，比如地域分布、案件数量、作案金额、媒体反应、

后果影响,甚至可以再找资料从原因、动机等方面分析。总之由于接收中的你争我夺、贪污受贿、敲诈勒索不是偶然的个别情况而是普遍现象,"大接收"对日占区的直接后果与劫掠无异,故被讽刺为"大劫收"。

目标二:从后果的视角,分析和归纳相关问题。

师:哪位同学说说"大劫收"的后果?

生:造成经济混乱、国民党形象受损、民心丧失。

师:哪位同学说说"重庆谈判"的后果?

生:国共签订了《双十协议》,并据此召开了政协会议,但墨迹未干,蒋介石就发动了内战,使老百姓渴望和平、民主建国的理想化为泡影。

师:哪位同学说说国民政府发行金圆券的后果?

生:造成通货膨胀猖獗,经济秩序混乱不堪,国民政府财政金融完全破产,百姓生活困苦,对国民政府失去信心。

师:哪位同学把这些后果归纳一下?

生:使国民党失去了民心。

师:对。不仅使国民党失去民心,而且使国民党统治在经济、政治领域都出现危机。同学们,我们在归纳的时候不仅要注意抓住相同的词汇,如民心丧失或违背民意,还要学会使用能囊括这些个别现象的高层次的类别概念、判断对问题的本质属性进行综合,如国民党统治的危机。这需要在平时就注意建立历史概念的层级结构,并学会比较、找共同点,这样有助于学会归纳、综合史实。这节课讲国民党政治、经济领域的危机,下节课我们讲国民党战场上的失败,这样我们就能进一步明白国民党政权覆灭的深层原因——"得道者多助,失道者寡助"。

第五篇　急剧变化中的当代世界

战后国际政治格局的演变：雅尔塔体系确立了新的国际格局；战后初期，以美苏为中心的两大阵营展开冷战；两次柏林危机、古巴导弹危机、朝鲜战争、越南战争等局部冲突不断；东欧剧变、德国统一、苏联解体，冷战遂告结束。

全球性问题的挑战：核能、电子计算机、空间技术、合成材料、生物工程等领域的重大突破，使第三次科技革命席卷全球，加快了经济全球化；西欧的多元一体进程、日本经济的高速增长，以及其他地区的发展和联合推进了多极化趋势。

战后科学技术革命与经济全球化：在经济全球化进程加快的同时，人口、资源、环境等压力日益加大，国际恐怖活动升级，人类面临如何持续发展的严峻挑战。

质 疑 或 反 驳

——以《美苏冷战的开始》为例

格致中学　陶世华

目标内容:根据一定的史实、史料或视角,对有明显缺陷的观点或评价提出质疑或反驳。

一、质疑、怀疑

1. 怀疑的定义与价值

质疑即怀疑。怀疑是"对传统学说、观念和已有理论的琢磨、推敲和疑问。是一种认识的契机和科学发展的重要方法。迪卡尔提出普遍怀疑的原则,主张用'理性的尺度'审查以往的一切知识,怀疑一切被信以为真的和一般被当作真理的东西。他把怀疑当作是对虚假的想象和非存在的假定的推翻、拒绝和否定"。(冯契,《哲学大辞典》,上海辞书出版社 1992 年版,第 372 页)

求真是历史学习的出发点。中学历史课程要以求真为基点。激活学生对有明显缺陷的观点的质疑意识是"求真"的重要环节。当学生对传统学说、观念和已有理论产生怀疑时,往往会出现一种困扰、疑惑的心理状态,为消除心中的疑惑,学生会提出问题,进而去思考问题,探索历史的真相,形成新的历史认识。由怀疑而引发问题,由问题而推动探索,由探索而创设新的理论或认识,从这环环相扣的心理路程看科学的怀疑,能产生探索新知的动机和内驱力,是形成新的历史认识的重要条件。爱因斯坦说过,提出一个问题比解决一个问题更重要,而怀疑、困惑是萌发问题的源泉。历史教学中培养学生的怀疑精神有助于学生冲破权威的束缚,形成独立思考和勇于探索的思维品质,防止思想僵化。

2. 导致历史观点存在明显缺陷的主要因素

历史认识往往由一定的史实和观点构成。观点是史学家基于所搜集的史料,从各自的立场、史观出发,采用一定的史学方法,思考、探索之后形成的对事物或问题的看法。历史观点虽然受学科特点的影响，难以达到绝对的客观和科学，具有很强的主观性，经常出现众说纷纭的局面，但这并不意味着历史观点就无须考察其真伪。历史是客观存在的过去，人类"求真""求实"的思维特点驱动人类努力获得与客观实际相符合的思维结果，尽量形成符合客观实际的历史认识。因而以是否符合客观实际为标准对有缺陷的历史观点进行质疑、辩驳是必要的，它既是推动历史学发展的重要路径，也是培养学生质疑精神、批判性思维的温床。

导致历史观点存在明显缺陷的主、客观因素有多重。有时是由于查找的史料不够齐全或引用的史料未经严格考证而缺乏可信度，在此基础上形成的观点难免漏洞百出。

如冷战期间美国国务卿杜勒斯在日内瓦会议上拒绝和周恩来握手的不礼貌行为依然是一桩历史公案，把它作为确切的历史依据说明中美关系的特点，是缺乏说服力的。

有时是由于史学家所持的视角、立场问题，导致形成的观点存在片面性。

如苏联史学家往往站在苏联的立场上把冷战的责任归结为美国、西方，认为美国统治集团为建立世界统治，发动了所谓的冷战，想燃起第三次世界大战的战火。而冷战初期西方的史学家常常站在美国或西方的立场上，把冷战的责任推卸到苏联和共产主义的扩张上，认为"莫斯科需要一个'敌对的国际环境'以维持统治，确保苏联的统一。因此，斯大林要么是个扩张主义者，要么就是不愿与人谈论他的意图，而美国——在英国的支持下——除了采取攻势以外，已经没有其他选择了"。（［美］丹尼斯·舍曼，《世界文明史》（下册），中国人民大学出版社 2011 年版，第 557 页）

有时则是由于史学家的史观、兴趣偏好、个人情感、论证方法等影响了历史观点的科学性。

3. 培养质疑精神的问题设计

要培养学生的质疑精神，可以从导致历史观点存在明显缺陷的几个因素着手。在日常历史教学中，教师可以经常启发学生思考这些问题："这个观点经得起推敲吗？有没有逻辑上的错误？""这个观点有史实依据吗？引用的史料真实可信吗？""你认为作者对此问题的看法是否夹杂着个人情感？""你认为作者表达的是历史事实还是政治理想？""你认为作者是站在什么立场、采用什么视角观察问题的，换个立场、视角其结论是否仍无懈可击呢？"持之以恒，学生就会形成一种证据意识、怀疑精神，而非盲信、盲从心理。

如教师请学生阅读这段材料：1947 年 6 月，美国国务卿马歇尔在哈佛大学毕业典礼的演讲中说："美国应尽力协助世界恢复至经济健全的常态，没有它，也就没有政治的安定,没有牢固的和平。我们的政策不是反对任何国家、任何主义,而是反对饥饿、贫穷、悲惨、混乱。它的目标应该是世界范围内的经济复苏,以使得自由体制能存在的政治和社会条件得以出现。"(《马歇尔在哈佛大学的演讲》)

教师请学生思考,马歇尔在哈佛大学的演讲提到欧洲复兴计划,即马歇尔计划,那美国实施马歇尔计划的目的仅仅是帮助世界范围内的经济复苏,没有其他的目的吗? 美国的政策真的不是反对任何国家、任何主义,而只是反对饥饿、贫穷、悲惨、混乱吗? 以此来激起学生的怀疑,启发学生结合时代背景思考马歇尔计划的多重目的。

教师补充材料:"美国政府仍然沿着哈里曼大使所倡导的路线前进。这位大使认为,只有当苏联'按照我们的标准和我们一起参与国际游戏时',才能向其提供援助金。"([美]丹尼斯·舍曼,《世界文明史》(下册),中国人民大学出版社 2001 年版,第 557 页)"接受马歇尔计划援助的条件是受援国必须同美国签订多边或双边协定,采取措施稳定通货、维持有效的汇率和降低关税壁垒,受援国必须接受美国对使用美援的监督,并向美国提供部分战略物资等。"(姜长斌、左凤荣,《读懂斯大林》,四川人民出版社 2001 年版,第 414 页)教师然后再请学生结合马歇尔的身份思考为什么马歇尔这样解读欧洲复兴计划。

二、反驳

1. 反驳的定义与方法概述

怀疑是反驳的一个环节。反驳是"确定某一论题虚假或论证不能成立的思维过程"。(冯契,《哲学大辞典》,上海辞书出版社 1992 年版,第 245 页)反驳是一种特殊形式的论证。论证由论题、论据和论证方式组成,反驳有反驳论题、反驳论据和反驳论证方式三种方法。反驳有时可分为直接反驳和间接反驳,归纳反驳和演绎反驳。

2. 转换概念的反驳论题法

论证旨在确定论题的真实性,反驳则旨在确定对方论题的虚假或其论证不能成立。

如战争是为了一定的政治、经济目的而进行的武装斗争,而美苏冷战期间,两国没有发生直接的武装冲突,因而美苏冷战不是战争。其中"战争是为了一定的政治、经济目的而进行的武装斗争"(辞海编辑委员会,《辞海》(第六版缩印本),上海辞书出版社 2010 年版,第 2389 页)就属于论题。

如果采用反驳论题的方法反驳"美苏冷战不是战争",可以这样说:哲学家霍布斯曾说:"战争,并不只限于战斗行为;事实上,只要战斗意愿明白可知,这段时间都可算作战争。"([英]艾瑞斯·霍布斯鲍姆,《极端的年代 1914—1991》,中信出版社 2014 年版,第 284 页)而冷战指"第二次世界大战后以美国、苏联为首的两大国家集团之间除直接的大规模战争之外的全面对抗"。(《高中历史》第六分册,华东师范大学出版社 2013 年版,第 35 页)故美苏两大阵营之间的冷战是战争,它符合霍布斯对战争的定义。历史学科中给特定的历史概念赋予新的内涵,进而确定对方论证不能成立是常用的反驳论题的方法。

三、依托史料的反驳论据法

历史教学中经常使用的是反驳论据的方法。反驳论据实质上是一种归纳反驳法,即"列举事实或者用关于个别性或特殊性知识的判断去确定被反驳判断的虚假"。(冯契,《哲学大辞典》,上海辞书出版社 1992 年版,第 372 页)

历史观点一般都是建立在一定的史料基础上的,如果证明作者所用的史料有误,或者列举出与作者观点相矛盾的史料,就能确定被反驳的观点的虚假或不够全面。

为什么反驳论据法在历史教学中使用更为普遍呢?除了它简单易学外,更深层次的原因与历史学科特点有关。历史研究离不开史料,不少历史观点都是史学家在分析、归纳一定史料的基础上采用归纳推理法获得的。归纳推理法是"从个别性知识的前提推出一般性知识的结论的间接推理……根据前提是否考察了某类的全部对象,可分为完全归纳推理和不完全归纳推理"。(冯契,《哲学大辞典》,上海辞书出版社 1992 年版,第 373 页)史学家所能采用的大都是不完全归纳推理,因为能纳入历史研究范畴的史料难以穷尽,范围极为广泛,有些史料如国家档案,在一段时间内不能被史学家翻阅,但一旦被启封后,就可成为一手史料,以前的观点可能因为新的史料的挖掘而被修正,"不完全归纳论证只能确定论据与论题间的或然联系,即由真实论据确定论题可能真实"。(冯契,《哲学大辞典》,上海辞书出版社 1992 年版,第 373 页)这说明史学家在研究时所用的论据即使是真实可靠的,采用非完全归纳法由论据得出的结论也未必都是真理,因为归纳推理的结论(完全归纳除外)超出了前提陈述的范围,故当前提真时,结论并不必然真。这不仅为历史教学或历史研究中使用反驳论据法提供了理论支撑,而且在理论上证明了史学研究只能无限接近真理,历史观点的科学性往往是相对的。

四、转换视角的反证法

"横看成岭侧成峰",转换视角、另辟蹊径是历史学科中反驳对方观点的方法之一。转换视角独立证明属于间接反驳,它先将对方论点置于一旁,对其正误不直接评说,而是转换视角另外设立一个与对方论点相矛盾的新论点,通过证明这个新论点的成立,来表明对方论点的虚假。它实质上是一种反证法。

如 1946 年 3 月,丘吉尔在美国富尔敦发表铁幕演说,指责苏联对东欧加强控制,认为"他们所希望的是得到战争的果实,以及他们的权力和主义的扩张"(《高中历史》第六分册,华东师范大学出版社 2013 年版,第 36 页),呼吁西方国家联合起来遏制苏联和共产主义的扩张倾向。教师可以引用斯大林在答《真理报》记者问时的反驳:"不要忘记以下的情况。德国人侵入苏联是经过芬兰、波兰、罗马尼亚、保加利亚和匈牙利的。德国人所以能够经过这些国家侵入苏联,是因为这些国家当时存在着敌视苏联的政府。由于德国的侵犯而在同德国人作战中,以及由于德国的占领和苏联人被赶到德国去做苦工,苏联便永远地丧失了约 700 万人……苏联为了保证自己将来的安全,力求在这些国家内能有对于苏联抱善意态度的政府,试问,这有什么奇怪的呢? 假使没有发疯的话,那怎么么会把苏联这些和平的愿望看作是扩张倾向呢?"(姜长斌、左凤荣,《读懂斯大林》,四川人民出版社 2001 年版,第 400 页)

斯大林并没有直接否认在苏联的操控下,东欧建立了一系列对苏"友好政府"的事实,而是采用转换视角的间接反驳法,从维护苏联国家安全的视角证明在东欧建立亲苏政权的合理性,从而间接反驳了丘吉尔关于亲苏政权的建立是苏联权力和共产主义扩张的表现的论断。

当然,教师也可以教学过程中继续启发学生转化视角,反驳相关观点。

五、反驳的原则与价值

反驳本质上是一种否定,根据否定的程度,可分为全盘否定和局部否定。反驳时应本着尊重历史、求真求实的原则,对对方观点中的合理部分予以认同、肯定,对其错误部分进行反驳、批判,不能流于诡辩。

反驳的价值在于揭露错误,驳斥谬误,为探求真理披荆斩棘。中学历史课程以"真为前提"、以"思为宗旨",指导学生对有明显缺陷的观点或评价提出质疑或反驳,有助于培养学生的批判性思维,增强学生的"求真"意识。

六、实施案例

目标 1:根据一定的史料,对有缺陷的观点进行质疑。

师:二战结束时世界各地的人们欢呼和平的到来,但《大西洋宪章》所勾画的使人类免于饥饿与恐惧的世界并未降临,二战后的人们生活在一个既没有和平也没有世界大战的冷战时代里,是什么破坏了来之不易的和平呢?

  材料1:一位学者的观点:"像之前的威尔逊一样,罗斯福设想了一个新的世界秩序,美国、英国、苏联和中国实际上将瓜分世界,协力维护和平。但是旷日持久的冲突从三个方面对和平构成了威胁:'解放'国家的内战,国际共产主义的'野心',以及苏联对边界安全或权力的渴望。"

  ——[美]菲利普·费尔南德兹-阿迈斯托,《世界:一部历史》(下),北京大学出版社2010年版,第1133页

师:事实果真是这样的吗?

  材料2:朝鲜战争期间美军在仁川登陆的照片、越南战争期间美军轰炸越南村庄的照片、柏林危机期间美国飞机空运物资的照片、古巴导弹危机期间肯尼迪与赫鲁晓夫掰手腕的漫画。

师:这些照片、漫画反映的是冷战期间发生的威胁世界和平的局部战争和危机,它们都与哪个国家有关系呢?

生:美国。

师:那位学者把对威胁和平的因素归结为"'解放'国家的内战,国际共产主义的'野心',以及苏联对边界安全或权力的渴望",是否存在明显缺陷呢?导致这一明显缺陷的原因你认为是什么呢?

生:有缺陷,可能由于作者是西方人,回避美国的责任。

目标2:转换视角,对有明显缺陷的观点予以反驳。

师:长达半个世纪的冷战为什么会爆发呢?请看一位学者的解释:

  材料1:在雅尔塔,斯大林确保了由红军领导被苏联解放的国家的未来,在波茨坦会议上,杜鲁门采取了支持资本主义和支持民主制的美国的立场……在解决战后问题上,各方矛盾激化了。在这场旨在保证幸存者生活方式的严酷的战争中,苏联和美国都不会轻易放弃重新将占领区改造成资本主义盟国或者共产主义盟国的机会。

  ——[美]杰里·本特利、希瑟·斯特里兹,《简明新全球史》,北京大学出版社2009年版

师:从"保证幸存者生活方式""资本主义""共产主义"这些用词中可看出作者主要从什么视角考察冷战的起源?

生:社会制度和意识形态的冲突。

师:从社会制度和意识形态的冲突视角解读冷战的起源有没有史实依据呢?

生:(思考)

师:下面请同学们看以下史料:

材料2：1946年2月9日，斯大林在莫斯科选民大会上发表了重要演说，他认为，二战的结果表明"……苏维埃制度比非苏维埃制度更有生命力、更稳固，苏维埃制度是比任何一种非苏维埃社会制度更优越的社会组织形式"。他接着坚持认为，"资本主义国家发展不平衡将使资本主义世界分裂成两个敌对的阵营，进而打起仗来。只要资本主义制度还存在，战争就不可避免。苏联人民必须对30年代往事重演有所准备，必须发展基础工业，削减消费品生产。总之，我看今后少说也得在三个五年计划期间做出重大牺牲。和平是不会有了，国内和国外的和平都不会有了……"美国最高法院法官道格拉斯把斯大林的演说称为"第三次世界大战的宣言"。斯大林演说发表后不久，即1946年2月22日，美国驻苏大使馆代办乔治·凯南向国内发回了8000字电报，其所用的论据有些就来自斯大林的演说。

——姜长斌、左凤荣，《读懂斯大林》，四川人民出版社2001年版

材料3：1946年3月5日，英国首相丘吉尔在美国的富尔敦发表题为《和平砥柱》的演说，实际上也是对斯大林演说的回应。他也攻击了苏联的制度，说："在这些国家里，各种包罗万象的警察政府对老百姓强加控制，达到了压制和违背一切民主制度的程度。或是一些独裁者，或是组织严密的寡头集团，他们通过一个享有特权的党和一支政治警察队伍，毫无节制地行使国家的大权。"

——姜长斌、左凤荣，《读懂斯大林》，四川人民出版社2001年版

材料4：为什么冷静镇定的英国驻苏外交人员……在报告中指出，世界"正面对着一种可以称之为现代版的16世纪宗教危机，在这场现代宗教战争中，苏联的共产主义正与西方的社会民主政治以及美国版的资本主义为敌，共争世界霸权"？

——[英]艾瑞斯·霍布斯鲍姆，《极端的年代1914—1991》，中信出版社2014年版

材料5：在目前世界历史中，几乎所有国家都必须在两种生活方式中选择一种。

——杜鲁门，《国情咨文》

师：从以上材料看，从社会制度和意识形态的冲突视角解读冷战的起源是有史实依据的，但它经得起进一步的推敲吗？请同学们再阅读理解以下史料，分析这些作者解释冷战起源的视角是什么。

材料6：这是美国外交政策的转折点，它现在宣布，不论什么地方，不论直接或间接侵略威胁了和平，都与美国的安全有关。

——杜鲁门，《国情咨文》

材料7:对于正确认识到自己已经升任为世界级霸权的美国政府而言,国内"孤立主义"之风,或所谓国防上的防卫性主张仍然很盛。因此若外有强敌,不啻提供了打破这种孤立心态的工具,行动起来反而更能得心应手。因为如果连本身的安全都受到威胁,那么美国自然义无反顾,再不能像当年第一次世界大战之后的独善其身,势必非负起世界领导地位的重任不可——当然连带也享受其中带来的好处。

——[英]艾瑞斯·霍布斯鲍姆,《极端的年代 1914—1991》,中信出版社2014 年版

材料8:由于对战后整个西欧在经济力量上的虚弱非常担心,美国领导人主观地认为俄国怀有一种深远的图谋,即俄国想利用西欧的弱势而在整个西方建立共产党政权,就像俄国已经在东欧所做的那样。学者们最近令人信服地证明,苏联当时根本就没有这种宏大的计划……然而,由于苏联长期以来一直担心遭到敌对的资本主义列强的包围,因而他们把杜鲁门主义和马歇尔计划看成是新帝国主义的一种表现形式,是美国想使西欧屈从于美国经济霸权的一种阴谋。斯大林觉得用这个主题开动他的宣传机器是很有效的。由于战争的破坏,他需要让俄国人相信他们必须实施一连串艰难的五年计划,这些五年计划强调重工业品的生产,而不是消费品的生产。而他如果能成功地指出国际上存在反对俄罗斯的阴谋,那他就能更有说服力地要求人民做出牺牲。

——[美]丹尼斯·舍曼,《世界文明史》(下册),中国人民大学出版社2001 年版

生:材料6 从美国国家安全的角度解释美国外交政策从孤立主义转向称霸世界、遏制苏联的原因。

生:材料7 从美国为实施称霸世界的战略目标调整外交政策的策略角度,解读美国发起对苏联的冷战的原因。

生:材料8 一方面从美国对苏联战略意图的错误臆测角度解读美国发动冷战的原因,另一方面从苏联为国内经济政策的顺利实施而进行安全宣传的角度解释苏联积极应对美国的挑战。

师:同学们说得都很有道理。从三则材料看,这些学者都没有把意识形态的冲突视为冷战爆发的唯一原因,而是转换视角从传统的大国关系入手进行解读,有的从国家利益、战略目标的对立考察,有的从政治互信的缺乏、战略意图的误读考察,有的从国内经济与外交宣传的关系考察。由于他们的视角不同,其结论也就不同,都有一定的合理性,因而冷战爆发的原因是多重的,并不是第一位学者所认为的那样仅仅是社会制度和意识形态的对立。

辨别结论、判断准确性，反思历史认识的过程

——以《经济全球化与全球性问题》为例

嘉定区朱桥学校　孙　建

目标内容：通过辨别结论或判断的准确性，反思自己认识历史、解决问题的过程。

一、历史反思

目标内容在学生学习水平的界定中，属于综合运用水平的维度，是人们解释和评价历史的高层次思维能力之一。

英国教育家洛克认为"反思"就是"心灵内部活动的知觉"。荷兰哲学家斯宾诺莎则把对于认识结果的观念的再认识和对于这种再认识之观念的再认识，这种理智向着知识的推进，称作"反思"。美国教育家杜威将"反思"称为"反省思维"，是"一种得以产生思维活动的怀疑、犹豫、困惑，心灵困难的状态，和一种为了发现和解决这种怀疑，消除和清除这种困惑而进行的探索、搜集和探究的行为"。

《辞海》中对于"反思"的解释是："反思是心灵以自己的活动作为对象而反观自照，是人们的思维活动与心理活动。反思又表示对自己的思想，心理感受的思考，对自己体验过的东西的理解或描述。"

历史反思就是一种人们为了解决在认识历史过程中产生的质疑或困惑而进行的探索研究行动。这种行动能引起人们历史认知的冲突，动摇人们已有的历史认知结构的平衡，从而唤起思维，进入历史问题探索者的角色，实现由历史"学习者"到历史"研究者"的转变。

如在学习"辛亥革命"一课的过程中，某学生产生疑惑："为什么同盟会，不叫'党'而叫'会'呢？"疑问唤起思考，他通过查阅相关资料，收集整理了许多有关中国帮会的资料，也明白了了"同盟会"之所以称为"会"，因为它还具有中国传统的帮会的某些特性，而由"同盟会"发展而来的"国民党"则是摆脱了

帮会特性的现代政党。

这种反思思维能够对某个历史问题进行反复的、严肃的、持续不断的深思。当反思思维一旦开始,人们便具有自觉的和有意的努力,在证据和合理性的坚实基础上形成信念。

历史反思需要通过质疑,提出需要解决的历史问题,质疑的过程是指导学生逐渐形成质疑品质的过程,也是学生的反思思维发展进入深刻的开始。历史反思具有如下特点:

一是目的性。在历史反思过程中,首要的、主要的问题是解决历史疑惑,因此就需要确立目标,寻找解决路径,求得可证实的历史结论。

二是连接性。历史反思是历史观念或历史结论持续不断且井然有序的连接,它将历史认识中确定了的部分联结在一起,向着解决历史问题的方向持续不断地运动。

三是个人化。历史反思是个人对某个历史问题进行反复的、严肃的、持续不断的深思的过程,是建立在其对传统历史认知怀疑基础上的,富有怀疑和探索的精神,个人的考察、探究和检验是其必不可少的环节。

二、反思的对象和途径

目标内容以反思为中心,包含了反思的对象和途径两个方面的内容。

1. 历史反思的对象

本目标内容提示反思的对象是"自己认识历史、解决问题的过程"。所谓"认识历史"是指人们对历史的认识,包括对历史思维和历史解释——像任何种类的历史研究成果、各种历史观念或历史思想等——的认识。由于历史认识的客体不能直接呈现的特殊性,因此只能通过对史料这一形式客体的认识去尽可能地接近原本客体即历史本体。

认识历史过程经由考实性认识、抽象性认识、价值性认识等阶段,是一个由表及里、从感性到理性的认识过程。

> 如有关汉武帝的政体改革、财政改革的文献记载,属于考实性认识;根据汉武帝的政体改革、财政改革等活动,得出他全面加强中央集权,属于抽象性认识;认为汉武帝加强中央集权的措施巩固了皇权,属于价值性认识。

我们可以通过历史长期不断的发展过程来不断对以前的历史认识加以检验,以检验历史认识的是非正误。同时,任何历史认识的检验都不是一次性完成的,也都不是确定无疑的,它是随着时间的推移不断深化的。

"解决问题",就是解决历史认识中的矛盾或障碍,包括不确定性、怀疑或困难。"解决问题的过程",即由一定的历史情景引起的,按照一定的目标,应用各种认知活动、技能等,经过一系列的思维操作,使历史问题得以解决的程序。这一过程包括历史认识中发现问题,分析问题找出重要矛盾、关键矛盾之所在,提出历史假设,包括采取什么原则和具体的途径、方法,运用证据和逻辑检验历史假设,直至获得正确结论,最终解决问题。

2. 历史反思的途径

通过怎样的途径来反思自己认识历史、解决问题的过程呢? 目标内容提示的反思途径是"辨别结论或判断的准确性"。

"辨别"就是分辨和区别,即个体学会对相似的内容进行分辨,做出不同反应的过程。它包含两个过程,首先是对相似的不同事物进行分析,得到认识,然后在认识上对不同事物加以区别。

"历史结论"是人们对历史现象或历史事件的总结性认识,主要包括对历史现象或历史事件的性质、意义、历史地位等所做的总结。结论多具有高度概括性和主观性。

> 如"西欧的一体化进程整体上提升了欧洲的国际地位",这一历史结论是从西欧一体化进程的背景、具体进程及对欧洲政治、经济、文化、军事及世界格局的影响等多方面的历史现象总结出来的,内容丰富,高度概括,反映了人们对西欧一体化的认知,带有一定的主观性。

一般来说,历史结论有事物性质类,如"欧盟是当今世界一体化程度最高的区域政治、经济集团组织";理性概念类,如"第三次科技革命";因果关系类,如"二战后,经济全球化速度加快,一个覆盖全球的世界贸易体系已经破茧而出";人物称谓类,如"欧元之父"蒙代尔;历史意义或影响类,如"第三次科技革命改变了人类社会的面貌"等。这些结论都是以历史人物或者历史事件来区分。

"历史判断"是人们对历史对象是否存在、是否具有某种属性以及它们之间是否具有某种关系的肯定或否定。历史认识就是由一个一个的历史判断构成的。

历史判断可分为三个层次,即事实判断、成因判断和价值判断。事实判断的目的在于求得历史事实的真相,为进行成因和价值的判断打下基础。成因判断就是对历史事实出现的原因做出判断,实际上就是对事实出现的因果规律做出判断。价值判断就是研究者对他所研究的历史人物、事件、制度、过程的是非善恶或利弊得失做出评价。事实判断回答"是什么"的问题,是判断的基础;成因判断回答"为什么"的问题,是判断的关键;价值判断回答"应该怎么办"的问题,是判断的目的和归宿。三个层次的判断组合起来形成一个完整的历史认识。

> 如"经济全球化加大了发展中国家与发达国家的发展差距",这一判断是

事实判断;在事实判断的基础上分析原因,"经济全球化由于是在不公正、不合理的国际经济旧秩序没有根本改变的情况下发生和发展的,因而加大了发展中国家与发达国家的发展差距",这是成因判断;针对成因得出解决问题的办法"积极改变不公正的国际经济秩序",这是价值判断。

3. 历史判断的准确性

准确性也叫准确度,指某一事件的准确程度,即指其与某一标准的差异程度。

辨别历史结论或判断的准确性的标准是什么呢? 一是历史事实,二是历史逻辑。也就是说要辨别历史结论或判断的准确性,一方面要看它是否符合基本史实,即历史结论或判断与历史事实间是否一致;另一方面要看是否符合历史逻辑。历史逻辑就是以历史时间的历时性和共时性统一为基础的概念推论,研究关于叙述史中基本概念之间的意义关系和推论规则,如孤证不立、史料互证等。

综上所述,本目标中"反思"可以有两个路径:一是比较结论、判断与基本史实的一致性,去反思认识历史的过程;二是辨别史料与结论、判断之间是否符合历史逻辑,来反思解决问题的过程。

二、实施案例

目标1:辨别结论或判断的准确性。

师:总之,经济全球化是世界经济发展中必然的、不可避免的趋势,是生产力发展的结果。那么它给世界带来了什么影响呢? 有位同学根据以下材料做出有关结论,请你讨论一下,看看你是否同意这一看法。

> 材料1:根据1997年的一份研究报告,法国在五年间丧失了100万份就业职位,而该国的众多公司正在东欧、亚洲和拉丁美洲忙于建厂,假如企业大规模地迁出西欧,那么所有解决失业问题的讨论都是无的放矢。
>
> ——[英]鲍曼,《全球化:人类的后果》,商务印书馆2001年版

结论:比起发达国家,发展中国家和地区在全球化进程中有更大的优势。

生(讨论后回答):我们小组讨论中,有一位同学认为上述结论有道理,其他三位不同意上述观点。经过我们分析后,支持该结论的同学修正了自己的观点,最后,我们讨论组得出一致的观点:认为根据材料1得出的结论在论证上有问题,我们不同意由此得出的结论。

师:非常好! 那么请你具体谈谈你们是如何说服他人,从而达成一致的。

生:一开始他简单地从材料中法国由于公司迁出导致失业增加的表述,得出发达国家在全球化过程中没有优势,而支持该结论。但是他又隐隐觉得这个结论似乎有点武断。后来我们谈了自己的观点,化解了这位同学的困惑。

第一,支撑这一结论的材料只有一个,违反了史学论证中"孤证不立"的原则。第二,材料的来源表述非常模糊,材料中只讲了"一份研究报告",并没有说明是什么机构做出的研究报告,来源不清的材料其真实性都是值得怀疑的。第三,论证逻辑不合理,仅依据法国一个国家,而且仅是就业情况,是无法支撑发达国家在全球化过程中整体情况的结论,也不能反证发展中国家的整体情况。这样得出结论是过度解读,逻辑上存在问题。

师:你们小组实际上是通过质疑支撑结论的史料的准确程度,以及这一史料与结论之间的历史逻辑关联,来反思人们历史认识的过程。请看以下材料:

材料2:根据法国外交部公布的资料表明,1997年法国三大产业基本情况如下:

农业:位居欧盟之首,其产量占欧盟农业总产量的22%。农食产品出口居世界第二位,仅次于美国。法国农业拥有全国6%的就业人口,实现2%~3%的国内生产总值。

工业(包括建筑业和公共工程):排在欧洲第二,世界第四,居美国、日本和德国之后。全国就业的29%、投资的40%和出口的近80%,是由工业部门实现的。

服务业:法国服务业相当发达,该行业拥有全国65%的就业人口,实现70%的国内生产总值。

——中国驻法国经济商务参处,《法国经济概况》,《国际技术贸易市场信息》2000年第3期

师:从这份法国外交部公布的资料中,我们可以看出在1997年法国吸纳就业人口的主要产业是什么?

生:服务业,也是法国国内生产总值的主要贡献者。

师:那么材料1中假设的法国"企业大规模地迁出"与"失业问题"之间是什么关系? 材料2的内容对其有什么影响?

生(思考):企业大规模地迁出对就业肯定会有影响,但从材料2来看,法国发达的服务业对就业的影响可能更大,所以失业人口的上升可能还有其他因素,比如服务业发展受到影响等。因此材料中假设的成立还必须有其他详细的数据支撑才行,而材料1中没有这样的数据,材料2中却提供了能够质疑的数据。

师:也就是说,材料1中的假设中的必然逻辑关系存在质疑,逻辑上不能成立,也与另外的史料之间存在着差异?

生:对。

师:下表是根据权威资料整理出来的《发达国家与发展中国家的经济差异

表》，通过对这张表的解读，你认为谁在全球化发展中占有优势？

发达国家与发展中国家的经济差异表

	发达国家或地区	发展中国家或地区
技术	先进	相对落后
人均收入	高	低
贸易构成	输出产品、资本、技术； 进口原料、燃料	输出原料、燃料； 进口产品、资本、技术
国民经济 发展水平	少数发达国家进入 后工业化阶段	一些亚非拉国家仍 处于农业社会阶段
国民经济 部门结构	工农业产值比重高，制造业比重 高，采矿业比重低，传统制造业 比重减少，尖端工业占优势	工业产值比重低 采矿业比重大
农业发展 水平	农业高度机械化、集约化， 农业专业化和商品化程度非常高	农业技术落后，从业人员多， 农业部门较为单一
在世界经济中 的作用、地位	核心	边缘

（依据《主要发达国家和发展中国家技术出口的比较研究》等资料整理）

生：从表中可以看出，发达国家或地区在经济发展中明显占优势，发展中国家或地区居于劣势。

生：劣势在全球化过程中也会成为这些国家或地区的发展的潜力，也就是后发优势。

师：为什么？

生：在经济全球化中，发达国家的企业尽最大可能利用最有利的地点和资源从事生产经营活动，这就带来了产业、资本、技术等生产要素在全球范围内的流动，形成国际分工，这对于发展中国家来说，正好弥补本国资本、技术等生产要素缺口，以迅速实现产业演进、技术进步、制度创新和经济发展。只要发展中国家利用好几乎是不付费的后发优势，就可以加快本国经济发展，赶超发达国家。

师：讲很好，很有深度。我们再看以下材料：

材料3：1996年5月7日，世界银行发表的题为《世界经济前景与发展中国家》的最新研究报告提供的数据表明，过去10年中，发达国家与快速参与经济全球化的东亚发展中国家都获得了平均 2% 的经济发展速度,东亚以外的其他快速参与经济全球化的发展中国家也取得了平均 1.5% 的经济增长率;相比之下,那些较慢或缓慢参与国际经济的发展中国家的经济发展速度则相当迟缓。总体来说,快速参与国际经济的发展中国家不仅经济增长速度较快,而且增长稳定,过去 10 年间,前者的国民经济发展速度超过后者 50% 以上。

——中国国际贸易促进委员会重庆市分会,《世界银行发表报告认为——融入世界经济有利于发展中国家经济增长》,《经贸世界》1996 年第 3 期

师:1996 年的这份报告,告诉我们在全球化过程中,发达国家与发展中国家优势、劣势有着怎样的发挥?

生:从这份报告的数据来看,发达国家由于优势明显,平均发展速度高于发展中国家平均发展速度,而发展中国家内部分化较大,那些快速参与全球化的发展中国家的发展速度远远超过缓慢参与的发展中国家,可见全球化可以发挥发展中国家的比较优势,关键是看能否快速参与这一过程。

师:有道理。再对照材料 1 中的结论,你觉得材料 1 认识历史的过程有什么问题?

生:材料 1 中仅凭一国的就业情况就判断发展中国家或地区在全球化进程中比发达国家有更大的优势,与材料 2、3 等史料存在着冲突,其准确性存在问题。

师:反思材料 1 的历史认识过程,我们平时应该从哪些方面去反思认识历史的过程?

生:在认识历史过程中,我们得出结论一定要小心,要经常反思,首先要反思支撑结论或判断的史料是否与基本史实一致,第二要反思史实与结论和判断是否符合历史逻辑。

师:很好。那么,比较材料 3 中发达国家与发展中国家发展的速度,我们可能得出什么结论或判断? 我们将如何去辨别这一结论或判断的准确性?

目标 2:反思自己认识历史、解决问题的过程。

教师出示图 1。

师:这是 1988 年法国发行的让·莫内邮票。这一年是让·莫内诞辰多少周年?

生:从邮票中标明的出生年份 1888 年看,这是为了纪念他 100 周年诞辰发行的邮票。

图 1　1988 年法国发行的让·莫内邮票

师:是的。时任法国总统密特朗还发布行政令,将让·莫内的骨灰迁入位于巴黎拉丁区的雄伟的"先贤祠"中,让他与卢梭、雨果等为法国和人类文化做出巨大贡献的伟人,永远地安息在一起。这一年,被欧洲称为"莫内年",不仅法国在纪念他,欧洲其他国家也都在纪念他。这是一组1988年欧洲部分国家发行的纪念让·莫内的邮票(出示图2)。

比利时　　　　西班牙　　　　摩纳哥

图2　1988年欧洲部分国家发行的纪念让·莫内的邮票

师:那么,让·莫内究竟有何功业,能让法国如此重视他,能让欧洲各国一同纪念他呢?

生:他在二战后开启了西欧一体化进程,被称为"欧洲之父"。

师:但是,回顾历史,在这之前的几个世纪中,欧洲各国不也曾相继领跑世界?西班牙和葡萄牙开辟新航路,开启了地理大发现,还有意大利的文艺复兴、德意志的宗教改革、法国启蒙运动和英国工业革命等等,哪个不是欧洲各国的辉煌? 但是,为什么到了二战后西欧国家却要委屈自己而迫切谋求合作呢?

生:我认为是因为二战后的世界格局发生了根本变化。两次世界大战直接导致欧洲迅速衰弱,特别是二战,欧洲无论是战胜国还是战败国,都成了一片废墟,世界政治权力的中心已经不在欧洲,而是取决于二战中迅速崛起的美国和苏联。雅尔塔会议所确立的世界格局,在战后不久很快演变成了美苏争霸的冷战局面,1946年丘吉尔的富尔敦演说标志着冷战拉开序幕,其后杜鲁门主义的出台则意味着冷战的正式开始,而后美国实行的马歇尔计划,一方面使西欧获得了生存和发展急需的经济外援,另一方面也把他们推到了美苏对峙的前沿阵地。

图3

师:这位同学回答得非常好,学有所用,融会贯通。(出示图3)这是一幅描绘二战后国际局势的漫画,从作者描绘的画面看,当时西欧可能面临怎样的形势?

他们的反应如何?

生:从画面看,中间由两个对话的小人组成,代表的是欧洲,两旁标有国旗的导弹,分别代表美国和苏联两强。从它们的位置可以看出,此漫画想表达的是西欧国家正处于美苏两强争霸的夹缝之中,而从欧洲的代表形象看,也暗示了西欧可能的应对之策是通过对话协商联合形成一体以抗衡美苏两强。

师:这位同学观察得很仔细,分析得也非常好。那么,当时欧洲究竟是不是这样想的呢? 我们来看一则材料:

材料 1:如果我们欧洲人不想在起了根本变化的世界上走下坡路的话……欧洲的联合是绝对必要的,没有政治上的一致,欧洲各国人民将沦为超级大国的附庸。

——[德]康拉德·阿登纳,《阿登纳回忆录》,上海人民出版社 1976 年版

材料中的阿登纳是二战后联邦德国的首任总理。他回忆录中的这段话表明他们面临怎样的困境,他们想如何应对?

生:从材料看,欧洲面临着美苏两个超级大国的威胁,他们想通过政治上的联合来应对。

师:这是德国政治家的想法,那么面对两强的威胁,西欧其他国家又有何应对的想法呢? 再看一则材料:

材料 2:为了适应时局的变化,抵御外来的威胁……西欧各国应该把各自的努力化为全欧洲的共同努力。只有成立西欧联邦,才能把共同的努力变成现实。

——[法]让·莫内,《欧洲第一公民:让·莫内回忆录》,成都出版社 1993 年版

生:和德国的想法相近,法国的政治家也想通过联合形成一股力量以抵御两强的威胁。

师:由此可见在 20 世纪 50 年代,面对美苏两强的威胁,欧洲大国的政治家们已经强烈地意识到,欧洲必须联合,必须形成一支独立一体的力量以抵御美苏的威胁。那么,如果西欧想要联合,其最大的障碍是什么?

生:欧洲两个大国法国和德国之间的历史矛盾。

师:(出示材料 3)这是纪录片《大国崛起》中历史学者统计的一组数据,从数据看,历史上的法德矛盾已经达到何种程度呢?

材料 3:从公元 814 年到 1945 年的 1100 多年中,法国和德国一共打了 200 多场战争,平均 5 年就开战一次。二战爆发前的 70 年间就打过 3 次重大战争。

——摘自纪录片《大国崛起》

生:宿怨深厚。

师:所以,要排除障碍,实现法、德和解谈何容易! 但是从上述三则材料来看,法、德两国持续对抗了几个世纪的最终结果是什么?

生:让他们两败俱伤,"走下坡路",还有将沦为美苏附庸的危险。历史的惨痛教训,无疑让德、法两国都认识到:对抗,不仅削弱了自己,而且还削弱了欧洲。强烈的危机感激起了他们要联合起来求生存求发展的强烈意愿。

师:虽然和解困难重重,但是意愿却是异常强烈。所以,要排除西欧联合的最大障碍,法、德两国需要有相逢一笑泯恩仇的政治智慧。这种政治智慧的关键在哪里?

生:这种政治智慧的关键所在就是寻找联合的契机。

师:你真有智慧! 那么,这个联合的契机在哪儿呢? 谁又能找得到呢? 这就是让·莫内的伟大贡献。

据让·莫内回忆录记载,1950 年春,让·莫内在阿尔卑斯山区步行,集中静思欧洲的前途:1949 年以来冷战的升级;由于美国经济进入萧条期,即将结束的马歇尔计划不可能延长;联邦德国成立,引发法国公众舆论开始担忧德国威胁的重演……莫内敏锐地感觉到,上述因素的相互作用,提供了欧洲走向联合的机遇……莫内迅速返回巴黎,与助手立即起草了一个方案,要旨是将法、德煤炭和钢铁资源共同置于一个"超国家机构"的监督管理下,同时邀请其他欧洲国家自愿参加。这个计划就是日后著名的《舒曼计划》。

1950 年 5 月 9 日,当法国外长舒曼向世人公布了这一惊人计划时,随即得到了联邦德国总理阿登纳的认可。舒曼在他的计划中有过这样一段有关"欧洲煤钢联营"的评价,"不仅使(法德)战争是不可能想象的,而且在物质上也是不可能"。你是如何理解这段话的?

生:煤和钢铁生产是军事工业生产必不可少的两个部门,如果将它们置于一个超国家机构控制之下,便可以有效地对参与国的战争动向进行监视,因而能大大减少参与国之间发生战争的可能条件。另外,经济联系的加强本身就具有阻止战争爆发的作用。

师:分析得很好! 欧洲煤钢联营,给法、德两国的和解提供了谋求妥协的极好契机。也正如图 1 邮票中让·莫内伸出和解之手的寓意一样,法、德的和解,也为西欧各国在危机中合作、走向一体化打开了大门。戴高乐就曾对阿登纳说过:"我们并非翻过一页,而是共同开启一扇大门。"

60 多年前,面对存亡危机,西欧各国寻求妥协,开始走向联合;60 多年后,面对债务危机,欧洲国家又将如何选择呢?

答案似乎就在我们对历史的反思之中——不失时机地妥协和联合。

从不同的时间、空间或群体的视角分析历史问题

——以《全球性问题的挑战》为例

华东师大三附中　李代友

目标内容:从不同的时间、空间或群体的视角,分析、综合、比较、归纳基本史实和相关问题。

历史就是人类过往发生的事实。但是人类过往发生的历史事实庞杂、丰富,真正得以记载、保存下来的历史事实是极其有限的、碎片化的。我们所看到的历史多是历史学家利用记载保存下来的历史,或者是碎片连接和联想出来的过往画面。

可见,完全客观地再现历史原貌已经不可能,遗存的历史事实也很大程度上受到记录者和历史学家的主观影响。英国历史学家卡尔认为,我们看到的历史,其实是"历史学家与历史事实之间连续不断的、相互作用的过程,就是现在与过去之间永无休止的对话"。(卡尔,《历史是什么》,商务印书馆 2010 年版,第 96页)

正因为历史的这个特性,绝对客观、真实的历史不可能再现。因为时间、空间或群体的视角不同,会对史料的选择、分析、研究、解释产生很大影响,从而使人们对同一历史事实得出完全不同的历史认识。

一、时间和时间的视角

所谓时间,即是所处的时代。无论是历史学家研究历史,或者是普通人学习、认知历史,都会受到所处生活时代的影响。这种影响是与时俱进、不断发展的,对于同样的基本史实和相关问题会有不同的看法,甚至形成截然相反的视角。

如对于"恐怖主义",不同的时代就有不同的认识和评价。在古代,"恐怖"这一概念本身并无所谓正义与非正义之分,经常被当作实施恐吓性"对

外"政策的一种手段,是一个有效的政治工具,是强势团体与弱势团体都可能使用的方式。最为典型的就是"荆轲刺秦王","风萧萧兮易水寒,壮士一去兮不复还"流传了千年,荆轲那种视死如归的英雄气魄一直为人们赞颂。

到了近代,随着民族观念逐渐加深,为了本民族利益或为了反抗民族压迫而进行的恐怖活动逐渐上升。如法国大革命时期,为了镇压反革命,革命者们实施了严厉的恐怖政策。

在当代,由于南北关系恶化、发展中国家贫穷状态的加剧和全球化背景下民族国家的内部分裂等原因,产生了恐怖主义狂热势力,主要表现为团体或个人的反政府、反社会的暴力行为。当前国际恐怖势力,已经成为人类的公敌,对人类社会的文明带来极大的挑战。(张家栋,《恐怖主义的概念分析》,《世界经济与政治》2003 年第 3 期)

不同的时间,因为社会经济状况的变化,也会导致人们对同一问题产生不同的看法。

如人们对待工业化的态度。在工业化初期,由于当时社会生产力的低下和对物质财富的渴望,人们对工业革命带来的巨大社会财富给予极大的颂扬,认为工业化带来了社会的巨大进步,使人类从传统农业社会进入现代工业社会。但时至 20 世纪中后期,伴随大规模工业化而产生的日益严重的大气、海洋和陆地水体等环境污染,大量土地被占用,水土流失和沙漠化加剧等,对社会、自然、生态造成巨大破坏,甚至危及人类自身生存,引起人们对工业化的批判和反思,主张限制或改进工业化。

2002 年,面对工业化带来的严峻挑战,我国提出了"走新型工业化道路"的重要战略。党的十六大对新型工业化道路做了具体的阐述:实现工业化仍然是我国现代化进程中艰苦的历史性任务。信息化是我国加快实现工业化和现代化的必然选择。坚持以信息化带动工业化,以工业化促进信息化,走出一条科技含量高、经济效益好、资源消耗低、环境污染少、人力资源优势得到充分发挥的新型工业化路子。

新型工业化道路的选择,表明了我国对传统工业化道路的批判、反思后的理性选择。

另外,不同的历史时期,由于史料的占有情况不同,也会导致对同一问题的不同认识。

如 20 世纪 90 年代,由于苏联的解体,苏联关于冷战和中苏关系的大量历史档案解禁,进入历史学家的视野。华东师范大学的沈志华教授利用这些宝贵的档案,揭开了冷战时期和中苏关系的诸多历史谜团。

二、空间和空间的视角

空间是与时间相对的一种物质客观存在形式,空间有宇宙空间、网络空间、思想空间、数字空间、物理空间等。这里我们探讨的应该是地理学意义上的空间,即人们生活的地理上的地域或区域。人们生活在不同地理环境下的区域,如城市、乡村,或沿海、内陆,或国内、国外,必然会对其经济生活、观念、视野带来很大的制约和影响,从而导致人们对相同的历史事件或问题产生不同的视角,形成不同的看法。

如全球气候变暖给世界带来极大挑战。1992年,150多个国家在里约热内卢签署《气候变化框架公约》,标志着人类控制温室气体排放的进程正式启动。1997年12月,联合国气候变化框架公约参加国三次会议在日本京都又制定了《京都议定书》,规定从2008年到2012年期间,温室气体排放量在1990年的基础上平均减少5.2%。

然而,不同处境的国家对待公约却采取了不同的做法。

美国人口仅占全球人口的3%至4%,而排放的二氧化碳却占全球排放量的25%以上,为全球温室气体排放量最大的国家。美国曾于1998年签署了《京都议定书》。但2001年3月,美国布什政府以"减少温室气体排放将会影响美国经济发展"和"发展中国家也应该承担减排和限排温室气体的义务"为借口,宣布拒绝批准《京都议定书》。

对于海拔低、生态环境脆弱的国家,强烈希望国际社会履行国际公约,减少温室气体排放。南太平洋上的美丽岛国图瓦卢很可能成为首个"沉没"的国家。该国气象局推算,50年之后,海平面将上升37.6厘米,这意味着图瓦卢至少将有60%的国土彻底沉入海中。由于气温的上升,坐落于印度洋上的"世外桃源"马尔代夫消亡时间屈指可数。2009年10月17日,马尔代夫内阁召开世界首次"水下内阁会议",凸显全球变暖对这个国家的威胁。

从以上材料我们可以看到,面对全球气候变暖带来的生态环境的挑战,处在不同地域的国家,由于它们承担了不同的国际责任和义务,在气候变暖的生态环境中的处境不同等原因,在减少温室气体排放的问题上就采取了不同的态度和政策。

三、群体和群体视角

群体,也称为社群,是一群彼此有着一定共同利益而且互动着的人群。在人类社会中,不同的社会群体,有着自己的行为规则。各类社会群体出于各自的利益,对同一历史事件,会有不同的历史视角,产生不同的行为。

如震惊世界的"9·11"事件遭到反对恐怖主义人们的坚决反对,这种殃及无辜的恐怖主义行为是反人类的行为。但是,以本·拉登为首的"基地"组织却认为是所谓"圣战"行为。1988年,当时还是美国副总统的布什,在一封致美国人民的公开信中说道:"对所有读这本书的人来说,恐怖分子就是攻击我们所珍视的制度和亵渎我们价值观的罪犯,这一点是非常清楚的。"(张家栋,《恐怖主义的概念分析》,《世界经济与政治》2003年第3期)

"9·11"事件是反对恐怖主义的人们坚决反对的恐怖主义行为,但是在伊斯兰极端主义者看来却是"圣战"行为。

再如1992年是哥伦布发现新大陆500周年纪念年,许多国家纷纷举行纪念活动,联合国教科文组织欲把哥伦布发现新大陆的日期作为全球节日,但最终因引起美洲印第安人后裔强烈不满和坚决反对而作罢。

哥伦布发现美洲,开辟新航路,把美洲带入近代文明,也为欧洲资本主义的崛起提供了资本和市场,开启了经济全球化、一体化的新时代。对欧洲人来说,哥伦布发现新大陆完全值得纪念。但是哥伦布发现美洲的同时也给美洲带来了欧洲殖民者,殖民者在美洲残酷屠杀美洲印第安人,大肆掠夺财富。对美洲印第安人来说,这就是一场巨大的灾难。所以,纪念哥伦布遭到了美洲印第安人后裔的坚决反对。

四、坚持唯物史观和实事求是

从不同的时间、空间或群体的视角来看待历史,是看待历史的科学方法。人们看待历史的观点会随着生活时代的变迁、科学技术的进步、社会观念的更新、历史研究的深入而发生变化,这种变化是永恒的发展。

人们看待历史的观点还会因为所处的空间或群体而不同,这是因为空间或群体可能拓展,也可能束缚了人们看待历史的观点,使得人们看待历史的观点受到空间或群体印记和利益的影响,或是全面,或是片面。

我们必须在唯物史观指导的前提下,坚持实事求是的原则,具体历史事件具体分析,从不同的时间、空间或群体的视角,用分析综合、比较归纳的方法,去伪存真、去粗取精,正确看待基本史实和相关问题。

五、实施案例

目标1:从不同时间的视角,分析综合评价历史问题。

师:自从2001年"9·11"事件及随后美国发起的阿富汗反恐战争以后,"恐怖主义"成为我们这个时代公众非常熟悉的词语。那么,什么是"恐怖主义"呢? 请看下面一段材料:

材料1:恐怖主义是对各国政府、公众或个人使用令人莫测的暴力、讹诈或威胁,以达到某种特定目的的政治手段。各种政治组织、民族团体、宗教狂热者、革命者和追求社会正义者,以及军队和秘密警察都可以利用恐怖主义。

——《简明不列颠百科全书》,简明不列颠百科全书出版社 1985 年版

师:从这个定义来看,恐怖主义有哪些特征呢?

生:恐怖主义的目的是特定的政治目的,恐怖分子使用的手段是暴力、讹诈、威胁,攻击的目标是政府,或无辜的公众、个人,实施的主体是各种政治组织、民族团体、宗教狂热者、革命者和追求社会正义者。

师:当今比较突出的恐怖组织有哪些?

生:有"基地组织""伊斯兰国"等。

师:是的。事实上,恐怖主义是一个比较复杂的概念,不同的国家站在自己的角度,对恐怖主义有不同的界定。另外,作为一种人类的冲突形式,恐怖活动也有很长的历史。东西方的古代历史中都有典型的恐怖刺杀活动,如中国古代的"荆轲刺秦王",罗马史上的"刺杀恺撒"等。请同学们看一段材料:

材料2:在这两次革命中,资产阶级都是实际上领导运动的阶级。无产阶级和那些不属于资产阶级的城市居民阶层,不是还没有与资产阶级不同的任何单独的利益,就是还没有组成为一些独立发展的阶级或一个阶级的几个部分。因此,在它们起来反对资产阶级的地方,例如 1793 年和 1794 年在法国,它们只不过是为实现资产阶级的利益而斗争,虽然它们采用的是非资产阶级的方式。全部法兰西的恐怖主义,无非是用来消灭资产阶级的敌人,即消灭专制制度、封建制度以及市侩主义的一种平民方式而已。

——马克思,《资产阶级和反革命》,《马克思恩格斯全集》(第一卷),人民出版社 1995 年版,第 319 页

师:马克思谈到的 1793 年和 1794 年的恐怖主义指的是什么?

生:应该是指法国大革命中雅各宾派的革命恐怖主义。

师:很好。马克思对此的态度如何呢?

生:他认为是"用来消灭资产阶级的敌人,即消灭专制制度、封建制度以及市侩主义的一种平民方式"。

师:是的。在法国大革命中,马克思认为革命恐怖主义也是一种反封建的革命方式。事实上,在近代的资产阶级、无产阶级革命中,革命恐怖主义都曾经是一种革命的手段。

二战结束后,恐怖主义一度也成为被殖民、被剥削民族争取民族独立和解放的斗争方式。在当今,由于南北关系恶化、发展中国家贫穷状态的加剧和全球化背景下民族国家的内部分裂等原因,产生了恐怖主义狂热势力。

目标2:从不同空间或群体的视角,比较归纳历史问题。

师:请看以下材料。

材料1:在菲律宾马克坦岛上航海家麦哲伦遇难的地方,有一座纪念亭,亭中立有一块石座铜碑。碑的正面有这样的文字:"费尔南多·麦哲伦。1521年4月27日,费尔南多·麦哲伦死于此地。他在与马克坦岛酋长拉普拉普的战士们交战中受伤身亡。麦哲伦船队的一艘船——维多利亚号,在埃尔卡诺的指挥下,于1521年5月1日升帆驶离宿务港,并于1522年9月6日返抵西班牙港口停泊,第一次环球航海就这样完成了。"

这块碑的背面,则刻着另一段文字:"拉普拉普。1521年4月27日,拉普拉普和他的战士们,在这里打退了西班牙入侵者,杀死了他们的首领——费尔南多·麦哲伦。由此,拉普拉普成为击退欧洲人侵略的第一位菲律宾人。"

1521年,麦哲伦带领环球航行船队在菲律宾马克坦岛与土著人发生冲突,酋长拉普拉普率领土著人打败麦哲伦船队并杀死了麦哲伦。纪念碑正面和背面镌刻的文字都包含着对逝者的价值评价,其依据有何不同?

生:纪念碑正面的文字是对麦哲伦的评价,评价依据是他领导了第一次环球航行,对人类文明做出了贡献。纪念碑背面的文字是对拉普拉普的评价,评价依据是他领导反侵略斗争,对祖国做出了贡献。

师:很好。同一历史事件,为何评价会如此不同?

生:因为评价人站的地位和视角不同,正面文字的评价是站在麦哲伦环球航行对近代化和全球化影响视角;背面文字的评价是站在菲律宾土著人的视角。

教师:是的。同一历史事件,由于人们政治立场、社会地位、需求等的不同,会导致对历史事件的价值判断不同,这就是我们说的从不同的空间或群体的视角,分析综合、比较归纳基本史实和相关问题。

生:是的。同样的例子还可以看教材第73页的关于全球温室效应问题。

材料2:1994年签署的《气候变化框架公约》,标志着人类控制温室气体排放的进程正式启动。1997年12月在日本京都由联合国气候变化框架公约参加国三次会议又制定了《京都议定书》,规定从2008年到2012年期间,温室气体排放量在1990年的基础上平均减少5.2%。由于各国在面临全球温室效应问题上境遇不同,也导致它们在减排问题上的态度不同。对于海拔低、生态环境脆弱的国家,强烈希望国际社会履行国际公约,减少温室气体排放;而有的发达国家,如美国,以减排会影响国家经济为由而拒绝批准《京都议定书》。

生:这也可以说明从不同的时间、空间、群体的视角,对相关问题的看法不同。

师:说得很好,同学们已经会进行模仿和迁移了。

第六篇　走向伟大复兴的中华民族

从新民主主义向社会主义的过渡：中华人民共和国的成立开启了民族复兴的新里程；土地改革、统一财经、抗美援朝巩固了新生政权，鼓舞了人们走社会主义道路的热情和信心；在过渡时期总路线指导下，"一五计划"实施，"三大改造"完成，社会主义工业化基础初步奠定；《中华人民共和国宪法》的颁布，预示中国步入了社会主义阶段。

社会主义建设的探索与曲折：1956—1966年，中国社会主义探索取得了相当成就，却付出了惨痛代价；"三面红旗"取代了"八大"方针，浮躁、冒进、贪功造成了空前的恶果；国民经济的调整由于"以阶级斗争为纲"而中断，"十年动乱"给国家和民族造成了深重的灾难。

中国特色社会主义事业的开拓：以十一届三中全会为起点，中国进入改革开放和中国特色社会主义现代化建设时期；从家庭联产承包责任制到城市经济体制改革，社会生产力空前解放，人民生活水平显著提高；"一国两制"解决了香港、澳门回归问题。

中国走向世界：独立自主、求同存异、和平共处的外交政策，使中国冲破封锁，融入世界；从万隆会议到重返联合国，从中美、中日关系正常化到加入世贸组织，中国国际地位不断提高；冷战结束后，中国拓展多边外交，展示了一个负责任的大国形象。

选择视角有效评价历史事件

——以《中国从新民主主义向社会主义过渡》为例

宝山区教师进修学院　唐向东

闸北区教育学院　徐　洁

目标内容：从自然环境、经济状况、政治形态、文化传统、社会生活、时代特征的视角，评价历史事件的联系、作用与影响。

一、从不同的视角来评价历史事件有助于提高学生历史思维品质

中学历史是一门以人类发展历程为重要史实，基于唯物史观的立场、观点和方法，以及人们对历史的认识为学习内容的课程。中学历史学科并不仅以传授已知史实为目标，而是需要运用史学思想方法，来"引导学生……揭示史实形成和史实之间的逻辑关系，以唯物史观观察、分析、解决历史问题，由此逐步形成历史学习中的证据意识、逻辑意识和科学意识，提升历史思维的品质"。（上海市教育委员会教学研究室，《上海市高级中学历史学科教学基本要求》，华东师范大学出版社2010年版）由此可见，中学历史学科的核心目标就是要提高学生的历史思维品质与解决历史问题的能力。

在众多历史思维品质与解决历史问题的能力中，从不同的视角来评价历史事件的联系、作用与影响，是在新情境中，借助史料观察、思考和解决历史及其相关问题的重要方法之一。

二、不同的视角的内容

自然环境、经济状况、政治形态、文化传统、社会生活、时代特征等因素对历史事件的发生和发展具有重要的影响。但是从历史时段而言，"自然环境、文化传统、社会生活"等视角重视的是历史演进中的长时段视角，"经济状况、政治形态、时代特征"等视角侧重的是历史演进中的短时段视角。从历史解释而言，从"自然环境、经济状况、政治形态、文化传统、社会生活"等视角评价历史事件，采用的是分析

的视角或方法,而"时代特征"的视角则需要对"自然环境、经济状况、政治形态、文化传统、社会生活"等方面的特点、表征进行概括,是综合的视角或方法。

1. 自然环境视角

自然环境是社会环境的基础,社会环境又是自然环境的发展。自然环境是环绕人们周围的各种自然因素的总和,是生物赖以生存的物质基础。从人类历史诞生的第一刻起,一切活动都是在特定的自然环境中进行的,人类文明的形成和发展也是人类在自身演进的同时能动地适应自然环境的过程。在一定的自然环境制约下,产生的人类文明具有一定的区域特征,形成不同的生产、生活形式和思维方式。因此,自然环境是经济状况、政治形态、文化传统、社会生活、时代特征等因素形成的基础。

值得注意的是,伴随着社会生产力的进步,自然环境对人类社会发展的影响也在不断发生着变化。

> 如在古代社会,由于社会生产力水平低下,人类与自然环境的关系基本表现为利用自然、依赖自然。早期区域文明的特征与自然环境的特点紧密相联,形成了大河文明、草原文明、海洋文明等早期文明类型。在此基础上,形成了以农业、畜牧业、商业为主的经济生产方式,以及一系列相应的政治、文化、社会生活等特点。

因此,在评价古代历史时期的历史事件时,自然环境是个非常重要、不可或缺的评价视角,而且是基础视角。进入近现代社会后,社会生产力不断发展,人类征服自然、改造自然的能力在不断增强,自然环境对人类社会活动的影响力也在不断降低,有时甚至被省略。然而,随着社会不断进步发展,尤其现代,用自然环境视角来评价历史事件仍显得特别重要。

2. 经济状况视角

经济状况是社会生产力发展的集中表现。

恩格斯指出:"我们自己创造着我们的历史,但是第一,我们是在十分确定的前提和条件下进行创造的。其中经济的前提和条件归根到底是决定性的。"(《马克思恩格斯选集》(第四卷),人民出版社2012年版,第477—478页)

在人类历史演进的过程中,生产和再生产的经济因素起着决定性的作用,反映了当时历史,也影响着政治、文化、社会生活等的发展。无论发生在哪一时期的历史事件,都离不开经济因素的制约与作用。

> 如新航路开辟以后,欧洲的主要商道和贸易中心从地中海区域转移到了大西洋沿岸。英国利用有利的地理位置拓展对外贸易,进行殖民掠夺。在此期间,制造业等工场手工业得到很大发展,还出现了采用资本主义经营方式的

牧场和农场。由工场主、商人、银行家和农场主等组成的新兴资产阶级成长起来。有些贵族虽然保留着贵族头衔，却也从事一些资本主义性质的经济活动，成为新贵族。

17世纪时，英国国王竭力推行封建专制，鼓吹"君权神授"，认为国王的权力是神授予的，不可违抗，斯图亚特王朝的封建专制阻碍了英国资本主义的发展。资产阶级和新贵族的权利受到侵害，他们利用议会同国王展开斗争，最终爆发了英国资产阶级革命。

再如中国土地改革。1950年6月30日，中央人民政府根据新中国成立后的新情况，颁布了《中华人民共和国土地改革法》，它规定废除地主阶级封建剥削的土地所有制，实行农民的土地所有制。同年冬天起，没收地主的土地，分给无地或少地的农民耕种，同时也分给地主应得的一份，让他们自己耕种，自食其力。《中华人民共和国土地改革法》公布以后，在3.1亿人口的新解放区分期分批地有计划、有领导、有秩序地开展了土改运动。近三亿无地少地的农民，分到了七亿亩土地和大量的农具、牲畜和房屋，解放了农村生产力，发展了农业生产，巩固了新生的人民政权，也为新中国的工业化开辟道路。

以上英国资产阶级革命爆发和中国土地改革的例子都是以经济状况为主要视角，来看待历史事件的联系与影响，前者是经济发展推进政治变革，后者是政治变革推进经济发展。所以，具体问题要具体分析。

3. 政治形态视角

政治形态是自然环境、经济状况、政治形态、文化传统、社会生活、时代特征等视角中的主要视角，是人类历史发展到一定时期产生的一种重要社会现象。

1953年，党中央提出了过渡时期的总路线，是以"一化三改造"为核心内容的总路线，即要在一个相当长的时间内，一是逐步实现社会主义工业化，这是总路线的主体；二是逐步实现对农业、手工业和资本主义工商业的社会主义改造，这是总路线的两翼。这两个方面互相联系、互相促进、互相制约，体现了发展生产力和改革生产关系的有机统一，是一条社会主义建设和社会主义改造同时并举的路线。

我们从政治形态的视角来看待这段历史，就会明显地看到国家政权力量对社会改变的重大作用。到1956年，"一化三改造"基本完成，为在我国建立社会主义基本制度奠定了经济基础，也保证了新中国的社会主义方向。

4. 文化传统视角

文化传统是贯穿于民族和国家各个历史阶段的各类文化的核心精神，它也是人类在社会活动中创造的物质财富和精神财富的总和。每一个民族、每一个国家的文化既因时因地而异，又有一定的稳固性和延续性，这就是文化传统所起的作用。

以第16课"新中国的诞生"为例，"西藏和平解放"和"抗美援朝"两目是新中国成立后关于祖国领土完整的两件大事。"和平解放是西藏历史发展的重要转折点。""抗美援朝战争的胜利，打破了美国军队不可战胜的神话，空前提高了中国的国际地位和威望，维护了亚洲和世界和平，为新中国的社会改革和经济建设赢得了相对稳定的和平环境。"（《高中历史》第六分册，华东师范大学出版社2013年版，第77—78页）

如果透过表面，从文化传统视角来看待这两件大事，我们就应该让学生知道，中华民族有着坚决维护国家统一、勇敢反抗侵略的优良传统，这是千百年来世代相传的民族精神。

5. 社会生活视角

社会生活以一定的社会关系为纽带，由社会的经济、政治、文化、心理、环境诸因素综合作用，形成一系列复杂的、多层次的社会现象。社会生活视角具有广泛性，很多人都有身历其境的感觉，并且会随着时代的变化而变化。

第17课"国民经济的恢复"中有一张插图"上海市民将黄金、银元兑换成人民币存入银行"（左图），就是用了社会生活视角来看待新中国，说明了党中央统一全国财政经济的重大作用，胜利意义"不下于淮海战役"。（《高中历史》第六分册，华东师范大学出版社2013年版，第81页）

在中学历史学习过程中，往往需要我们从当时人们的衣食住行等基本生活方面来评价历史事件的联系、作用与影响，进而折射出历史事件的本质，更加具有求历史之通的作用。

6. 时代特征视角

时代是人类社会发展过程中的不同的历史阶段。时代特征是指与特定时代相适应的国际政治经济关系的基本状态，以及由世界的基本矛盾所决定和反映的基本特征。由于划分的依据不同，人们对时代以及时代特征的认识也有所区别。

从本质意义上说，自然环境、经济状况、政治形态、文化传统、社会生活等视角，都是时代特征视角的局部反映,发生在不同时代下的历史事件,不可避免地会带有这个时代在自然、经济、政治、文化、生活等方面的特征。因此,在从自然环境、经济状况、政治形态、文化传统、社会生活等视角来评价历史事件的同时,势必需要结合时代特征视角。

三、结合教学和学情进行有效评价

评价历史事件可以从自然环境、经济状况、政治形态、文化传统、社会生活、时代特征的视角进行评价,这样不但有视角和抓手,而且也会比较完整,对培养学生的学习思维能力具有积极的作用。但是,我们不能为评价而评价,需要结合历史教学实际和学生的情况进行,可以是从一种视角进行评价,也可以从多种视角开展综合评价。在具体进行评价时要注意视角与历史事件、视角与视角之间的逻辑关联,以提高评价的有效性。

有效评价历史事件的联系、作用与影响,不论是从自然环境、经济状况、政治形态的视角,还是用文化传统、社会生活、时代特征的视角,都要坚持唯物史观,坚持实事求是。

如评价"社会主义改造"这一历史事件时,从政治形态视角出发,其作用是为我国建立社会主义基本制度奠定了经济基础,预示着以 1956 年为分水岭,中国结束过渡时期,从新民主主义社会进入社会主义社会时期。但是,从经济状况视角来看,这一场改革虽然促进了工农业和整个国民经济的发展,但由于在改造过程中有要求过急、工作过粗、改变过快、形式过于简单划一等弊病,这些问题的存在对中国之后的社会主义经济发展还是产生了相当大的负面影响。

四、实施案例

目标 1:从政治形态、文化传统、时代特征的视角,评价历史事件的影响。

师:新生的共和国政权面临着巨大的挑战。从经济的角度而言,需要面对严重的经济困难。党中央统一了全国财政经济,稳定了社会秩序,打赢了一场"不下于淮海战役"的经济战。而对新解放的农村,又存在着巨大的挑战。

材料 1:当中华人民共和国于 1949 年 10 月 1 日正式成立时,国家的新领导面临一些棘手的问题。社会和政体四分五裂,公共秩序和风气已经败坏,被战争破坏的经济遭受严重的通货膨胀和失业的折磨,中国根本的经济和军事落后性给社会精英争取国家富强的目标造成了巨大的障碍。

——[美]R.麦克法夸尔、费正清编,《剑桥中华人民共和国史——革命的中国的兴起(1949—1965)》,谢亮生等译,中国社会科学出版社 1990 年版,第

55 页

师：这是一段西方学者对新中国建立初期的论述。如果从视角的角度来说，他是从哪个视角来论述的？

生：是从时代特征的视角来论述的。

师：从时代特征视角来看，新中国在"争取国家富强的目标"中有哪些"巨大的障碍"？

生：社会和政体分裂，公共秩序和风气败坏，严重的通货膨胀和失业。

师：回答正确。那么在农村表现如何呢？

材料 2：国民党在农村的失败是由于当局——无能力保证农民的土地、安全和食物——极大地削弱了农民对政府所持有的尊敬。这就意味着政府正失去合法性。沉重的经常性的苛捐杂税、腐败、绝大部分官员所显示出来的倾向地主阶级反对佃农的偏见，所有这些都削弱了政府的权威及其合法行动的社会价值。结果，农民们不是非难，就是躲避征税和征兵官员。

——[美]易劳逸，《毁灭的种子：战争与革命中的国民党中国》，江苏人民出版社 2009 年版

师：在这段文字中，西方学者从哪个视角分析了国民党失败的原因？

生：从政治形态视角来论述的。

师：在西方学者看来，国民党失败的原因是什么？

生：国民党当局因"无能力保证农民的土地、安全和食物"，失去其合法性。

师：对，得民心者得天下！解放区又是怎样的现象呢？

材料 3：与之相比，在共产党地区，可能大多数农民仍然是完全不关心政治的，但他们倾向于与这个政权合作。一些人，尤其是青年人，则积极地支持共产党人。

——[美]易劳逸，《毁灭的种子：战争与革命中的国民党中国》，江苏人民出版社 2009 年版

师：农民对解放区政权是怎样的态度？

生：合作、支持。

师：为何有这么大的差别？其中的原因是什么？

生：解放区实施了土地改革。

师：对。左图图片中的文字是什么？

生："实现耕者有其田"。

师:从"文化传统"的视角来看,反映了中国农民的什么思想传统?

生:需要土地。

师:是的。在自给自足自然经济占主导的农村,土地是农民最基本的生产资料,是生存和生产的基础。对农民来说,拥有土地是其实现美好生活的现实追求。

目标2:从文化传统的视角,看历史事件的影响。

师:木刻版画是我国的传统文化的一个表现内容。

材料1:木刻版画《争阅土地改革法》(朱宣咸1950年作,右图)

师:从版画中,我们看到了农民对土改是怎样的心情?

生:喜悦、拥护。

师:对。这是艺术家从木刻版画艺术的视角,来折射时代的重大事件,表达了农民的情感和态度倾向。我们也可以从历史照片看到这一重大事件的影响。

材料2:干部向群众宣传《土地改革法》(左图)

生:照片中反映了农民的情感和态度更加真实的写照。

师:新中国成立以后,在新解放区有3亿1千多万人口尚未进行土地改革。根据《共同纲领》第三条关于"有步骤地将封建半封建的土地所有制改变为农民的土地所有制",第二十七条"必须保护农民已得土地的所有权……实现耕者有其田"的规定,中央人民政府毛泽东主席于1950年6月30日颁布了《中华人民共和国土地改革法》。具体如何推行呢?至1952年底,土改工作基本完成,3亿无地或少地的农民分得了约7亿亩土地和其他生产资料。

(说明:以上实施案例只是文化传统中传统文化的一个表现内容,与目标内容中文化传统内容是有区别的)

目标3:从经济状况、政治形态、社会生活等视角,评价土地改革的作用与影响。

师:土地改革让农民分到了土地、耕畜、农具、粮食、房屋等,请看照片。

材料1：农民冶金财第一次在自己的土地上劳动。

师：这是摄影记者茹遂初在1951年拍摄的照片，青海民和县磨沟村回族农民冶金财在土改中分得水地二亩五分，这是他第一次在自己的土地上劳动。同学们能否尝试分别从经济状况、政治形态、社会生活等视角，来提取照片所能够反映的时代特征？

生：土地改革是把地主的土地分给无地少地的农民，土地所有制从地主土地所有制改变为农民土地所有制，其私有制的性质没有改变，但初步实现了中国农民千年的梦想——"实现耕者有其田"，消灭了封建剥削制度。

生：从照片农民的生产工具来看，农民使用畜力和人力耕地，说明土地改革不能改变原有生产方式，依然是小农生产方式。

生：照片反映的是新中国成立后中国农村推行土地改革这一历史事件。从人物面露笑容和"毛主席万岁"标语来看，土地改革得到了农民的拥护和支持。

师：那么时代特征呢？同学们还可以看教材82页上《分到土地的农民》照片。

材料2：《土地所有权证》（右图）。

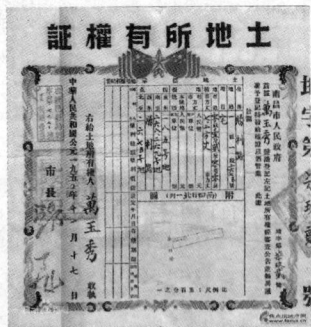

师：这是一张什么证书？

生：土地所有权证。

师：谁颁发的？

生：南昌市人民政府。

师：结合教材82页的1951年发给农民的土地、房产证，试从政治形态的视角说明为何要发这样的证书？

生:证书在法律上保护了农民在土地改革后获得的生产资料和生活资料的合法性。

师:回答得很好!

材料3:年画《领地契》(刘子久,1951年,右图)。

材料4:1949—1952年我国主要农产品产量增长情况

项目	1949 年产量	1952 年产量	1952 年比 1949 年增长(%)
粮食	2263.6 亿斤	3278.3 亿斤	44.8
棉花	889 万担	2607.4 万担	193.3

师:从材料来看,土地改革后出现了怎样的情况?

生:土地改革后,农民的生产积极性得到提高,我国农业经济得到恢复,农产品产量得到大幅度增长,农民对新政权积极拥护。

师:同学们对时代特征的归纳很好!顺着这个思路,我们能否对新中国初期的土地改革的作用和影响做一个评价?(教师可以根据教学情况,提示学生从政治形态、经济状况、社会生活等视角,评价土地改革的作用与影响)

生:土地改革的推行和完成,实现了中国历史上土地制度的变革,从地主土地所有制改变为农民土地所有制。

生:实现了中国农民"耕者有其田"的梦想,极大调动了农民的生产积极性,有利于农业经济的恢复和发展,改善了农民的生活。

生:党中央颁布了《土地改革法》,推行土地改革,又从法律上对土地改革的成果予以保护,得到了农民的积极拥护。尤其是对新解放地区的管理得以加强,巩固了新生的人民政权。

生:但是,短短几年时间,土地改革没有也不可能改变中国依然落后的农业生产方式,小农生产方式不能实现新中国的富强,新中国的建设道路依然漫长。

师:同学们评价了土地改革对当时的作用。从长远来看,还有哪些影响呢?

生:从政治形态视角来看,土地改革后土地私有的性质依然没有改变。但是人民政权得到了农民的拥护和支持,有利于以后对农业的社会主义改造。

生:从经济状况视角来看,农业经济的恢复和发展,为以后工业化提供了物质条件。

生:从社会生活角度来看,土地改革给农民有了翻身当主人的幸福感,生活改善了。除了对人民政权的极大拥护和感恩外,进一步激发了农民对新生活的期望。

汲取"有意史料"与"无意史料"蕴含的主要信息

——以《中国社会主义建设的探索与曲折》为例

复旦实验中学　黄青涛

内容要求:懂得"有意史料"与"无意史料"的主要区别,能汲取它们蕴含的主要信息。

一、"有意史料"与"无意史料"

历史是发生在过去的事情,我们要认识、解释和重构历史,必须要依靠史料。没有史料,历史研究将寸步难行。

史料是过往社会遗留下来的各种痕迹,它所涵盖的范围非常广泛。面对浩如烟海的史料,我们在进行历史研究时,往往会按照不同的标准将其划分为不同类型:以距离历史事件的时空远近为标准,史料可以分为直接史料和间接史料,或又称作原始史料和转手史料;以史料存在形式为标准,史料可以分为实物史料、口传史料、文献史料等。本文所要重点解读的"有意史料"和"无意史料",则是以史料留存者的故意与否为标准来进行划分的。

有意史料是指人们有意记录或流传下来的史料,官方组织编写的史书和成文的历史著述、回忆录和公开的报道等,都应属于有意史料。

如我们熟悉的《二十四史》《资治通鉴》等史书,都属于有意史料的范畴,又如我们日常所使用的教材,也是有意史料。西方史学家布洛赫以举例的方式说:"让我们把希罗多德的《历史》与法老时代埃及人放在墓穴中的游记加以比较,然后,对比一下这两大范畴的原型,将史学家所掌握的形形色色史料加以划分,就可以看到,第一组的证据是有意的,而第二组则不是。"(马克·布洛赫著,《历史学家的技艺》,张和声、程郁译,上海社会科学院出版社 1992 年版)之所以称之为有意史料,是因为这些史书的作者大都"有意"想以自己的文字左右时人或后人的视听。

无意史料是指人们无意间留存下来的史料,例如私人信件、日记,遗迹遗物,包括官方遗留下来的文书档案、军事文件等,都是当时的人们在无意中留下的证据。无意史料按照其存在形态,又可分为三类:一是实物遗留,例如古代建筑、生产工具、遗体遗骨等;二是抽象遗留,例如风俗习惯、语言文化、域名地名等;三是文字遗留,如信函文书、条约文本、法规法典等。

说其"无意",是因为留下这些资料的人没想过用这些史料来影响时人或后人以及历史学家对历史事件的看法,从其最初形成就不以讲授历史为目的,而是因为别的目的或原因而形成,给人们无意中提供了可靠的历史信息和知识。一些遗迹、遗物之所以保存下来,很大程度上是自然力的结果,并无人为因素可言。(张和志、鲍伟,《有意的史料和无意的史料——〈历史学家的技艺〉读后》,《中山大学研究生学刊(社会科学版)》1996 年第 17 卷第 3 期)

二、区别"有意史料"和"无意史料"

求真是史学存在的根基,是优良的史学传统,也是千百年来史家们追求的理想境界。然而作为研究历史的重要依据,人类社会发展过程中留下的各类史料,数量繁多,内容庞杂,令人眼花缭乱。这些纷繁复杂的史料总是由各种各样的人记录和传递的,因此由人们的"意"造成的历史失真现象非常普遍,损害了历史的真实性。

"意"指的是史料留存者的行为目的。由于人类是具有理性的动物,人们的诸多行动都有"意"的支配。作伪是人性中的一大缺陷,一个时代也如同一个人,并不愿把自己及祖先的隐私全部暴露在外,因此有意将精心粉饰的形象公之于众,史官便是它的代言人。这就为后人了解历史真相带来了困难,留下了许多千古之谜。随着史学的进步,史学家已经日益重视"无意史料",自觉地摆脱"有意史料"的束缚,用敏锐的眼光发现无意史料,寻求历史真相。

有意史料带有历史研究主体,即史料留存者或转存者的主观意愿色彩。这类史料的真实性受到记录者的社会地位、阶级立场、史学观念、知识水平、观察能力及情感情绪等因素的制约。这类史料中除了客观历史内容外,又有主观性的成分,它渗入了观察者或作者的感情或价值观念。由于各人所处立场、所持观点、对事件参与程度以及与本人利害关系的不同,所以我们常常会发现,不同的人对同一件事会有不同的记录和观点。

虽然有意史料具有相当价值,但若仅仅依靠有意史料,当代史学家就会成为前任思想的奴隶,对事物的看法难免带有旧时代的烙印,或是有失偏颇。例如中国古代史书记载的大多是帝王将相的政治史,而对经济文化、乡村历史等记录得较少。如果现代史学家不注意社会生活中的无意史料,便很难还原一个完整的中国古代社会。

无意史料是人们无意间留存下来的,它的特殊价值在于:因其无主体之"意"的干扰而尤能保存历史之真。无意史料之作用表现为对有意史料的补失、纠正,可以帮助后人考辨历史的真伪,填补历史的空白,这是由无意史料的特点决定的。

当然,无意史料并不是完全可靠的,但至少其留存者并未想到欺骗世人或影响后代史学家的看法。就像布洛赫所认为,尽管"无意的"史料也难免会掺杂欺骗,但至少不是有意识地欺骗后人。因而,史学家首先应当重视的,就是那些"无意的"史料。"如果允许偷听的话,我们总会竖起耳朵倾听人们不打算说出来的东西。"(朱华,《"有意的"史料与"无意的"史料》,《档案与史学》1996年第1期)

把史料按照"有意"和"无意"来进行划分和审查,是把史料留存者的目的视为鉴别史料可靠性的首要尺度。它充分估计到了史料形成的复杂性,符合马克思主义史学阶级分析法的要求,能使人们始终对史料中的阶级偏见、政治偏见保持足够的警惕。

三、从"有意史料"和"无意史料"中提取历史信息

与人相关的留存物都是有意所为,关键是这个"意"到底是什么。一般来说,只要是人的留存物,就与人的目的相关。清楚了这一点,我们才不至于将有意和无意史料机械地从其存在形式上来划分,如正史就是有意史料、小说就是无意史料,史书就是有意史料、诗文就是无意史料等等,实际上,这些都是人的有意所为,但并非都是为了存史,如小说诗文自有作者之意,或娱乐,或刺世,或抒情,但绝非为了存史,只是无意之中流露出了历史的信息。(张秋升,《论无意史料与历史研究》,《四川师范大学学报》2014年第5期)只有这样看待问题,才能对它们的价值做出合理的判断,对有意史料和无意史料做出清晰的区分,从而从中提取出较为客观真实的历史信息。

实际上,所有的文字都是人留下来的,毫无疑问,这些文字都含有人之"意"。人之"意"多种多样,各不相同。

要重视主体的"意"。我们应该做的是分析史料留存者有什么样的"意",此"意"对史料的真伪究竟造成了怎样的影响,进而排除其故意的干扰,从有意的史料中提取出其无意的留存,以备历史研究之用。人虽是理性的动物,常常为了趋利避害而在言语上作伪。但人本能的思想和表达总是趋于统一的,二者冲突时必然会露出破绽,真实的信息总想冲破理智的缠裹,与其语言达成一致。

有专家指出:"无意的史料不是没有目的,而是指它具有当时另外的实用目的,例如账册、契约、田亩册、户籍、官私文书、犯人的口供、遗风遗俗、俗语,乃至报纸的

广告、寺观的签文、信函、便条、日记以及古代遗址的瓦片、居室、墙壁、墓葬等等"（宁可，《史学理论研讨讲义》，鹭江出版社 2005 年版），必须值得我们注意。

在无意史料中，最值得注意的恐怕就是文学作品。文学艺术作为意识形态的一个组成部分，虽然只是曲折地反映它所依托的社会背景——政治、经济、文化制度等，但这种反映却是逼真的、确凿的，尤其是经过筛选、取舍后，就更加如此。因而人们能从这种反映中理解和认识当时社会的真面目，从而取得大量有用的材料。很早以前，史学工作者就知道从无意史料中，即文学艺术作品中寻觅资料，以获得更丰富的素材。如陈寅恪先生提出了"以史证诗""以诗证史"的方法，并写出了《元白诗笺证稿》《柳如是别传》等诗史互证的著作，使对诗和史的理解与认识都更上一层楼。

有意史料和无意史料是并存的，不能做绝对的区分。在历史研究的实践中，无意史料应与有意史料互相对照使用，方能更加接近历史的真实。

四、实施案例

目标 1：从"有意史料"中提取历史信息。

教师在讲述完八大二次会议提出了总路线，并在全国城乡开展以片面追求高速度、高指标的"大跃进"运动的大背景后，引导学生挖掘当时留下的"有意史料"背后蕴含的历史信息。

师：请同学们阅读以下图片。这是 1958 年 9 月《人民日报》的几篇报道，其中写道：广西有中稻亩产 130434 斤的高产纪录；河南玉米亩产 35393 斤；河南高粱亩产 22720 斤；山东大豆亩产 4517.12 斤；福建茶叶亩产 1635.15 斤。你们认为这些报道属于"有意史料"还是"无意史料"？

生:《人民日报》是国家级的机关报纸,所以几篇来自于官方的报道显然应该属于"有意史料"。

师:相信你们一定注意到了报纸上醒目的两个标题"人有多大胆,地有多大产"和"谷子跃过万斤",你们对这两个标题怎么看?

生:根据我掌握的科学常识,以及对中国历史上"大跃进"这一特殊时代的了解,我觉得这两个标题是不能让人信服的。"人有多大胆,地有多大产"过分夸大了人的主观能动性,而忽略了客观的农业生产规律,而"谷子跃过万斤",指的是某一人民公社亩产达到了 10546 斤,据我了解,袁隆平培育的超级杂交稻在 2000 年的亩产为 700 公斤左右,在农业生产技术相对落后的 1958 年,亩产万斤是不可能的。

师:很好,同学们借助自己的哲学和科学常识,一下子就判断出这则"有意史料"中存在的问题。那么,接下来大家能不能换一个视角,从这则"有意史料"中找一找能为我们所用的历史信息?

生:我看出了"人有多大胆,地有多大产"之类的豪言壮语在当时是非常流行的。另外根据材料提供的内容"广西有中稻亩产 130434 斤的高产纪录;河南玉米亩产 35393 斤;河南高粱亩产 22720 斤;山东大豆亩产 4517.12 斤;福建的茶叶亩产 1635.15 斤",我发现,当时的中国,不管是南方还是北方,不管是粮食作物还是经济作物,都有放高产"卫星"的现象,"大跃进"率先从农村发动,也以农村最甚。而且各地为了让自己放的高产"卫星"显得更加真实可信,还会故意把数字精确到个位甚至是小数点后面第二位。

师:说得很好。尽管因为种种原因,我们接触到的"有意史料"或多或少会存在着歪曲、造假现象,但是大家根据自己已有的知识积累,以及换位思考,站在留存者的角度去分析"有意史料"之"意",便能最大限度地去伪存真,提取出自己需要的历史信息。

目标 2:从"无意史料"中提取历史信息。

教师在介绍完"文化大革命"运动的相关背景和表现后,引导学生探寻一些看似与事件关联不大的"无意史料"背后蕴含的历史信息。

师:在山东曲阜孔庙内,有一块明代的石碑,它曾在"文革"期间被红卫兵毁坏,后又得到了重新修复。

请大家思考一下,对于研究"红卫兵运动"性质而言,它是否属于有意史料?简要说明你的判断。

生:我认为,这块石碑对于研究"红卫兵运动"性质而言,并不属于有意史料。从史料留存者的目的来看,石碑的最初留存者是明代人,其立下石碑的本意不可能与"红卫兵运动"有关。"文革"之后对石碑修复的目的,应该是对文物的修缮与保护,而非为了影响时人或后人对"红卫兵运动"这一历史事件的看法,所以对于研究"红卫兵运动"性质而言,它应属于无意史料。

师:很好。我们从留存者的本意来看,这块石碑的确应该是属于无意史料。无意史料是人们无意间留存下来的,因为少了留存者的特殊目的的干扰,而更能保存历史真相,可以更好地帮助后人考辨历史的真伪,填补历史的空白。那么这块石碑的无意史料,能为研究"红卫兵运动"的性质提供哪些有效信息呢?

生:我从这块石碑的命运上看到了红卫兵以破"四旧"(即所谓旧思想、旧文化、旧风俗、旧习惯)为名,将无数优秀的文化典籍付之一炬,大量国家文物遭受洗劫,"红卫兵运动"中的抄家、打人、砸物等行为,对于社会秩序和民主法治是极大的破坏,影响极其恶劣。

师:非常好。由此可见"文革"中被毁、后又被修复的明代石碑虽然只是曲折地反映它所依托的社会背景,但这种反映却是逼真的、确凿的,因而人们能从这种反映中理解和认识当时社会的真面目,从而获得大量有用的材料,帮助我们更好地了解、认识"文革"以及"文革"后的政治和文化。

在以上学习过程中,教师首先引导学生学习区分"有意史料"和"无意史料"的方法,在此基础上,通过对报纸、遗迹等史料的内容分析,以及透过史料折射的时代背景,来了解我国社会主义建设的探索时期的政治、文化等多个侧面。以此告诉学生:在借助史料来学习与了解历史的时候,应懂得有意史料和无意史料是并存的,不能做绝对的区分。在历史研究的实践中,无意史料应与有意史料互相对照使用,互相补失、纠正,方能更加接近历史的真实。

懂得获得史料的基本途径与史料
的历史特点和证据价值

——以《档案检索和调查访问》为例

闸北区教育学院　徐　洁

目标内容:懂得档案检索和调查访问是获得史料的基本途径,以及这些史料不同的历史特点和证据价值。

一、中学历史课堂以求真为基石

在历史课程改革不断深入推进的背景下,运用史料帮助学生还原历史、解释历史、理解历史,并能客观地诠释历史,已成为高中历史课堂教学必不可少的环节之一。然而这并不是史料教学的全部。真正意义上的史料教学需要教会学生掌握基础的史学思想方法,在鉴证识史的基础上,进行诠释评价活动。

如《上海市高级中学历史学科教学基本要求》在导言中开宗明义地指出:高中历史教学"旨在引导学生了解历史知识的产生过程和历史认识的形成过程,进而能运用这些基础的史学方法判断史料的可靠性,揭示史实形成和史实之间的逻辑关系,以唯物史观观察、分析、解决历史问题,由此逐步形成历史学习中的证据意识、逻辑意识和科学意识,提升历史思维的品质。"(上海市教委教研室,《上海市高级中学历史学科教学基本要求》,华东师范大学出版社2010年版,第1页)

因此在中学历史课堂中,引导学生懂得获得史料有哪些基本途径,并了解通过这些基本途径获得的史料具有的历史特点与证据价值,进而学会运用获得的史料去诠释评价历史,就显得尤为重要。

二、史料的定义与特点

纵览名家著作,对史料概念的解释虽然各有不同,但却有诸多相通之处。

如著名历史学家周谷城先生认为"史料是历史之片段"。(周谷城,《中国通史》(上册),上海人民出版社 1957 年版,第 2 页)杨洪烈先生说"史料是一切关于历史的材料,是过去社会之各种人类活动的记载"(杨洪烈,《历史研究法》,长沙商务印书馆 1939 年版,第 61 页),"凡宇宙间可以考察出其'时间性'的事物或现象都是历史的资料,简言之,即为'史料'"(同上书,第 48 页)。王尔敏先生则强调"至于何谓史料? 即所有研究史学撰著史籍所必须根据之种种资料"。(王尔敏,《史学方法》,台湾东华书局 1977 年版,第 143 页)

凡此种种,都表明了史料是人类社会在漫长的历史发展过程中所遗留下来的、客观存在着的、可供认识与研究历史的资料。

从史料的定义中不难发现它具有存在的客观性、时间上的历史性、形式上的多样性。但值得注意的是,当这些客观的历史资料被研究者选取作为研究历史的史料时,会不可避免地具有主观性。且即使是同一个史料,在用作研究不同历史的对象时,也会具有不同的使用价值等特点。正如王尔敏先生所言,史料具有以下五个一般通性:"其一,非有意而存在……其二,非一定质,一定量,一定形式。其三,残破而永无完整。存者一鳞半爪……其四,散乱糅杂,需要整理。其五,不确定。其年代、地域及史料所有者均不能确定。甚至用途亦难确定。"(同上书,第 144 页)

三、获得史料的途径与史料证据价值的关联

史料分类的方式有很多,如按形式分,一般可以分为文字史料、实物史料与口传史料。按价值分,又可分为一手史料与二手史料等。中国史学家刘知几曾经将所有的历史著作分为两类:"书事记言,出于当时之简。勒成删定,归于后来之笔"(刘知几著,浦起龙释,《史通通释》(下册),上海古籍出版社 1978 年版,第 303 页),明确地表明了两者的史料价值有明显差异。因此,作为人类历史活动产物的史料,虽然是客观存在的资料,但研究者通过不同的途径获得史料,其史料价值各不相同。而史料的价值将对研究者的研究结论产生极大的影响。因此,最大限度地接近历史原貌,是对历史做出客观的诠释或评价的首要条件。

在一般的历史学习与研究中,通常将未经中间人修改或传达,与当事人、当时事有直接关联的史料作为直接史料。"直接史料必须是第一手的史料,或原手的史料,而不是第二手的史料,或转手的史料,史料一经转抄或编纂,即成为转手的或第二手的,就性质上讲,即降为间接史料,而非直接史料了。"(杜维运,《史学方法论》,北京大学出版社 2006 年版,第 111 页)在史料价值上,直接的一手史料一般高于间接的二手史料。

三、获得史料的基本途径以及这些史料不同的历史特点和证据价值

由于历史的学习与研究是人类的主观行为,因此认识与获得史料离不开学习者与研究者的行动。面对浩瀚无边的史海,我们可以根据史料存在的形式、存在时间的长短、研究者的需要,以及现代科技发展的水平,通过不同的途径来获得史料。如去图书馆查阅史学专著获得史料;去各级档案馆检索史料;利用网络检索史料;通过考古活动获得史料;去实地走访查看,以及通过访问当事人或亲历者获得史料;甚至可以通过直接向专家学者请教来获得史料等。通过不同的途径获得的史料,其基本的历史特点与证据价值也会不同。其中,通过档案检索与调查访问是日常学习与研究历史时获得史料的两种基本途径。

1. 档案检索

"档案是社会组织或个人在社会实践活动中直接形成的具有清晰、确定的原始记录作用的固化信息。"(冯惠铃、张辑哲,《档案学概论》,中国人民大学出版社2001 年版,第 5 页)这就告诉我们档案具有以下几个特征:

一是必须是对人类社会活动的原始记录,非自然界自然形成的原始记录物。二是必须是对人类社会历史活动的原始记录,非当前或未来的社会活动。三是档案所记录的信息必须清晰、确定,且是固化的物质。四是必须是人类在社会活动中直接形成的原始信息记录。只要符合以上特征,无论是文字、实物,还是图像、影像等资料,只要留存下来,都可以在各级各类档案室或档案馆里查找到。

由于档案具有以上特征,它不仅可以作为历史学习与研究的史料,而且还因其保存的史料具有时间跨度大,印证历史的直接性、唯一性与不可替代性等特点,是学习与研究历史的一手史料,具有很高的史料价值,可以直接使用。

如《光明日报》刊登的《实践是检验真理的唯一标准》这篇文章,拉开了真理标准问题大讨论的序幕。这场讨论为中国共产党重新确立马克思主义思想路线、政治路线和组织路线奠定了理论基础,成为实现党和国家历史性转折的思想先导。在《光明日报》社的档案室里,保存着刊有《实践是检验真理的唯一标准》文章的《光明日报》和修改过的清样。这是研究"文革"结束后至十一届三中全会的召开,中国社会思想理论界变化的一手史料,从中还能看出当时这篇文章的发表经历了一个非常慎重的准备过程。

2. 调查访问

调查访问一般通过当面交谈、电话或网络交流、书面访谈等形式进行。调查访问的对象可以是亲历者,也可以是旁观者。调查访问者需要将调查所得的资料进行整理后再使用。一般表现为口述或回忆记录类的文字、图像、影像史料等,有时

也会以实物史料的形式呈现。然而,根据调查访问对象的不同,以及历史研究对象的不同,获得的史料也有不同历史特点与证据价值。如果调查访问得到的是当时人类活动留下的原始遗迹,或者是亲历者、当事人的亲历、亲闻、亲见,符合当事人、当时事的原则,可视为一手史料。

但值得注意的是,当事人可能出于各种因素的考虑而隐瞒或篡改其中的某些环节;或由于当事人年事已高,距当时的时间较为久远,记忆模糊有误;或收集、整理资料的人在此过程中产生有意无意的失误等,这些可能性说明通过调查访问获得的口述史料或回忆录等均无法避免其主观性。这也就要求我们在使用这些史料时不能像使用确凿的档案史料一样,而是需要存疑,需要与其他类型的史料相互印证,来最大限度接近历史的真相。

如研究安徽小岗村率先实行家庭联产承包责任制前后的历史,可以走访当年签订生死契约书的村民。作为最早实践分田包干的亲历者,他们的回忆对研究这段历史具有很高的价值。然而,村民们在回忆当时情景的时候,时常会有不同程度的夸张,有时甚至自相矛盾。因此仅凭这一方面的史料并不能完整、全面地了解这段历史,仍需补充当地的地方志、其他村村民的回忆等史料,才可能最大限度地接近这段历史。

此外,还应注意的是,通过调查访问的途径获取史料的方式多用于研究近现代历史。古代历史由于距今时间过于久远,无法找到当事人或旁观者。即使进行调查访问,也只能由后世人回忆当世,无法直接用于研究当世历史。

四、实施案例

目标1:懂得档案检索和调查访问是获得史料的基本途径。

师:在之前的学习中,我们已经通过档案检索、采访家中父母长辈获取"文革"期间相关史料的方式,了解了"文革"严重阻碍了中国的社会主义现代化建设。它的结束使广大人民群众看到了新的希望,人们热切盼望着拨乱反正,过上幸福、安定的生活。可是人们盼来的却是"两个凡是"。1977年2月,在当时的舆论界与理论界具有举足轻重地位的"两报一刊"发表了一篇名为《学好文件抓住纲》的文章,文章的最后提出了这样的一段话。

"让我们高举毛主席的伟大旗帜,更加自觉地贯彻执行毛主席的革命路线,凡是毛主席作出的决策,我们都坚决维护,凡是毛主席的指示,我们都始终不渝地遵循……"

——中国共产党中央委员会主办,《学好文件抓住纲》,《红旗》1977年第三期,第18页师:这段材料可以通过哪些途径获得? 它具有怎样的史料价值? 说出你判断的理由。

生:《红旗》杂志是中国共产党中央委员会主办的,可以去杂志社所属的档案馆检索。也可以去专门的旧书摊上寻找这本《红旗》杂志。但无论是通过档案检索还是获得旧书,它都是原始史料,也是研究这段时期历史的一手史料。

目标2:懂得史料不同的历史特点和证据价值。

师:由此可见,"两个凡是"的提出代表了什么层面的思想指向?

生:中共中央的领导层。

师:从材料中可获知当时中共中央领导层思想上的特点是什么?

生:依然秉持"左"的思想,并没有彻底认识到"文革"的错误。

师:"两个凡是"的提出充分说明了四人帮被打倒并不意味着"左"的指导思想也被打倒了,当时错误的思想依然顽固地盘踞在人们的意识形态中,中央领导层也不例外。这当然使得拨乱反正的工作陷于困顿,中国并没有能够进入新的建设时期,而是陷入了徘徊时期。这说明如果不能在思想上对"文革"的错误进行彻底反思,打破精神枷锁,中国是无法重新起步与发展的。这一点当时尚未恢复工作的邓小平已经敏锐地意识到了。

材料1:邓小平给党中央的信。

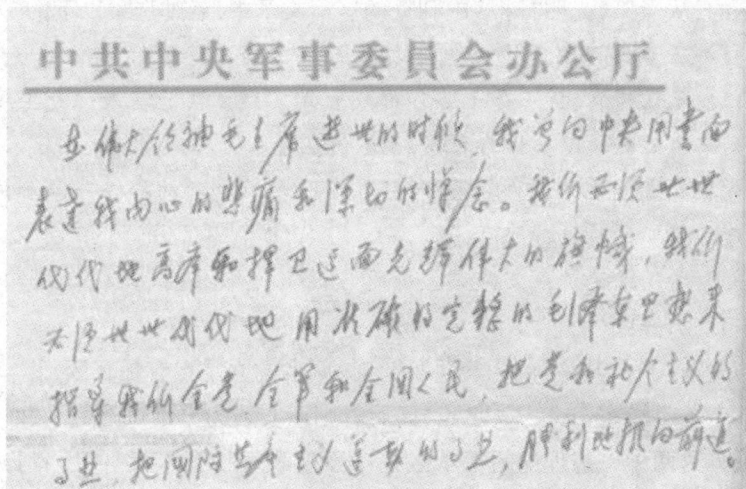

——《高中历史》第六分册,华东师范大学出版社2013年版,第104页

师:这段史料又是通过什么途径获得的? 你如何认识它的史料价值?

生:去中央档案馆查阅邓小平信件的影印件最为合适。这是他亲笔写的信件,是研究当时邓小平想法与看法的一手材料。

师:那么当时邓小平是如何看待毛泽东思想的?

生:他承认并支持毛泽东思想在党政军中的领导地位,但也强调要"用准确的完整的毛泽东思想"来指导中国社会主义建设。

师:邓小平为什么要强调"准确、完整"的毛泽东思想?

生:就是强调要把毛泽东思想作为一个科学的理论体系看待,强调贯穿其中的科学观点和科学方法,而不是断章取义和无条件盲从。

师:"准确的完整的毛泽东思想"概念的提出,为批判"两个凡是"提供了有力的理论武器,在党中央内部得到了一批老革命家的支持。与此同时,社会中很多经历过"文革"苦难与折磨的人也发现了"两个凡是"的错误。当时南京大学哲学系教师胡福明就是其中的代表。他写了一篇名为《实践是检验真理的标准》的文章。文章经过光明日报编辑部与胡福明的多次反复商量修改,最终在 1978 年 5 月 11 日《光明日报》第一版中发表。

我们可以通过哪些途径去了解这篇文章的具体内容? 它们的证史价值又会有什么区别?

生:网络查询、档案馆检索、相关著作中的引用等。档案馆内保存的一般是原始的记录,信度与准确度更高,具有较高的证史价值。网络与著作中的引用由于经过了他人之手,带有主观性,也容易出现失误,证史价值不如档案高。

师:是的,从当年《光明日报》中刊登的这篇文章中,老师选了以下的一段:

材料2:实践不仅是检验真理的标准,而且是唯一的标准……马克思主义之所以被承认为真理,正是千百万群众长期实践证实的结果。毛主席说:"马克思列宁主义之所以被称为真理,也不但在于马克思、恩格斯、列宁、斯大林等人科学地构成这些学说的时候,而且在于为尔后革命的阶级斗争和民族斗争的实践所证实的时候。"

——特约评论员,《实践是检验真理的唯一标准》,《光明日报》1978 年 5 月 11 日,第一版

师:与之前"两个凡是"的内容进行比对,两者的立足点有什么区别?

生:前者以毛泽东个人为立足点,而后者则以实践为立足点。

师:可见这两种思想理论的根本区别在于前者宣扬个人崇拜,后者强调理性、科学。《光明日报》是中共中央机关报之一,是由中宣部直接领导的大型、全国性的官方新闻媒体之一。它刊登了这篇文章,不仅是对"两个凡是"的有力还击,更代表了中共中央领导层在思想上发生的变化。这样的一个举动,将可能在当时的社会中产生什么反响?

生:或大力支持,或有人反对。

师:这只是我们今天的猜测,如果要了解当时的实情,我们可以通过什么途径?

生:网络查询、采访当事人、阅读相关著作等。

师:老师采访了身边五六十岁的一些中年人,问了他们两个问题:当时您读到《实践是检验真理的唯一标准》这篇文章的时候心里是怎么想的? 您身边的人又有什么样的反应? 根据他们的回答我做了如下的文字整理。

> 材料3:当年我们这代人对政治风向很敏感,总想到理论的背后将会有什么变故。后来渐渐看出来,实践标准可以否定"金口",当然开心与拥戴。
>
> ——退休教师,1978年时为新疆某校教师
>
> 我们觉得终于要拨乱反正了,心里很高兴。不过被告知一定要坚决拥护当时中央的决定。
>
> ——离休军官,1978年时为某部队干部
>
> 当时看到这篇文章,我想大家都知道道理,长期都没敢想,被这篇文章讲出来,我觉得眼前一亮。但是大家也只在私底下悄悄地讨论,没有过多声张。
>
> ——语文教师,1978年时为某工厂工人
>
> 我们感觉到和以前的说法不一样了,可当时不敢多说什么,和要好的同学大致交流了一下,还是埋头读书了。
>
> ——教育学院院长,1978年时为在校大学生
>
> 我们一看就知道这就是反对"两个凡是"。大家在宿舍里讨论过,但大型会议上我们什么也没说。
>
> ——校长,1978年时为在校大学生

师:以上呈现的是什么类型的材料? 它在历史研究中具有什么样的价值? 为什么?

生:口述史料。由于是当事人的回忆录,因此就其史料价值而言,属于一手史料。

师:从这些一手史料中,你们发现了什么?

生:文章的发表的确让不同行业的人们都发现了与官方指示不同,大家心里是赞成的,但都没有直接表示支持。

师:这种情况的出现说明了什么?

生:一篇由群众写成的文章虽然让人们看到了变化,但并不能完全改变"左"的错误思想的束缚,影响力有限。

师:口述史料虽然具有一手史料的价值,而且我也采访了多人,但这就一定是当时真实情景的再现吗? 口述史料与档案史料相比,在证史价值上又有什么区别?

生:档案史料是原始记录,信度较高。口述史料不可避免地带有讲述者的主观

性,在陈述中可能会发生改变,或因年代久远,有遗忘和记忆模糊的可能性。

师:那么可以怎样来提高口述史的信度和证史价值呢?

生:与其他类型的史料互证。

师:为了切实了解"文革"后中国社会思想发展变化的过程,老师从一部专著中找了一些相关记载。

> 材料4:13 日,《红旗》杂志负责人质问新华社社长曾涛:"新华社向全国转发《实践是检验真理的唯一标准》是错误的,这篇文章理论上是荒谬的,在思想上是反动的,在政治上是砍旗的。"
>
> 国务院研究室一位负责人打电话给《人民日报》总编辑胡绩伟,指责这篇文章犯了方向性的错误。
>
> 这一天,有人到胡耀邦家中,很严肃地对胡耀邦说:"文章起了很坏的作用,把党中央主要领导人的分歧,公开暴露在报纸上,不利于党内的团结。"
>
> 那些日子里,杨西光整天眉头紧锁,神色严肃。王强华的心里也是沉甸甸的。一天下午下班后,王强华到杨西光的办公室汇报工作,只见杨西光独自坐在办公桌前,只是喃喃自语:"有什么了不起,大不了把'乌纱帽'给摘了!"
>
> ——余玮、吴志菲,《邓小平的最后二十年》,新华出版社2008年版

师:杨西光当时任《光明日报》总编辑,王强华为《实践是检验真理的唯一标准》一文的责任编辑。以上文献史料反映出当时形势是怎样的?

生:围绕这篇文章的发表,在中央高层内部有矛盾斗争,反对力量很强大。

师:正是如此巨大的政治压力导致理论界的一片鸦雀无声。这也就是为什么当时人民群众会有如此反应的原因。正是通过口述史料与文献史料的互证,我们真实地感受到那个可能为了一篇说真话的文章去坐牢的特殊年代,这一切更充分说明思想解放虽然困难重重,但又是何等的重要。

检验思维逻辑合理性，反思认识历史、解决问题的过程

——以《中国走向世界》为例

复旦大学附属中学　李　峻

目标内容：通过检验思维逻辑的合理性，反思自己认识历史、解决问题的过程。

一、检验思维逻辑的合理性

思维可分为逻辑思维和非逻辑思维。逻辑思维是借助于概念、判断、推理等形式所进行的思考活动，是一种渐进式的思维方式。就历史逻辑思维而言，是指人们在历史学科领域形成的一种认识自然、认识社会和认识人的思维方式，是人们对世界历史发展、变化进行理性认识的思考。历史逻辑思维显性于历史思维能力的体现，其包含了运用历史概念、判断、推理等思维形式来对历史事实和历史现象进行合理的分析、综合、归纳、比较和概括，找出历史史实之间的联系与区别，对重大历史事件、历史人物做出客观的、实事求是的评价，进而能结合历史资料进行合理的阐释，创造性地解决现实问题。

检验思维逻辑的合理性，关键在于检验在思考、分析、解决问题的过程中，是否运用了常用的逻辑思维方法，如分析与综合、比较与分类、抽象与概括、归纳与演绎等。检验历史思维逻辑的合理性是在思维逻辑合理性的基础上，结合史学思想和方法，如"史由证来、证史一致、史论结合、论从史出"的史学思想，并从史观、史实、史识等方面去汲取历史信息，由此通过分析、比较、归纳、演绎等史学方法去解决问题。

二、反思自己认识历史、解决问题的过程

1. 查证史料的可靠性和准确性，鉴证识史

在反思自己认识历史、解决问题的过程中，首先要查证自己获得的"史论结合、

论从史出"的史料是否可靠和准确,辨别或判断结论的准确性。查证史料的可靠性和准确性可以通过搜集筛选资料、鉴别真伪、考证内容、做出解释等方法来处理,其本质是史料考证法的运用,即评价史料的来源、真伪和可信性的活动,它具有勘误、释义、历史分析、评估典籍和词语分析等特征。

2. 根据一定的史实、史料或视角,对明显有缺陷、问题的历史叙述、解释、评价提出质疑或反驳

鉴证识史、论从史出,把一切人与社会问题置于其所处的历史范围内,结合史实、史料或视角,多维视角去认识问题,具体问题具体分析,进而发现和认识历史真相。在反思认识问题、解决问题的过程中,要围绕"我是怎样想的""我为什么这样想""我还想到了什么""可以从哪些方面有更多想法""我从中悟出了什么"等进行思维过程的有意识检查、调整和矫正,排除多余信息困扰,提高思维逻辑性和有效性。

3. 多维角度分析、认识和解决问题

多维角度包含从政治、经济、文化、社会地位,思想认识等具体处境的视角,解释和评价历史人物;从自然环境、经济状况、政治形态、文化传统、社会生活、时代特征的视角,解释、评价历史事件;以时间与空间、相同与不同、联系与区别、量变与质变、背景与条件、原因与结果、动机与效果的概念和范畴,分析、综合、比较、归纳基本史实和相关问题。通过多维角度去分析、认识和解决问题,体验观察和逻辑与历史相一致的逻辑思维过程,求真探索的过程。

三、实施案例

目标1:根据一定的视角,对明显有问题的评价提出质疑或反驳。

在万隆会议,一些国家如伊拉克、土耳其、巴基斯坦等向中国发起攻击,提出"共产主义"是"新形式的殖民主义",对这个论点,教师引导学生结合历史史实进行驳斥。

师:1955 年"克什米尔公主号"事件让世界震惊,阻止中国代表团参加亚非会议的阴谋没有得逞,周恩来总理还是义无反顾来到万隆,将中国"己所不欲,勿施于人"的儒家思想带到国际外交舞台,并逐渐被世界所接受。但这过程背后也充满了艰辛和智慧。请大家看一段史料。

> 材料1:就在第一天大会(万隆会议)行将结束时,伊拉克代表团团长贾马利上台发言。可他一上台就火药味十足地把"老式殖民主义""犹太复国主义"和"共产主义"并称为扰乱世界和平的三股势力。他说,"共产主义"是一种"颠覆性的宗教",它"在阶级和各民族人民之间培育仇恨",它是一种"新形式的殖民主义"……随后发言的巴基斯坦、菲律宾和土耳其代表都沿着他的思

路谈到了"共产主义的威胁"……几番发言过后，本是以维护和平为目的的会议，突然变成了反共会议。

——李慎之、张彦，《亚非会议日记》，中国新闻出版社1986年版，第10页

师：面对这种情况，如果你是周恩来，你会如何处理这个局面？

生：我会上台和伊拉克代表辩论，驳斥他的"新形式的殖民主义"之说。

师：你的论据是什么呢？

生：首先，从1840年开始，中国人民为反对殖民主义所进行的斗争超过一百年。中国人民经历了艰难困苦，最后在中国共产党的领导下建立了新的国家制度和政府。中国的革命是依靠中国人民的努力取得胜利的，而不是靠外国人输入的。中国革命的自主性决定了中国也不会干涉其他国家的革命，更不会借助共产主义的理念来殖民他国。感同身受是中国不会殖民他国，并附带能支持亚非拉国家采用不同方式寻求民族独立和解放的重要原因之一。

目标2：多维角度分析、认识和解决问题。

师：这位同学从中国历经殖民主义蹂躏及中国革命自主性角度来分析，非常好。我再给大家一些背景资料，结合这些资料，你还会如何表达你的观点？

材料1：在参加会议的29个国家中，只有6个国家同我们建立了外交关系。

材料2：与会国家中，既有中国、越南民主共和国这样的实行社会主义制度的国家，也有印尼、印度这样的实行资本主义制度的国家；既有缅甸这样的佛教影响很深的国家，也有伊斯兰教影响很深的印尼等国。

材料3：美国国务卿杜勒斯指示："只要非共产党国家代表团有效合作，即可以挫败共产党人，而取得建设性的成果。"美国要为"友好国家"准备资料，甚至也可以准备决议案，让这些国家在会上提出。

——美国国务院编，《美国外交文件》(1955—1957年)第21卷，第16—23页

生：不同的社会制度、不同的文化和文明的国家坐在一起讨论问题，当然会产生不同的理解和矛盾，甚至争吵，何况当时与会国家中只有6个国家和中国建交。在冷战大环境下，许多国家因冷战思维而对共产主义有着深深恐惧，唯恐红色世界颠覆了他们的政权。

生：所以，在他们看来，反对共产主义就是在反对"新形式的殖民主义"，从时代背景来看这个事件，我能理解为何伊拉克、巴基斯坦、土耳其在美国示意下会在反共产主义问题上相互配合。因此，我会直接对伊拉克代表说，不要做某些国家的传话筒和工具。我们能谅解不知真相的人的怀疑，但怀疑的人可以去中国看看，百

闻不如一见。我们应该撇开不同的思想意识、不同的国家制度，寻找共同点。我们亚非这么多国家第一次聚集在一起，会晤就是要反对让我们遭受长时期被殖民、被奴役的大国政治、殖民霸权主义。

师：你们的讲话旨在依靠进步、争取中间、分化顽固。正因为有所不同，才需要联合。还有补充吗？

生：正是因为与会国家在社会制度和意识形态方面存在差异，所以，我认为还可以通过中国历史文化传统的宣传，让更多与会代表了解中国。

师：为什么？

生：中华民族历来倡导"和为贵"，强调处理各种关系时要保持和谐一致。《论语》里有"君子和而不同，小人同而不和"的名言，将和谐处事作为处理事务的原则和态度，与他人和谐相处，允许不同意见的存在。"己所不欲，勿施于人"，这是处理好人与人关系的重要法则。所以，中国文化传统给中国人带来的是求同存异的理念。

生：此外，还可以从中国外交历史传统来看。"和"思想影响着我国历史上各朝各代的对外交往方式。中国绝大多数朝代都强调"万国咸宁""天下太平"，做到止戈息武。即便是我国古代鼎盛时期的"贞观之治""康乾盛世"，中央政府也不像英国、荷兰、西班牙那样对外侵略，谋求独霸世界。作为互惠贸易的典范，历史上的"丝绸之路"和"郑和下西洋"的史实就充分说明了这一点。

师：很好！两位同学从历史文化传统来驳斥。刚才，大家从多元视角，结合历史史实去质疑、反驳万隆会议上针对中国的带有攻击性的言论，大气、包容与善解人意在你们身上体现。再回到60年前的那一刻，周总理是如何处理的呢？

师：这是当时周恩来总理上台发言的照片，他将原先准备的发言稿发给与会各国，同时，上台即兴发言，而这段演讲博得一致好评。请一个同学来朗读一下。

材料4："中国代表团是来求团结而不是来吵架的。我们共产党人从不讳言我们相信共产主义和认为社会主义制度是好的。但是，在这个会议上用不着来宣传个人的思想意识和各国的政治制度，虽然这种不同在我们中间显然是存在的。中国代表团是来求同而不是来立异的。在我们中间有无求同的基础呢？有的。那就是亚非绝大多数国家和人民自近代以来都曾经受过、并且现在仍在受着殖民主义所造成的灾难和痛苦。这是我们大家都承认的。从解除殖民主义痛苦和灾难中找共同基础，我们就很容易互相了解和尊重、互相同情和支持,而不是互相疑虑和恐惧、互相排斥和对立……"

——周恩来,《周恩来选集》(下卷),人民出版社 1984 年版,第 153—154 页

师:周总理的"求同存异"充满了智慧与气度,以亚非国家共同的历史、利益及目标为抓手,提出了亚非国家应当"互相了解和尊重、互相同情和支持",殖民主义才是各国反对的。这次演讲博得好评。

主要参考书目

1. [美]D.J.卡莫迪,《妇女与世界宗教》,徐钧尧、宋立道译,四川人民出版社 1995 年 3 月版。

2. 吴晓群,《希腊思想与文化》,上海社会科学院出版社 2009 年 9 月版。

3. [英]彼得·伯克,《图像证史》,杨豫译,北京大学出版社 2008 年 5 月版。

4. 陈寅恪,《隋唐制度渊源略论稿》,上海古籍出版社 1982 年 3 月版。

5. 樊树志,《国史概要》,复旦大学出版社 2000 年 7 月版。

6. 王斯德,《世界通史》,华东师范大学出版社 2009 年 9 月版。

7. [美]斯塔夫里阿诺斯,《全球通史》,吴象婴等译,北京大学出版社 2006 年 10 月版。

8. [英]弗兰西斯·培根,《新工具》,北京出版社 2008 年 1 月版。

9. [法]孟德斯鸠,《论法的精神》,严复译,商务印书馆 1963 年 2 月版。

10. 鲁迅,《鲁迅文集》,海南出版社 2011 年 6 月版。

11. [英]达斯科拉著,《征服者》,巴因斯译,伦敦 1976 年 12 月版。

12. 葛剑雄,《历史学是什么》,北京大学出版社 2005 年 3 月版。

13. 唐晋,《大国崛起》,人民出版社 2006 年 4 月版。

14. 冯作民,《西洋全史》,燕京文化事业股份有限公司印行 1979 年版。

15. 刘祚昌等主编,《世界通史》(近代卷上),人民出版社 1997 年 5 月版。

16. 周一良主编,《世界通史资料选辑》(近代部分上册),商务印书馆 1981 年 5 月版。

17. 上海市中小学(幼儿园)课程改革委员会,《上海市历史课程标准解读》,中华地图学社 2006 年 5 月版。

18. 陈旭麓,《陈旭麓文集》,华东师范大学出版社 1997 年 1 月版。

19. [德]马克斯·韦伯,《社会科学方法论》,韩水法译,中央编译出版社 2002 年 10 月版。

20. 梁启超,《中国历史研究法》,中华书局 2009 年 5 月版。

21. 余伟民、郑寅达,《世界现代史——现代文明的发展与选择》,华东师范大学出版社 2001 年 4 月版。

22. [英]E.H.卡尔,《历史是什么》,陈恒译,商务印书馆 2010 年 5 月版。

23. 杜维运,《史学方法论》,北京大学出版社 2006 年 5 月版。

24. 赵爱国,《档案文献编纂学》,山东大学出版社 2001 年 8 月版。

25. 张革非,《中国近代史料学稿》,中国人民大学出版社 1990 年 11 月版。

26. 冯友兰,《中国哲学史》,华东师范大学出版社 2000 年 1 月版。

27. [英]沃尔什,《历史哲学导论》,何兆武、张文杰译,北京大学出版社 2008 年 3 月版。

28. 夏东元,《洋务运动史》,华东师范大学出版社 1996 年 8 月版。

29. 陈旭麓，《近代中国社会的新陈代谢》，上海社会科学院出版社 2006 年 3 月版。

30. 文史知识编辑部编，《中国礼制风俗漫谈》，中华书局 1997 年 11 月版。

31. 李慈铭，《越缦堂日记》，广陵书社 2004 年 5 月版。

32. ［美］马士，《中华帝国对外关系史》，张汇文等译，上海书店出版社 2006 年 7 月版。

33. 何家弘、刘品新，《证据法学》，法律出版社 2007 年 11 月版。

34. ［美］魏特琳，《魏特琳日记》，江苏人民出版社 2000 年 10 月版。

35. ［德］拉贝，《拉贝日记》，江苏人民出版社 1997 年 10 月版。

36. ［日］东史郎，《东史郎日记》，张国仁、汪平译，江苏教育出版社 1999 年 3 月版。

37. 张春兴，《张氏心理学词典》，上海辞书出版社 1992 年 3 月版。

38. 逻辑学辞典编辑委员会，《逻辑学辞典》，吉林人民出版社 1983 年 6 月版。

39. 胡素珊，《中国的内战》，当代中国出版社 2014 年 10 月版。

40. 冯契，《哲学大辞典》，上海辞书出版社 1992 年 10 月版。

41. ［美］丹尼斯·舍曼，《世界文明史》（下册），中国人民大学出版社 2001 年 7 月版。

42. 姜长斌、左凤荣，《读懂斯大林》，四川人民出版社 2001 年 7 月版。

43. ［英］艾瑞斯·霍布斯鲍姆，《极端的年代 1914—1991》，中信出版社 2014 年 3 月版。

44. ［美］杰里·本特利、希瑟·斯特里兹，《简明新全球史》，北京大学出版社 2009 年 1 月版。

45. ［英］鲍曼，《全球化：人类的后果》，商务印书馆 2001 年 8 月版。

46. ［德］康拉德·阿登纳，《阿登纳回忆录》，上海人民出版社 1976 年 2 月版。

47. ［法］让·莫内，《欧洲第一公民：让·莫内回忆录》，成都出版社 1993 年 5 月版。

48. ［英］艾瑞克·霍布斯鲍姆，《帝国的时代》，中信出版社 2014 年 2 月版。

49. ［美］杰里·本特利、赫伯特·齐格勒，《新全球史·文明的传承与交流：1750 年至今》，魏凤莲译，北京大学出版社 2014 年 7 月版。

50. ［法］马克·布洛赫，《历史学家的技艺》，张和声、程郁译，上海社会科学院出版社 1992 年 6 月版。

51. 宁可，《史学理论研讨讲义》，鹭江出版社 2005 年 8 月版。

52. ［美］R. 麦克法夸尔，《剑桥中华人民共和国史——革命的中国的兴起（1949—1965）》，谢亮生等译，中国社会科学出版社 1990 年 8 月版。

53. ［美］易劳逸，《毁灭的种子：战争与革命中的国民党中国》，江苏人民出版社 2009 年 1 月版。

54. 上海市教育委员会教学研究室，《上海市高级中学历史学科教学基本要求》，华东师范大学出版社 2010 年 6 月版。

55. 周谷城，《中国通史》，上海人民出版社 1957 年版。

56. 杨鸿烈，《历史研究法》，长沙商务印书馆 1939 年版。

57. 王尔敏，《史学方法》，台湾东华书局 1977 年版。

58. 李慎之、张彦，《亚非会议日记》，中国新闻出版社 1986 年 10 月版。

59. 刘知几著，浦起龙释，《史通通释（下册）》上海古籍出版社 1978 年 10 月版。

60. 冯惠铃、张辑哲，《档案学概论》，中国人民大学出版社 2001 年 12 月版。